직업의이동

직업의이동

IT 기술과 인구변화가 만드는 업의 소멸과 탄생

● 신상진 지음 ●

한스미디어

최근 들어 향후 10~20년을 전후하여 세계적으로 급속한 변화가 올 것이라는 이야기가 많이 들린다. 이번에 찾아올 변화가 전과 다른 점은 개인의 삶과 밀접한 직업적인 변화도 동반될 것이라는 점이다. 이러한 현상을 '직업의 이동'이라 칭하고, 앞으로 직업의 세계에서 일어날 변화의 구체적인 모습을 예측해보고 또 그에 대한 대비는 어떻게 하는 것이 좋을지 알아보자는 의도로 이 책을 쓰게 됐다.

미래의 진로를 준비하는 데 필요한 과정 가운데 하나는 현재의 직업 세계를 제대로 이해하는 것이다. 하지만 사회인들조차 자신이 종사하는 직업 외에는 관심을 두지 않거나 다른 직업에 대해 막연히 선입관을 가지고 있는 경우가 많다. 때로는 자신의 직업에 대해 지나치게 부정적으로 보거나 타인의 직업은 지나치게 미화해서 생각한다. 그래서 다른 책들과 달리 미래에 대한 이야기만 하지 않고 직업의 현실과

최상의 커리어를 만들기 위한 고민 등 독자들에게 당장에 도움이 되는 내용도 담고자 노력하였다. 과거를 통해 현재가 만들어졌고, 현재를 바탕으로 다시 미래가 만들어진다는 것을 잊지 말고 과거, 현재, 미래를 연계하여 직업 트렌드를 이해하도록 하자.

이 책에서 중점을 둔 내용은 다음과 같다.

1장에서는 우리가 느끼는 것보다 세상이 빠르게, 또 전혀 예측하기 어려운 방향으로 바뀌고 있다는 점을 일깨워주려고 했다. 또한 직업이 한 사람의 삶에 미치는 영향이 얼마나 커졌는지에 대해서도 많은 사람의 자각이 필요하다는 것을 일갈한다.

2장에서는 다양한 통계자료를 통해 직업 세계의 현재 모습을 살펴봤다. 2장을 통해 독자 여러분은 회사, 연봉, 학력 등에 대해 막연히 가지고 있던 선입관이나 고정관념에서 벗어날 수 있을 것이다. 또한 직업을 선택할 때 반드시 고려해야 하는 직업 가치관에 대해 이야기했다.

3장은 요즘 미디어를 통해 부각되고 있는 기술이나 환경 변화로 사라질 위험이 높은 대표 직업을 분석해봤다. 단지 독자들의 관심을 끌기 위해 대다수 직업이 사라진다는 식의 자극적인 표현을 하지 않도록 주의하였다. 우리가 주변에서 흔히 볼 수 있는 대표적인 직업 가운데 첨단기술과 환경의 변화에 따라 수요가 급감할 가능성이 높아 보이는 직업을 선별했다. 선정된 직업의 핵심 업무를 분석하고 어떤 이유로 위기가 올 수 있는지 그 배경을 설명하기 위해 객관적인 근거를 제시하고자 노력하였다.

4장과 5장은 대한민국이 직면한 '인구변화'와 세계적으로 화두가 되고 있는 '최첨단기술'이라는 2가지 핵심 주제를 바탕으로 장차 기회가 될 수 있는 대표 직업들을 전망해봤다. 인구변화의 경우 단기간에 체감하기 어려운 특성이 있다. 작은 변화가 쌓이고 쌓이다 보면 어느 날 갑자기 커다란 변화가 한 번에 다가온 것처럼 느껴질 것이다. 그렇기에 인구변화로 인해 큰 영향을 받게 될 분야의 종사자들은 빠른 대비를 해야 한다. 첨단기술의 경우 일반인들의 이해가 쉽도록 전문용어 사용을 자제하고 최대한 간략하게 서술하였고, 관련 산업의 특성과 실제 생활에 주는 영향을 연관 지어 설명하였다.

6장에서는 미래를 준비하기 위해 우리가 놓치고 있는 것들에 관해 이야기하며 마무리를 했다. 항상 외부 환경에만 초점을 맞추는 실수를 하지 말고 자신의 특성을 객관적으로 파악하고 미래를 위해 스스로 경쟁력을 가져가기 위한 노력이 필요함을 일깨우고자 노력하였다.

개그맨이라는 직업이 있다. 남을 웃기는 일을 하는 사람들이니 왠지 그들의 삶은 직장에서든 가정에서든 항상 재미있고 신이 날 것 같다. 하지만 개그맨들도 직업의 현장에서는 '여러 사람을 웃길 수 있는' 이야기를 짜내기 위해 극심한 스트레스를 받는 경우가 많다. 이처럼 세상의 모든 직업은 '진지함'을 바탕으로 한다. 진지함은 이성에서 비롯된다. 그러므로 독자 여러분이 이 책을 통해 직업의 본질에 대해 깨달음을 얻고자 한다면 감성보다는 이성을 사용할 준비를 해주기 바란다.

사회인들은 이 책을 읽고 난 후 자신이 종사하고 있는 직업의 비전을 다시 생각해볼 수 있는 기회를 얻게 될 것이다. 이제 사회생활을 시작하려는 청년들에게는 최적의 직업을 선택하는 데 도움이 되는 책이 될 수 있을 것이다. 학부모들은 이 책을 통해 직업에 대한 편견을 버리고 자녀의 진로를 위한 미래 트렌드를 파악할 수 있을 것이다. 직업상담이나 커리어컨설팅을 하는 분들은 직업 세계의 숲과 나무를 보는 법을 배우게 될 것이다.

미래를 예측한다는 것은 즐거우면서도 한편 두려운 일이다. 분석력과 통찰력을 발휘하여 미래를 그려볼 때까지는 즐거운 일이지만 후일에 나의 예상이 얼마나 맞을지를 생각하면 부담스러운 일이 되기 때문이다. 예측은 예언과 다르다. 예측도 예언도 틀릴 수는 있지만 예측은 사실적인 정보와 객관적인 근거를 바탕으로 해야 한다. 미래에 대해 이야기하는 책이지만 한 번 읽고 잊히는 책이 되기보다는 독자 여러분이 직업과 커리어에 대해 고민이 생길 때마다 꺼내서 읽어보는 레퍼런스 북이 되었으면 하는 바람으로 최선을 다했다. 그래서 때로는 지독할 정도로 자료에 매달렸고, 때로는 깊은 통찰을 발휘하기 위해 사색에 잠기기도 했다.

이 책을 쓰면서 문득 이런 생각이 들었다. '저자로서 내 책의 가치를 어느 정도로 볼 것인가?' 하나의 망상이 될 수 있겠지만 가능하다면 내가 쓰는 책의 가치를 구체적으로 설정하고 싶었다. 돈으로 환산하면 최소한 3만 원 이상의 가치를 지닌 책을 쓰겠다고 결심했다. 이 책을 정가에 사더라도 여러분은 이미 50퍼센트 할인된 책을 사는 것이나 마찬가지인 셈이다. 누구나 당장에 필요가 없더라도 정가의 50퍼센트나 세일하는 제품을 본다면 오래 고민하지 않고 카트에 집어넣지 않을까? 또, 종일 인터넷 서핑을 하는 것보다는 2배 이상의 가치가 있는 그런 책을 쓰겠다고 결심했다. 24시간이라는 시간은 이 책을 읽고도 남는 시간이다. 24시간 동안 유용한 정보를 얻겠다고 인터넷 서핑을 하는 것보다 4~5시간을 투자하여 이 책을 정독한다면 여러분의 삶에 훨씬 더 유용한 가치를 얻게 될 것이라 확신한다. 물론 이 모든 것은 필자의 생각일 뿐이다. 이 책을 읽는 모든 독자들이 필자가 기대한 것 이상의 가치를 얻게 되길 바란다.

책이 나오기까지 도움을 주신 분들이 많다. 누구보다 먼저 한스미디어 권 PD님께 감사의 말을 전하고 싶다. 편집자 입장에서도 결코 쉬운 소재가 아님에도 원고를 쓰는 동안 많은 이야기를 나누며 공감대를 이뤄주었다. 저자 입장에서 눈높이를 잘 맞춰줄 수 있는 편집자를 만난다는 것은 큰 행운이다. 또한 책을 쓰는 동안 다양한 조언을 준 각 분야의 지인과 친구, 집필 중반부터 합류하여 자료 분석을 도와준 노 책임컨설턴트에게 감사의 마음을 전한다.

가족은 나의 전부이다. 원고를 쓰느라 제대로 놀아주지 못한 아빠에게 투정 한 번 부리지 않았던 은이와 섭이에게 하늘만큼 땅만큼 사랑한다는 말을 해주고 싶다. 그리고 부족한 남편을 만났지만 여전히 세상에서 가장 든든한 서포터 역할을 해주고 있는 아내에게 미안하다는 말, 고맙다는 말, 사랑한다는 말을 모두 하고 싶다. 그리고 지금은 하늘에 계시지만 새 책이 나왔다는 소식에 누구보다 기뻐하실 부모님께도 깊은 감사의 인사를 올린다.

CONTENTS

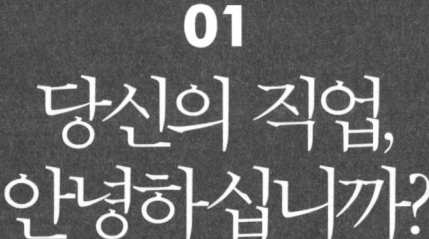

01
당신의 직업,
안녕하십니까?

FIND JOBS

'내가 지금 이 일을 왜 하고 있지?' 어느 날 갑자기 자신의
직업에 대해 커다란 회의가 생긴 적 있는가?

    치열한 경쟁 속에 살아야 하는 대한민국에서는 많은 사람이 직업과
진로 문제로 고민한다. 고용이 불안정해지면서 '취업만 해도 소원이
없겠다'는 이야기를 하는 사람들도 많지만, 남 보기에 번듯한 직업과
직장이 있는 사람들도 자신만의 고민이 있다. 사실 사람들은 자기 직
업에 대해 진짜 심각한 고민은 잘 이야기하지 않는 경우가 많다.

    예전에는 직업에 대한 고민이 소득, 흥미, 출퇴근 거리 등 단편적인
요소들이 대부분이었는데 이제는 상황이 달라지고 있다. 이미 충분한
경력을 쌓은 사람들조차 자신의 직업에 대해 회의를 느끼는 경우가 많

은데 바로 미래에 대한 불확실성 때문이다. 전문직에 종사하는 사람이나 대기업에 다니는 사람조차도 예전 같지 않음을 느낀다.

우리는 이미 '평생직장'이 아닌 '평생직업'의 시대에 살고 있다. 아이러니하게도 '평생직장'을 기대하기 어려운 것만큼 '평생직업'을 찾는 것도 쉬운 일이 아니다. 자기 자신에게 잘 맞는 직업을 찾는 일도 절대 쉽지 않을뿐더러 세상이 변하는 속도까지 너무 빨라지고 있기 때문이다. 당신이 어떤 직업에 종사하고 있는지는 중요하지 않다. 자신의 직업을 둘러싼 환경이 어떻게 변하는지를 깨닫고, 거기에 발맞춰 스스로 경쟁력을 높이지 않는다면 당신이 판검사라 할지라도 미래를 보장받을 수 없는 시대가 다가온 것이다.

[당신의 직업이 행복을 결정한다]

대한민국에 사는 당신은 얼마나 행복한가? 국민 개개인의 행복지수는 차이가 크겠지만 대한민국 전체가 느끼는 평균적인 행복지수는 높지 않다. 오히려 상당히 낮다고 표현하는 편이 나을지도 모르겠다. 2012년 한국보건사회연구원이 발간한 『보건사회연구』에 기고된 한성대학교 이내찬 교수의 「OECD 국가의 삶의 질의 구조에 관한 연구」에 따르면 OECD 회원국을 대상으로 한 국가별 행복지수 순위에서 대한민국은 행복지수 4.2로 34개 나라 가운데 32위를 차지했다. 사실상 최하위권으로 1위인 덴마크와 비교하면 행복지수의 차이가 2배 가까이나 된다.[1]

개인의 행복이나 삶의 만족도에 영향을 미치는 요소는 매우 다양하며 그 우선순위도 사람마다 다를 것이다. 그렇기에 돈이 행복의 전

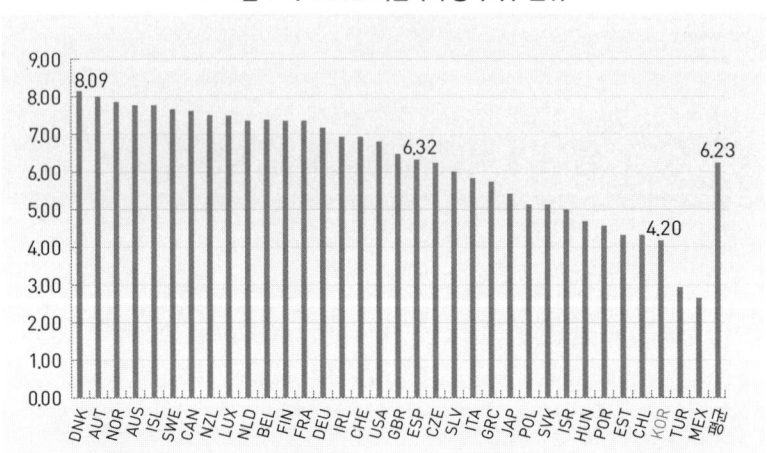

● 그림 1-1. OECD 회원국의 행복지수 순위

▶ 출처: 이내찬(2012), 「OECD 국가의 삶의 질의 구조에 관한 연구」, 「보건사회연구」

부라고 할 수는 없다. 하지만 직업은 행복의 대부분이 될 수도 있다. 왜 그럴까? 사람들이 행복을 위해 중요하다고 생각하는 많은 부분이 직업의 영향을 받기 때문이다.

첫째, 직업을 통해 개인의 소득이 결정된다. 돈이 행복의 전부라고 할 수는 없으며 절대적인 소득보다 상대적인 소득 우위가 행복에 큰 영향을 준다는 연구 결과도 있다. 어쨌든 풍요 속에서도 빈곤을 느끼는 사람이 있는 한 돈이 행복에 미치는 영향이 크다는 것을 부인하기 어렵다.

둘째, 직업이 곧 개인의 시간을 지배한다. 왜냐하면 어떤 곳에서 어떤 일을 하느냐에 따라 업무가 끝난 후 내 마음대로 쓸 수 있는 시간이 결정되기 때문이다. 멋진 자전거를 타고 국토종주를 하고 싶거나 갓 태어난 아이와 사랑하는 아내를 위해 가정에 더 많은 시간을 할애하고 싶어도 나의 직업이 허락하지 않는다면 현실적으로 불가능한 경우가 많다. 돈을 주고도 살 수 없는 것이 시간이기에 근로시간은 곧 삶의 질과 행복에 큰 영향을 준다고 할 수 있다.

셋째, 직업에 따라 주로 대면하는 사람이 결정된다. 하루 24시간 가운데 수면 시간과 출퇴근 시간을 제외하면 14~15시간밖에 남지 않는다. 그 가운데 직장이나 사업장에서 보내는 시간은 최소 9시간 정도 된다. 반면 평일에 가족과 보내는 시간은 하루 평균 6시간이 채 안 된다. 한 달, 일 년으로 확대해봐도 가족만큼이나 오랜 시간을 보내는 사람이 직장동료이다. 만약 야근과 주말근무를 일삼는 직업에 종사한다면 은퇴를 하기 전까지 당신이 가장 오랜 시간 동안 대면하는 사람은 사랑하는 부모님도 아니요, 사랑하는 아내도 아닌 직장동료가 될 수도 있다. 그렇기에 내가 직업 전선에서 어떤 사람과 일을 하고 어떤 고객을 만나는지는 삶의 만족도에도 큰 영향을 미친다.

넷째, 직업은 개인의 건강에도 큰 영향을 준다. 긴 설명이 필요 없다. 어떤 직업에 종사하는지 여부에 따라 보장성 보험의 보험료가 달라지지 않는가? 직업 환경과 수행하는 일의 특성에 따라 발병이나 사고의 위험 정도가 달라질 수 있다는 것이다. 국가에서 보장하는 4대 보험에 산재보험이 있는 것도 질병과 사고에 미치는 직업의 영향을 결코 무시할 수 없기 때문이다.

이같이 한 사람의 직업이 그 사람의 행복에 미치는 영향은 생각보다 크다. 그렇기에 당신이 행복해지고 싶다면 먼저 당신의 직업을 살펴보는 것이 현명한 일일지도 모른다.

변화의 속도와 방향이 달라지고 있다

산업혁명 이후로 세상은 변화의 속도가 점점 빨라지고 있다. 1908년 설립된 미국의 대표적인 자동차 기업 제너럴모터스가 600억 달러(약 70조 원) 수준의 매출액을 달성하는 데 걸린 기간은 약 71년이었다. 반면 1975년에 설립된 마이크로소프트가 매출 600억 달러를 달성하는 데 걸린 기간은 약 33년이었고, 1998년도에 설립된 구글이 매출 598억 달러에 도달하는 데 필요한 기간은 약 15년밖에 되지 않았다. (참고로 1969년에 설립된 삼성전자가 매출 70조 원을 넘기는 데 걸린 기간은 약 39년이다.)

컴퓨터에 사용하는 메모리 반도체의 집적용량이 1980년대 64KB 수준이었는데 약 10년 후인 1990년대 초에 64MB 메모리가 개발되면서 약 1000배 정도 용량이 커졌고, 다시 10년 후인 2000년대 초에는

8GB 메모리가 개발되면서 64KB 메모리 대비 무려 13만 1000배 정도의 용량이 커지게 되었다.

최근 미국 매사추세츠 공과대학MIT은 스마트폰을 인류 역사상 가장 빠르게 확산된 기술로 선정했다. 그들의 분석에 따르면 1876년 유선 전화기가 발명된 후 시장이 포화될 때까지 100년 가까이 걸린 반면 휴대폰은 20여 년 만에 시장 포화 수준으로 보급되었고, 스마트폰은 더욱더 빠른 속도로 시장에 보급되고 있다. 실제로 우리나라도 스마트폰 보급률이 8년 만에 80퍼센트를 넘어선 것으로 알려졌다.[2]

이처럼 변화의 속도가 빨라질수록 국가, 기업, 개인 모두 미래를 예측하고 대비하는 것이 어려워질 수밖에 없다. 변화가 빠른 만큼 미래를 대비하지 않는 사람은 자신의 인생을 운에 의존할 수밖에 없을 것이다. 지금 나의 직업이 아무리 만족스럽다고 해도 10년, 20년 뒤에도 똑같을 것이라고 자만하지 말자. 현재 위치와 관계없이 미래를 준비하고 대비하지 않는 사람에게는 똑같이 위기가 올 수 있다. 그런데 변화의 속도뿐 아니라 변화의 방향도 다시 바뀌고 있다.

21세기가 시작된 지도 십수 년이 지나갔다. 인류의 역사가 항상 그랬듯이 21세기의 역사도 이미 또 다른 변화의 물결이 시작되고 있다. 그렇다면 지난 10여 년 동안 어떤 변화가 일어났을까? 삼성경제연구소가 2011년에 발간한 보고서「21세기 한국기업 10년」에 따르면 지난 10여 년 동안에도 국내 산업과 기업에 많은 변화가 일어났다. 보고서에 언급된 내용 가운데 몇 가지 변화를 살펴보도록 하자.[3]

먼저, 글로벌 기업으로 위상이 올라간 기업들이 늘어났다. 2000년에는 『포춘Fortune』 글로벌 500대 기업에 포함된 한국 기업이 92위인 삼성전자를 필두로 11개 기업이었는데 2010년에는 삼성전자가 22위까지 상승하였고 총 14개 기업이 순위 안에 포함되었다. 또한 2000년에

● 표 1-1. 한국의 2000대 기업

구분		2000년	2010년	비고
매출액	전체	815조 원	1,711조 원	2.1배 증가
	제조	401조 원(49.3%)	1,050조 원(61.4%)	2.6배 증가
	서비스	414조 원(50.7%)	661조 원(38.6%)	1.6배 증가
종업원 수	전체	156만 명	161만 명	2.8% 증가
	제조	91만 명	102만 명	12.3% 증가
	서비스	65만 명	59만 명	10.5% 감소
주요 업종 (매출 비중)		도소매(24.5%)	석유화학(16.1%)	석유화학에 제약 포함
		석유화학(12.0%)	전기전자(15.6%)	
		전기전자(11.0%)	도소매(13.2%)	
		자동차(7.1%)	자동차(8.4%)	
		건설(6.7%)	금속(7.6%)	
5대 기업		현대종합상사(41조 원)	삼성전자(112조 원)	
		삼성물산(41조 원)	SK이노베이션(43조 원)	
		삼성전자(34조 원)	한전(39조 원)	
		LG상사(20조 원)	현대자동차(37조 원)	
		한전(18조 원)	GS칼텍스(33조 원)	

▶ 본 보고서의 국내 기업 자료는 NICE 신용평가정보의 KISVALUE DB에서 원 데이터를 받아 삼성경제연구소가 분석. 위 분석에 금융 기업은 제외되었음
▶ 출처: 삼성경제연구소 「21세기 한국기업 10년」(2011)

는 2000대 기업 가운데 제조업과 서비스업 비중이 거의 반반이었는데 2010년에는 제조업 비중이 61.4퍼센트, 서비스업 비중이 38.6퍼센트로 바뀌었다. 개별 업종을 보면 2000년에는 도·소매 업종이 가장 높은 매출 비중을 차지했는데 2010년에는 절반 가까이 감소하였다. 2000년만 해도 매출 상위 5대 기업에 종합무역상사 3개 기업이 포함되었으나 불과 10년 만에 3개 기업 모두 상위 5대 기업에 포함되지 못했다.

지난 10년 동안에도 이렇게 예상치 못한 변화가 있었는데 앞으로 맞이하게 될 20년, 30년은 더 큰 변화가 올 것으로 보인다. 그 변화의 물결 한가운데 '과학기술'과 '인구변화'가 자리 잡고 있다.

[직업의 세계도 변한다]

사람이 변하고 사회가 변하듯이 직업의 세계도 보이지 않게 변하고 있다. 직업의 변화라는 것은 수년, 때로는 수십 년을 걸쳐서 일어나기 때문에 그 직업에 종사하는 사람들조차도 자신의 직업 특성이 변하고 있음을 제때 감지하지 못하는 경우가 많다.

최근 직업의 세계에서 나타나고 있는 큰 변화 가운데 하나는 더는 기업의 성장과 고용이 비례하지 않는다는 것이다. 이를 위해 최근 10년간 국내를 대표하는 30대 기업 가운데 28개 기업의 총 매출액과 전체 직원 수 증감 추이를 살펴보았다. 그 결과 지난 10년간 28개 대표 기업의 총 매출액은 121퍼센트 증가한 반면 전체 직원 수는 18퍼센트밖에 증가하지 않은 것으로 나타났다. 물론 그 원인은 다양할 것이다. 수출 비중이 높은 제조업체는 국내 고용 대신 해외 현지 법인의 고용이 증가할 수 있고, 자동화 및 정보 시스템 구축으로 생산성 및 업무 효율이 극대화되었다. 그 밖에도 다양한 원인이 있겠지만, 결론적으로 더는 기업의 성장이 그대로 국내 고용기회의 증가로 이어지지 않는다는 것은 누구도 부인할 수 없다. 이와 관련하여 일부 선진국에서는 해외로 옮겼던 생산기지를 자국 내로 다시 이전하는 리쇼어링reshoring 현상도 일어나고 있다. 값싼 노동력 때문에 수십 년간 해외로 이전했던 공장이 더는 원가절감이 되지 못하고 있고, 자국민의 고용 증대라는 명분도 얻을 수 있으므로 기업들의 생각이 바뀐 것이다.

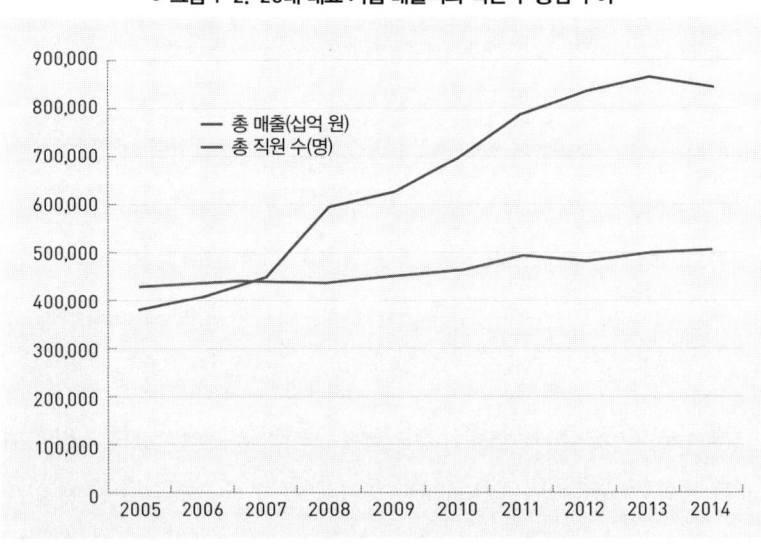

● 그림 1-2. 28대 대표 기업 매출액과 직원 수 증감 추이

▶ 본 자료는 금융감독원 전자공시시스템 기업별 연간 사업보고서를 근거로 산출함

고용 환경뿐 아니라 개별 직업의 특성도 변한다. 옛날부터 딸을 둔 부모들의 사윗감 선호 직업은 의사나 변호사와 같은 고소득 전문직인 경우가 많았다. 하지만 의사나 변호사라는 직업도 더는 명예와 소득이 보장되는 직업이 아니다. 개인병원 하나 열면 남부럽지 않던 시대가 있었지만 이제는 웬만한 도시라면 주변에 병원 찾는 일이 어렵지 않다. 또한 개인병원도 입지 조건이나 인테리어 요소가 중요해지고 다양한 고가의 의료기기가 사용되기 때문에 개원 시 초기 투자 부담도 늘어나고 있다. 2011년 대한의사협회 발표 자료에 따르면 의원급 개인병원 창업비용이 평균 4억 8000만 원으로 조사되었으며, 산부인과의 경우 평균 13억, 안과 11억, 기타 방사선과 9억 수준의 평균 개원비용이 들었다고 한다.[4]

변호사라는 직업도 달라지고 있다. 과거에는 사법고시만 합격해도 바로 중매쟁이들이 줄을 서던 시절이 있었다. 하지만 이제는 1년 동안 수임 한 건 못 해서 폐업하는 변호사 사무실이 있을 정도로 법조계도 무한 경쟁의 시대가 되어가고 있다. 불과 10년 전까지만 해도 변호사가 공무원 입직 시 5급 사무관 대우를 받았지만 최근에는 6~7급에 해당하는 대우를 받는 사례가 많아지고 있다고 한다. 일반 기업도 과거에는 변호사 자격자를 직원으로 채용할 때 최소 과장 대우를 했었는데 최근에는 대리급에 준하는 조건으로도 채용하고 있다.

선생님은 어떠한가? 예로부터 군사부일체君師父一體라거나 "스승은 그림자도 밟지 않는다"는 말이 있을 정도로 교사란 직업은 사회적으로 존경과 선망의 직업이었다. 하지만 요즘에는 교사를 폭행하는 학생이나 학부모의 이야기가 기사에 나올 정도로 환경이 바뀌었다. 이제 교사란 직업은 여전히 '안정적인 직업'이라는 관점에서 선호도가 높을지언정 '명예로운 직업'이라는 측면에서는 여러 회의감이 들 수 있는 직업이 되어가고 있는 것이다.

말끔한 유니폼을 입고 고객을 응대하는 서비스업 종사자들이 있다. 고객 접점에서 다양한 고객을 응대하며 오로지 고객이 만족하는 그날까지 열심히 뛰는 직업이다. "고객은 왕이다"라는 말을 너무 오랫동안 들은 탓일까? 이제 고객은 진짜 왕이 되어가는 것 같다. 항공기 내에서, 백화점 매장에서, 고객 서비스센터에서 발생하는 속칭 '갑질'이란 비상식적인 고객 행위로 고객을 응대하는 직원들이 피해를 받는 일이 잦아지고 있다. 서비스업 종사자들 가운데는 고객을 돕는 것에 큰 가치를 두는 사람들이 많은데, 이제 서비스업에 종사하려면 오히려 냉정한 성격인 편이 나을지도 모르겠다.

이렇게 직업의 세계도 우리가 모르는 사이에 변하고 있다. 이제는 여러분이 현재 직업에 안주하지 않고 미래를 생각하며 어떤 준비를 해야 할지 고민해야 할 시기가 왔다.

02

직업의 세계,
그것이 알고 싶다

FIND JOBS

다가올 미래에 직업의 세계가 어떻게 변하게 될 것인지 생각해보기 전에 우선 알아야 할 것들이 있다.

첫째는 현재 직업 세계의 큰 그림을 파악하는 것이고, 둘째는 '과연 어떤 직업이 좋은 직업인가?' 하는 물음에 대한 자신만의 답을 찾는 것이다. 직업의 세계에 대한 이해와 자신만의 직업 가치관이 정립되지 않은 채 미래의 변화만 궁금해한다면 결국 소설 『파랑새』의 주인공 치르치르와 미치르 같은 교훈만 얻게 될 것이다. 셋째는 직업에 대해 가지고 있는 선입관을 벗어나기 위해 사실에 근거한 다양한 정보를 확인하는 것이다. 사회생활을 하며 여러 가지 업무를 경험하다 보면 자신이 종사하지 않는 직업에 대해서도 잘 아는 것으로 착각하게 되는 경우가 많다. 사실은 이곳저곳에서 한두 번 들은 내용을 성급하게 일반화하는 오류를 범하게 되는 것이다. 이를 위해 2장에서는 대한민국의 직업과 관련된 정보를 최대한 다양하게 분석해볼 것이다.

[대한민국의 직업]

　　　　　　　　　　　현재까지 우리나라의 공식 직업
종류는 대략 1만 2000여 개 정도로 알려졌다.[*] 자신의 직업만큼은 그
누구보다 잘 알고 있을 것이다. 하지만 그 직업은 1만 개 직업 가운데
하나일 뿐이다. 직업의 세계도 하나의 유기체와 같으므로 개별 직업들
이 서로 영향을 주면서 변화한다. 한 가지 직업이 사라진다면 또 다른
직업이 생겨날 가능성이 높다는 것이다. 그렇기에 다양한 직업 세계의
변화를 이해하려면 내가 종사하고 있지 않은 나머지 직업들에 대해서
도 이해할 필요가 있다.

　　'수많은 직업 가운데 과연 어떤 직업이 좋은 직업일까?'라는 궁금

---

[*] 「2012 한국직업사전」에서 보고된 공식 직업의 수는 1만 1655개이다.

증은 누구나 한 번쯤은 가져봤겠지만 참으로 어려운 질문이다. 혹시 지금 머릿속에서 '의사, 변호사, 회계사…'라든가 '뻔하지, 돈을 제일 많이 버는 직업이 좋은 거 아냐?'라는 생각을 하는 이들도 있을 것이다. 필자는 그런 사람들에게 "당신은 이미 세상이 크게 변한 것을 모르고 계시군요!"라고 과감하게 일깨워주고 싶다.

만약 세상의 모든 사람이 '돈을 제일 많이 버는 직업'이 가장 좋은 직업이라는 데 동의한다면 의외로 답을 찾기는 쉬울 수도 있다. 소득이 가장 높은 직업만 찾으면 되는 일 아닌가? 하지만 사람들이 자신의 직업에 만족하는 요소에는 '수입'만 있는 것이 아니다.

과거에 억대 연봉을 받는 외국계 컨설팅 회사의 IT 컨설턴트를 상담한 적이 있다. 그분은 컨설턴트라는 직업에 대해 자부심도 있었고 그에 상응하는 수입도 크게 부족함이 없었다. 하지만 수년 동안 과도한 업무로 자신도 모르는 사이에 몸이 너무 안 좋아져 몇 달을 쉬게 되었다. 그러는 동안 자신의 직업에 대해 바라보는 시각이 달라지기 시작했다. 한마디로 '이렇게 일만 하다가는 큰 병이 나서 쓰러지겠다'는 불안감이 앞서기 시작했던 것이다. 그는 진지한 고민 끝에 컨설턴트를 포기하고 다른 직업을 찾기로 결심했다.

컨설턴트란 직업은 프로 스포츠로 비유하자면 용병과 같은 존재이다.* 프로팀들은 많은 돈을 투자하여 팀의 치명적인 약점을 극복해줄

---

* 주로 경영전략이나 기술 컨설팅을 해주는 고급 컨설턴트를 뜻한다.

수 있는 '해결사' 역할로 용병을 뽑는다. 용병 선수에게는 어떠한 일이 있어도 국내 선수들보다는 뛰어난 기량을 발휘해야 한다는 책임과 의무가 주어지며, 그것도 단기적인 성과를 보여주지 못한다면 오래지 않아 팀을 떠나야 한다.

컨설턴트는 그들의 고객인 다양한 기업과 기관들이 내부적으로 풀지 못하는 문제를 대신 해결해주는 고부가가치의 일을 한시적으로 수행하는 해결사인 것이다. 막대한 돈을 받는 대신 막대한 과제도 받는 컨설턴트들은 항상 '속도'와 '질'이라는 양립하기 어려운 두 요소를 동시에 만족시키며 프로젝트를 추진해야 하는 경우가 대부분이다. 그러다 보니 컨설턴트들은 수년 이상 컨설턴트란 직업을 유지하지 못하고 스스로 일반 기업이나 상대적으로 업무 강도가 작은 내근 위주 직무로 바꿔 이직하는 경우가 많다. 쉽게 말해 '컨설턴트'란 직업을 자신의 커리어를 위해 한 번쯤 거쳐 가볼 만한 직업으로 생각하지, 평생 만족하고 수행할 직업으로 생각하지 못하는 경우도 있다는 것이다.

이같이 사람들이 직업에 대해 만족하는 기준은 수입 말고도 업무에 대한 흥미나 적성, 업무 강도, 직업의 안정성 등 다양한 요인들이 존재하며, 사람마다 가치관도 다르기 때문에 우선순위도 다르다. 그렇기에 우리가 미래의 직업에 대해 제대로 된 고민을 하기 위해서는 현재 내가 어떤 가치관을 가지고 무엇을 중요하게 생각하는지 알아야 할 필요가 있는 것이다. 자신에게 직업의 어떤 요소가 중요한지도 모르면서 미래의 직업을 탐구해본들 무슨 의미가 있을까?

앞서 우리나라의 공식 직업은 1만여 개가 넘는다는 것을 이야기했다. 잠시 책을 덮고 구체적으로 하는 일을 정의 내릴 수 있는 직업을 몇 개나 아는지 생각해보자. 아마 몇십 개 이상의 직업을 구체적으로 설명할 수 있는 사람은 많지 않을 것이다. 직업의 세계가 이처럼 방대하여 직업에 대한 연구나 조사는 주로 공공기관에서 실시한다. 지금부터 직업과 관련해 조사된 다양한 통계자료를 통해 대한민국 직업 세계의 특징을 알아보도록 하자.

2014년 4월 기준 통계청 자료에 따르면 대한민국 경제활동인구*는 약 2663만 명이며 이 가운데 취업자는 약 2568만 명 정도 된다. 국민의 절반이 직업에 종사하고 있는 셈이다.[1]

2500만 명이 종사하고 있는 1만여 개의 직업을 연결하면 거대한 직업지도가 그려질 것이다. 이러한 수많은 직업을 효율적으로 탐색하기 위해 우선 필요한 것은 방대한 직업을 체계적으로 분류하는 것이다. 숲과 나무를 연구하기 위해 '침엽수'와 '활엽수', '겉씨식물'이나 '속씨식물' 하는 식으로 분류하는 것과 마찬가지로 직업의 세계에도 표준화된 분류 방식이 존재한다. 우리나라에는 '한국표준직업분류'라는 기준이 있는데, 직업을 크게 10가지 영역으로 분류한다.** 일반적으로

---

* 만 15세 이상 인구 가운데 상품이나 서비스를 생산하기 위해 실제로 수입이 있는 일을 한 취업자와 일을 하지 않았으나 구직활동을 한 실업자
** 직업 관련 통계자료의 정확성 및 비교성을 확보하기 위해 작성된 것으로 ILO의 국제표준직업분류에 기초하여 제정되었다.

직업은 일의 속성과 난이도, 숙련도, 자격 요건, 업종 등에 따라 분류된다. 여러분 각자 자신의 직업은 어느 직업군에 분류되는지 확인해보는 것도 의미 있을 것이다.

통계청에서 고시한 「제6차 한국표준직업분류 개정」에 따르면, '관리자' 직업군은 복수의 인원으로 이루어진 단체나 팀을 대표하며 주요 의사결정을 하고 사람들을 지휘, 조정하는 역할을 수행하는 직업을 뜻한다. '관리자' 직업의 범주에 속하는 일의 가장 큰 특징은 대부분 사회생활 초기부터 수행할 수 있는 직업이 아니라는 것이다. 주로 한 분야의 일을 오랫동안 수행하면서 사업부나 팀 또는 프로젝트 등의 관리자 역할을 맡게 되면서 시작하는 직업이 많다. 관리자 직업으로 구분하는 중요한 기준은 '관리자'라는 타이틀이 아니다. 그보다는 실제 업무 비중에 있어 현업보다 관리자로서 역할을 80퍼센트 이상 수행하는지 여부로 구분한다. 관리자 직업군의 대표 직업으로는 CEO, 일반직 관리자, 고위 공무원, 국회의원, 교장, 협회 임원 등이 있다.[2]

'전문가 및 관련 종사자' 직업군은 매우 다양한 분야의 직업이 포함되는데 주로 자연과학이나 사회과학, 의료, 교육, 예술, 스포츠 등의 분야에서 높은 수준의 전문적 지식과 경험을 기초로 수행하는 직업을 뜻한다. 대표 직업으로 연구원, 프로그래머, 의사, 교사, 예술인, 프로 운동선수 등이 있다.[3] 분야는 다르지만 단기적으로 교육을 받거나 경험을 쌓아서는 전문가의 경지에 오를 수 없는 직업들이다. 종합병원에서 특정 진료과목의 전문의가 되기 위해 투자되는 기간은 얼마나 걸릴까? 의과대학에 진학하여 6년 과정을 무사히 마치면 의사 자격시험에 도전할 수 있다. 일반의 자격을 취득한 뒤 1년의 인턴을 거쳐 3~4년 과정의 레지던트를 하고 난 후에 최종적으로 전문의 자격시험에 합격하면 우리가 병원에서 쉽게 만날 수 있는 의사가 되는 것이다. 의대 입학 후 장장 10여 년이란 기간을 보내야 '전문의'라는 직업인이 된다.

프로야구 선수란 직업도 비슷하다. 류현진 선수 같은 초고교급 선수들이야 프로 입단 후 바로 주전이 되기도 하지만 대부분의 프로야구 선수들은 주전이 되기까지 최소 4~5년, 길면 7~8년 이상의 기간을 보낸다. 2012년부터 본격적으로 두산의 주전 투수가 된 노경은 선수가 두산 베어스에 입단한 연도는 2003년이다. 한국을 대표하는 홈런 타자로 최근에 메이저리그^{MLB}에 진출한 박병호 선수조차도 국내에서 풀타임 주전으로 뛰기 시작한 것이 LG에서 넥센으로 이적한 뒤인데 프로 입단한지 7년만의 일이었다.

'사무 종사자'는 대한민국에서 종사자가 가장 많은 직업군 가운데 하나이다. 앞서 설명한 관리자나 전문가를 보조하여 사업계획을 입안하고 계획에 따라 업무를 추진하는 등 경영 관련된 다양한 업무를 수행하는 직업을 뜻한다. 우리가 흔히 일반 회사의 '사무직'이라고 부르는 직업과 일반 행정직 공무원, 전화 상담원 등이 본 직업군에 포함된다.[4]

'서비스 종사자'는 우리가 흔히 서비스업이라고 칭하는 분야에서 일하는 직업을 뜻한다. 공공안전이나 의료보조, 이·미용, 혼인·장례, 운송, 여가, 조리와 관련된 공공 및 대인 서비스를 제공하는 업무를 주로 수행한다.[5] 다른 직업군에 비해 개인사업자나 프리랜서 형태의 종사자가 많은 특징이 있다.

'판매 종사자'는 서비스 종사자와 더불어 일상에서 가장 쉽게 볼 수 있는 직업이다. 영업활동을 통해 서비스나 상품을 판매하는 업무를 수행한다.[6] 과거에 비해 다양한 상품과 유통 경로가 생겨나면서 판매직 직업도 상당히 세분화되고 있다.

'농림어업 숙련 종사자'는 자발적으로 계획을 세워서 농산물, 임산물, 수산물의 생산을 위해 작물을 재배하거나 산림을 경작하고, 동물을 사육하거나 물고기와 같은 수생 동식물을 채집, 번식하는 업무를 수행하는 직업이다.[7] 1차산업으로 불리는 농림어업은 1차산업 경쟁력이 높은 국가들과의 자유무역협정FTA이 늘어남에 따라 지속적으로 하향 추세가 예상되는 직업군 가운데 하나이다.

'기능원 및 관련 기능 종사자'는 광업, 제조업, 건설업 분야에서 지식과 기술을 이용하여 금속을 성형하거나 각종 기계를 설치·정비하는 업무를 수행하는 직업과 섬유, 수공예 제품과 목재, 금속 및 기타 제품을 가공하는 업무를 수행하는 직업이 포함된다. 제빵사, 자동차 정비원, 가전제품 설치 및 정비원 등의 직업이 있다. 자동화 기술의 발전에 따라 직무영역이 축소되는 추세이다.[8]

'장치·기계 조작 및 조립 종사자'는 기계를 조작하여 제품을 생산하거나 고도로 자동화된 산업용 기계 및 장비를 조작하고 제품을 조립하는 업무를 수행하는 직업이다. 다양한 제조업체 생산라인에서 일하

● 표 2-1. 한국표준직업분류에 따른 직업분포

직업군 (대분류 기준)	종사자 (천 명)	종사자 비율	남자	여자	대표직업
1. 관리자	386	1.5%	88.6%	11.4%	기업 고위임원, 경영지원관리자, 고위공무원, 국회의원, 교장, 협회 임원, 유치원 원장, 총장 등
2. 전문가 및 관련 종사자	5,125	20.0%	53.2%	46.8%	연구원, 프로그래머, 통신망 설계기술자, 커리어컨설턴트, 감정평가사, 외환딜러, 의사, 교사, 비행기 조종사, 예술가, 방송작가, 출판물 기획자, 프로 운동선수, 성직자 등
3. 사무 종사자	4,325	16.8%	52.7%	47.3%	국세 공무원, 마케팅 사무원, 생산관리 사무원, 철도화물 사무원, 비서, 경리사무원, 은행 사무원, 법무 사무장, 데스크 안내원, 전화 상담원 등
4. 서비스 종사자	2,681	10.4%	35.6%	64.4%	경찰관, 소방관, 주차 단속원, 미용사, 메이크업아티스트, 간병인, 조리사, 웨딩플래너, 항공기 객실 승무원, 호텔리어, 카지노 딜러, 골프장 캐디, 치어리더 등
5. 판매 종사자	3,079	12.0%	49.7%	50.3%	영업사원, 판매사원, 매표원, 매장 계산원, 요금 정산원, 상품 대여원, 텔레마케터, 노점 및 이동 판매원, 홍보 도우미 및 판촉원 등
6. 농림어업 숙련 종사자	1,463	5.7%	58.9%	41.1%	농업 종사자, 축산업 종사자, 임업 종사자, 수산업 종사자 등
7. 기능원 및 관련 기능 종사자	2,243	8.7%	87.3%	12.7%	제빵사, 정육 가공원, 재봉사, 제화원, 조율사, 용접원, 자동차 정비원, 전동차 정비원, 공업기계 설치 및 정비원, 가전제품 설치 및 정비원 등
8. 장치, 기계 조작 및 조립 종사자	3,065	11.9%	86.5%	13.5%	제분기 조작원, 화학섬유 생산기 조작원, 정유제어기 조작원, 플라스틱 사출기 조작원, 판금기 조작원, 자동차 조립원, 웨이퍼 식각원, 영상장비 조립원, 시내버스 운전원 등

9. 단순노무 종사자	3,317	129.%	47.4%	52.6%	공사장 인부, 채석원, 잡역부, 신문 배달원, 운반원, 우체부, 택배원, 단순 조립원, 청소원, 경비원, 검표원, 육아 도우미, 패스트푸드원 등
A. 군인	–		–	–	장교, 준위, 부사관
합계	25,684		57.9%	42.1	

▶ 통계청 「경제활동인구조사」(2014.4) 및 한국고용정보원 「2012 한국직업사전」을 병합하여 작성

는 생산직 종사자, 버스 운전원 등이 대표적인 직업이다.[9]

'단순노무 종사자'는 주로 간단한 수공구를 사용하거나 육체적 노력을 통해 단순하거나 제한적인 능력만 요구되는 업무를 수행하는 직업이다. 짧은 시간의 직무 훈련으로 업무 수행이 가능한 직업이 대부분이다. 공사장 인부나 신문 배달원, 택배원, 청소원 등의 직업이 있다.[10]

'군인'은 의무 복무자를 제외한 직업군인을 말한다.[11]

한국표준직업분류는 직업의 분류 단위가 너무 크기 때문에 실제 우리가 일반적으로 알고 있는 개별 직업의 특성을 파악하기는 어렵다. 그렇다면 직업의 종류를 조금 더 세분화한 자료를 살펴보도록 하자.

표 2-2는 총 147개로 분류된 직업군 가운데 종사자 숫자가 가장 많은 상위 30개 직업 리스트이다. 상위 30개 직업이 전체 직업군에서 차지하는 비율은 68.3퍼센트에 달한다.[12] 이 책을 읽고 있는 성인 독자 10명 가운데 7명의 직업이 여기에 모두 기재되어 있는 셈이다.

전체 직업 가운데 종사자 수가 100만 명이 넘는 직업은 4개이다. 경

● 표 2-2. 직업별 종사자 수(1~30위)

순위	직업군	종사자 (천 명)	전체 비율	남자	여자
1	경영 관련 사무원	2,154	8.4%	72.4%	27.6%
2	매장판매 종사자	1,949	7.6%	45.0%	55.1%
3	작물재배 종사자	1,274	5.0%	56.5%	43.6%
4	자동차 운전원	1,146	4.5%	98.8%	1.2%
5	주방장 및 조리사	874	3.4%	29.2%	70.7%
6	회계 및 경리 사무원	737	2.9%	14.8%	85.2%
7	청소원 및 환경미화원	731	2.8%	31.2%	68.8%
8	영업 종사자	698	2.7%	67.8%	32.2%
9	음식 서비스 종사자	650	2.5%	37.2%	62.9%
10	문리·기술 및 예능 강사	645	2.5%	24.5%	75.5%
11	행정 사무원	449	1.7%	59.2%	40.5%
12	사회복지 관련 종사자	421	1.6%	13.5%	86.5%
13	학교 교사	414	1.6%	35.5%	64.5%
14	방문·노점 및 통신판매 관련 종사자	412	1.6%	40.5%	59.7%
15	제조 관련 단순 종사원	410	1.6%	24.6%	75.4%
16	기술영업 및 중개 관련 종사자	387	1.5%	81.7%	18.6%
17	건설 및 광업 단순 종사원	353	1.4%	94.9%	5.4%
18	음식 관련 단순 종사원	350	1.4%	11.7%	88.6%
19	금융 및 보험 관련 사무 종사자	348	1.4%	49.1%	50.6%
20	배달원	332	1.3%	88.9%	11.1%
21	이·미용 및 관련 서비스 종사자	330	1.3%	15.2%	85.2%
22	건축마감 관련 기능 종사자	308	1.2%	93.2%	6.8%
23	전기·전자 및 기계 공학 기술자 및 시험원	297	1.2%	92.3%	7.7%
24	정보시스템 개발 전문가	290	1.1%	89.3%	10.7%
25	운송차량 및 기계 관련 조립원	283	1.1%	78.1%	21.6%

26	의료·복지 관련 서비스 종사자	269	1.0%	6.7%	93.3%
27	경비원 및 검표원	259	1.0%	98.5%	1.5%
28	가사 및 육아 도우미	257	1.0%	0.8%	99.2%
29	건설 관련 기능 종사자	253	1.0%	99.2%	0.8%
30	비서 및 사무보조원	251	1.0%	23.9%	76.1

▶ 출처: 통계청 「지역별 고용조사 – 전국 직업/성별 취업자」(2014년 전반기 기준)

영 관련 사무원, 매장판매 종사자, 작물재배 종사자, 자동차 운전원은 전체 종사자 가운데 약 25퍼센트를 차지하는 대한민국의 대표 직업이라고 할 수 있다.

범위를 조금 더 넓혀보도록 하자. 사람들이 보통 '사무직'이라고 칭하는 직업군은 1위 경영 관련 사무원, 6위 회계 및 경리 사무원, 11위 행정 사무원, 19위 금융 및 보험 관련 사무 종사자, 30위 비서 및 사무보조원 등과 같은 직업으로 볼 수 있는데, 전체 직업의 15퍼센트를 넘는 높은 비중을 차지한다.

영업과 판매직을 유사 직업군으로 묶으면 2위 매장판매 종사자, 8위 영업 종사자, 14위 방문·노점 및 통신판매 관련 종사자, 16위인 기술영업 및 중개 관련 종사자를 합할 수 있는데 전체 직업의 약 13퍼센트를 넘는 비중을 차지한다.

이번에는 성별에 따른 직업 분포를 살펴보자. 대한민국 전체 직업 종사자 가운데 남성 대 여성 비율은 약 6:4 정도이다. 아직도 남성의 비율이 높긴 하지만 과거보다 여성의 사회 진출이 많이 늘어나고 있다. 그러나 아직 남녀 성비의 편향성이 뚜렷한 직업도 존재한다. 전체 직업 가운데 여성 종사자 비율이 가장 높은 직업은 무엇일까?

여성 비율 90% 이상으로 추정되는 직업
영양사(100%), 가사 및 육아 도우미(99.2%), 유치원 교사(98.5%), 간호사(97.2%), 의료·복지 관련 서비스 종사자(93.3%)

▶ 참고자료: 통계청 「지역별 고용조사 – 전국 직업/성별 취업자」(2014년 전반기 기준)

이 5개 직업은 실질적으로 여성들이 대부분인 대표 직업이라고 할 수 있다. 이 직업들의 공통점은 '주부'나 '어머니'가 주로 하는 일과 밀접하다는 것이다. 가족을 위해 식사를 준비하고, 아이를 돌보며, 가족이 아플 때는 헌신적으로 가족을 병간호하는 '어머니'의 역할이 특정 직업에 대한 인식으로 확대된 것이다. '이 직업은 이러이러한 사람들만 하는 일이야…'와 같이 사회적으로 보편화된 인식이 큰 영향을 주는 경우라고 할 수 있다.

공식 통계자료로는 남성 종사자가 없는 것으로 추정되는 유일한 직업이 하나 있다. 바로 '영양사'란 직업이다(위 자료는 전수조사가 아닌 표본조사 방식이다. 따라서 실제는 극소수의 남자 영양사가 존재할 수 있다). 영양사란 병원, 학교, 호텔, 기업 등의 주로 단체급식이 이루어지는 곳에서 건강과 영양을 고려한 급식관리를 수행하는 직업으로 국가자격인 영양사 자격증을 소유해야 하는 직업이다. 구내식당에서 하얀 가운을 입고 배식을 지켜보는 영양사를 보면 많은 사람이 '참 편한 직업이겠구나'라고 생각하기 쉽다. 하지만 영양사란 직업은 그렇게 쉬운 직업이 아니다. 기관에 따라 급식 예산이 부족한 경우 기본적인 식재료를 선정하는 것조차 쉽지 않다. 식중독과 같은 집단질병의 위험이 도사리는 식당의 전반적인 위생관리에도 많은 신경을 써야 한다. 또한 대부분 1~2인 수준의 소규모 인력이 배치되기 때문에 일반적인 회사 생활과는 차이가 크다.

여성 비율이 90퍼센트 이상인 직업이 5개 정도인 반면 남성 종사자 비율이 90퍼센트 이상인 직업은 무려 49개나 된다. 아직까지 남성보다 여성에게 진입장벽이 높은 직업이 많이 존재한다고 볼 수 있다. 범위를 좁히면 통계청 자료에 여성 종사자가 '0'으로 조사된 직업도 무려 20여 개나 된다.[13] 여성 종사자가 거의 없다고 할 수 있는 직업들의 특성을 보면 주로 철도, 항공기, 선박, 건설, 토목 등 작업 환경 자체가 아직까지 여성 친화적이지 않고 특수한 기계를 다뤄야 하는 분야가 많다. 물론 사회 통념도 계속 변하고 여성의 사회 진출이 더욱 늘어날

남성 비율 100%로 추정되는 직업

배관공, 환경·청소 및 경비 관련 관리자, 화물열차 차장 및 관련 종사원, 선박 갑판승무원 및 관련 종사원, 철도 및 전동차 기관사, 건설 및 채굴 기계 운전원, 전기 및 전자 설비 조작원, 항공기·선박 기관사 및 관제사, 채굴 및 토목 관련 기능 종사자, 발전 및 배전 장치 조작원, 재활용 처리 및 소각로 조작원, 상·하수도 처리장치 조작원, 제관원 및 판금원, 냉·난방 관련 설비 조작원, 금속·재료공학 기술자 및 시험원 등

▶ 출처: 통계청 「지역별 고용조사 – 전국 직업/성별 취업자」(2014 전반기 기준)

것이기 때문에 남성 종사자만 있는 직업은 계속 줄어들 것으로 예상된다.

이번에는 시각을 바꿔서 산업 분야를 기준으로 종사자 분포를 살펴보도록 하자. 통계청 자료에 따르면 제조업은 종사자가 약 440만 명[14]이며 국내 사업체 숫자는 약 37만여 개[15]인 거대 산업이다. 국내를 대표하는 글로벌 기업 삼성전자와 현대자동차도 제조업에 속한다.

전체 종사자 수 2위에 해당하는 산업은 도매 및 소매업(유통업)이다. 종사자 약 380만 명[16]이며 사업체 숫자는 제조업의 2.7배인 약 96만여 개[17]이다. 유통업 특성상 소규모 사업체가 많은데 종사자 수가 4인 이하인 사업체가 약 89퍼센트[18]를 차지한다. 우리 주변에 항상 존재하는 슈퍼마켓, 편의점, 이동통신 대리점 등이 대표적인 소매업에 속한다. 그다음으로 숙박 및 음식점업의 경우 종사자 약 210만 명[19]이며 약 68만여 개[20]의 사업체가 있다. 숙박 및 음식점업의 경우도 유통업과 비슷하게 전체의 88퍼센트가 4인 이하 사업체이다.[21]

도·소매업과 숙박·음식점업의 4인 이하 규모의 사업체 수를 합하면 무려 145만여 개가 넘는다. 직업의 세계를 탐구할 때 두 산업은 좀 더 유심히 살펴볼 필요가 있다. 왜냐하면 두 업종은 일반적으로 창업이 쉬운 커피숍, 편의점, 치킨집 등 생활 밀접형 자영업이 포함되는 업종으로 일반 회사에 다니는 중·장년층이 퇴사할 때 창업을 많이 하는 분야이기도 하기 때문이다. 1990년대 말 IMF가 닥쳤을 때 갑작스럽게 명예퇴직자, 조기퇴직자가 늘어나면서 자의 반 타의 반으로 창업이 성황을 이루었던 적이 있다. 스타크래프트 열기로 PC방 창업 열풍이 일던 그때를 기억하는가? 그 결과 전반적인 경기 불황에도 4인 이하 사업체 수가 급등하는 특이한 현상을 볼 수 있다. IMF 사태로 인해 회사원이 줄어든 대신 PC방 자영업자가 늘어났던 현상과 같이 한 직업군의 종사자 감소는 다른 직업군 종사자의 증가로 나타날 수 있는데 이는 직업의 변화를 이해하는 데 중요한 요소 가운데 하나이다.

[어떤 직업이 돈을 많이 버는가?]

직업을 선택하는 순간이나 자신의 직업에 대한 만족도를 평가할 때 중요한 요소 가운데 하나가 바로 소득이다. 따라서 직업 트렌드를 이야기하기 위해 소득에 대한 부분은 반드시 짚고 넘어갈 필요가 있다. 먼저 생각할 부분은 '과연 대한민국에서 얼마나 받아야 직업적으로 소득이 많다고 할 수 있는가'이다. '직업적 소득의 많고 적음'이란 기준은 개인별로 '충분하다'고 느낄 수 있는 체감소득이 아닌 전체 직업 종사자 가운데 내가 받는 소득이 어느 정도 위치에 속하는지를 뜻한다.

일반 사람들이 직업에 대해 갖고 있는 편견 가운데 하나가 '고소득'의 기준을 '전문직종 종사자의 연봉 수준'이나 단순히 체감적으로 높아 보이는 '억대 연봉'으로 삼는 것이다. 사실 의사, 변호사, 회계사와 같은 대표적인 고소득 전문직 종사자 수를 더해봐도 전체 취업자의 약 0.7퍼센트 수준밖에 되지 않는다.[22] 또한 국세청 자료에 따르면 근로소득자 가운데 1억 이상의 연봉자는 약 2.9퍼센트밖에 안 된다.[23] 왜 2500만 명이나 되는 직업 종사자들이 이런 소수의 급여 수준을 '고소득'의 비교 대상으로 삼아야 하는가? 이러한 현상이 생겨난 원인 가운데 하나로 소득의 양극화 문제와 개인의 소득이 부동산과 사교육을 위해 지출되는 비중이 너무 크기 때문에 실제 상위 10~20퍼센트 수준의 소득을 올리더라도 부유하다는 느낌을 받지 못한다는 것을 생각해볼 수 있다.

통계청 자료에 따르면 2014년 기준 300인 이상 사업체 상용직 근로자의 평균 연봉은 약 5790만 원 수준이다. 범위를 5인 이상 사업체로 넓히면 상용직 근로자의 평균 연봉은 약 4050만 원으로 낮아진다.[24] 반면 보건복지부가 발표한 2015년 4인가족 최저생계비는 월 167만 원인데 이를 연봉으로 환산하면 2000만 원 정도 된다.

5인 이상 사업체 평균 연봉 4050만 원은 4인가족 최저생계비의 2배 정도 되는 셈인데 우리가 체감적으로 많지도 적지도 않은 소득액으로 수용할 만하다. 그렇다면 우리가 '고소득'이라고 느낄 수 있는 금액은 다시 그 2배 수준인 7000만~8000만 원 이상이라고 고려해볼 수 있을 것이다. 다음은 직업 평균 소득이 7000만~8000만 원 이상이 될 것으로 추정되는 대표 직업이다. 물론 이 직업들 가운데는 평균적으로 억대의 소득을 올리는 직업도 포함되어 있다.

대표적인 평균 소득 상위 직업
기업 고위임원, 항공기 조종사, 공공기관 고위직, 변리사, 변호사, 회계사, 의사, 경영 컨설턴트 (대형 컨설팅사), 도선사, 자산운용 전문가(펀드매니저), 고위 연구원, 부장~임원급(일부 대기업) 등

예나 지금이나 흔히 고소득 직업이라면 전문직을 떠올리지만, 전문직의 경우 구체적인 소득 내역이 잘 노출되지 않는 편이라 일부 과장된 정보가 떠돌기도 한다. 사실 고소득 직업은 다양한 업종에 분산되어 있으며 수행하는 업무나 자격 요건 또한 다양하다. 특히 커리어 때문에 고민이 많은 사람은 직업에 대해 탐구할 때 눈에 보이는 정보만 받아들이지 말고 본질적인 부분에 대한 궁금증을 가질 필요가 있다. 그냥 소득이 많은 직업 리스트만 보면서 감탄하지 말고 과연 소득이 많은 직업에는 어떤 공통점이 있을지 생각해보는 게 훨씬 도움이 될 것이다. 주로 소득이 높은 직업들의 첫째 공통점은 진입장벽이 높은 직업이라는 것이다. 이러한 직업에서 주로 보이는 특징들을 분석해보면 다음과 같다. 일반적으로 고소득 직업은 다음 조건 가운데 최소 3개 이상을 만족한다고 볼 수 있다.

- 일반적으로 고학력이 요구된다.
- 취득이 상당히 어려운 국가자격이 요구된다.
- 관련 역할을 수행하기 위해 가능한 오랜 기간의 경험이나 경력이 요구된다.

- 해당 직업 종사자에 대한 수요보다 공급이 부족하거나 과도하게 초과하지 않는다.
- 조직에서 커다란 성과를 내거나 높은 고과나 신임을 받는다.
- 소속된 조직이 높은 이익을 낸다.

여러분의 직업은 위 조건 가운데 몇 가지나 만족시키고 있는가?

고소득 직업의 특징을 바탕으로 직업의 본질적인 특성을 더욱 깊이 분석해보자. 고소득 직업과 저소득 직업을 분석해보면 대략 기대소득을 추정해볼 수 있는 법칙을 찾아낼 수 있는데, 바로 '직업과 소득의 법칙'이다.

어떤 직업이 대략 '상, 중, 하' 범주 가운데 어느 정도 소득을 기대할 수 있을지 추정해본다고 할 때 우리는 세 가지 변수를 주로 고려할 수 있다. 직업 종사자에 대한 '수요'와 '공급' 정도 그리고 '직업의 전문성'이다. '수요'는 사회적으로 해당 직업 종사자를 얼마나 필요로 하는지를 뜻하며, '공급'은 해당 직업을 수행할 수 있는 자격을 갖춘 종사자나 구직자 수를 의미한다. 그리고 '직업의 전문성'이란 해당 직업을 수행하기 위해 필수적으로 요구되는 능력 수준을 뜻한다. 일반적으로 학력, 지식, 경험, 적성, 기술, 자격증, 숙련도, 일의 난이도 등을 모두 고려하여 전문성을 가늠할 수 있다. 앞서 언급한 진입장벽도 이와 유사한 개념이다.

자, 그렇다면 이러한 '직업과 소득'의 공식을 적용해보도록 하자. 앞서 전통적으로 고소득 직업인 의사, 한의사, 변호사와 같은 전문직 종사자들 가운데 일반 회사원만큼도 돈을 못 벌거나 아예 폐업하는 경우도 있다는 이야기를 했다. 그 이유는 무엇일까? '직업과 소득'의 공식으로 분석해본다면 해당 직업들은 여전히 '직업의 전문성' 측면에서 변함이 없다. 여전히 치과의사가 되려면 우수한 성적으로 치과대학에 진학해서 또다시 오랜 기간 정식 의사가 되기 위해 수련 과정을 거쳐야 한다. 변호사란 직업도 마찬가지다. 2000년대 초반에 로스쿨 제도가 생겨나서 예전보다 직업적 진입장벽이 낮아졌다고 볼 수 있지만, 로스쿨을 들어가는 것도 쉬운 일은 아니므로 직업으로서의 전문성이 크게 낮아진 것은 아니다. 그렇다면 무엇이 변화했을까?

지난 수십 년간 치과의사나 변호사 종사자는 꾸준히 증가해온 반면 대한민국의 인구와 경제성장률은 예전 같지 않다. 인구성장률은 이제 머지않아 감소율이라는 표현으로 바뀔 상황이고 경제성장률도 더이상 '성장'이라는 표현을 쓰기 부끄러운 상황이 되고 있다. 치과의사나 변호사와 같은 전문직 종사자의 과잉공급 상황인지 여부는 아직 논란의 여지가 있다. 하지만 수요 대비 공급이 늘어나다 보면 경쟁력이 떨어지거나 영업·마케팅 능력이 부족한 병원이나 변호사 사무소가 돈을 벌기 어려워지는 건 대부분 인정할 수밖에 없는 사실이다. 따라서 이러한 전문직 종사자들조차도 직업시장의 수요-공급의 변화가 불리한 쪽으로 바뀌다 보면 상대적으로 직업에 따른 기대소득이 줄어들 수 있다는 것이다. 참고자료로 대한민국 면허 치과의사의 증감 추이를 살펴보자. 2000년대 들어 치과의사 1명당 인구수는 지속적인 감소 추세에 있는 반면 면허 치과의사 수는 꾸준히 증가 추세에 있다.[25] 변호사의 경우는 개인고객 외에 법인고객도 있기 때문에 치과의사와 동일한 상황이라고 할 수 없으나 변호사 1명당 인구수가 줄어드는 추세는 매우 가파르다.[26]

반대로 대형마트 계산대에서 일하는 '계산원'이란 직업을 예로 들어보자. 갑자기 어떤 도시에 대형마트가 여럿 입점하게 되면 순간적으로 '계산원'이란 직업에 대한 수요가 증가할 것이다. 그래도 '계산원'이

● 그림 2-1. 대한민국 면허 치과의사 현황 및 추이

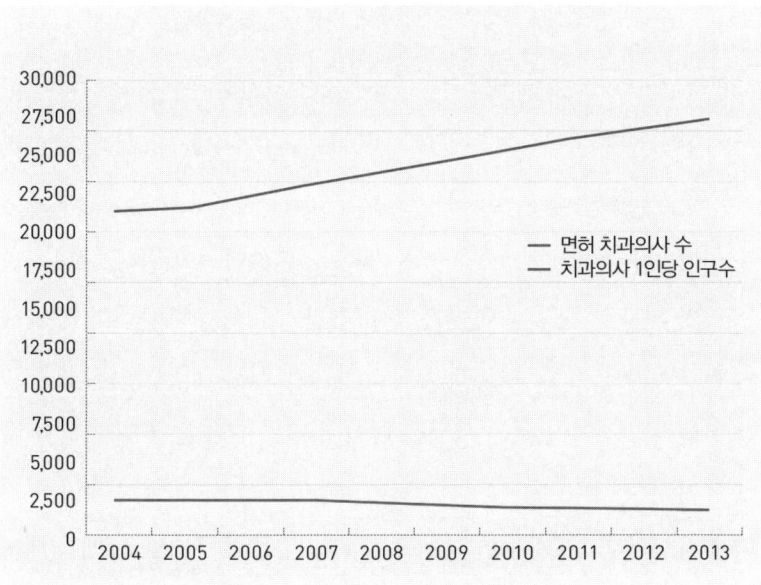

▶ 본 자료는 「보건복지통계연보」(2004~2013) 및 통계청 추계인구를 참고하여 작성하였음

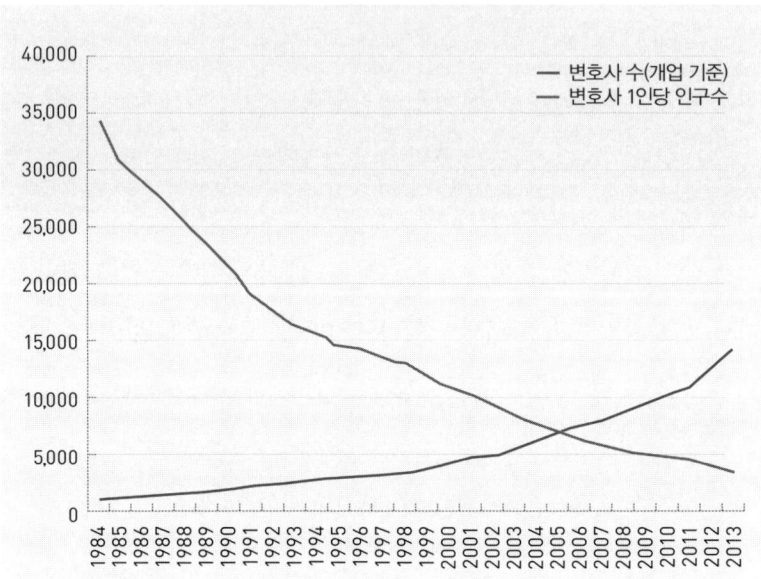

● 그림 2-2. 대한민국 변호사 현황 및 추이

▶ 본 자료는 대한변호사협회 「한국변호사백서 2010」과 법무부 「법무연감」(2005&2014) 및 통계청 추계인구를 참고하여 작성하였음

란 직업의 급여가 큰 폭으로 뛰는 것을 기대하기는 어렵다. 왜냐하면 '직업의 전문성' 측면에서 높은 점수를 받기 어렵기 때문이다. 계산원이 하는 업무는 단순 작업에 속하기 때문에 해당 직업 종사자가 부족한 상태라도 경력이 없는 사원을 뽑아서 단기 교육을 통해 투입할 수 있다. 따라서 '직업의 전문성'이 낮은 직업일수록 수요-공급에 따른 기회가 커지더라도 낮은 진입장벽으로 인해 소득의 증가를 크게 기대하기 어렵다고 할 수 있다.

이같이 직업을 선택하거나 바꿀 때는 단순하게 흥미나 취업의 용이성만을 생각하지 말고 관심 직업의 수요-공급 상황과 업무의 전문성을 분석하여 신중하게 판단할 필요가 있다.

[어떤 회사가 연봉을 많이 주는가?]

모처럼 대학교 동창모임에 참석하였다. 동기 가운데 대한민국에서 가장 유명한 글로벌 기업에 근무 중인 친구가 왔다. 그런데 혹시라도 그 친구가 10년차 과장으로 받는 연봉이 4000만 원이라고 한다면 과연 굴지의 대기업에 다니고 있다고 해서 부러워할 동기들이 몇이나 될까?

많은 사람이 유명 대기업에 다니는 사람을 보면 부러워한다. 그런데 과연 무엇 때문에 그들을 부러워하는 것일까? 규모가 가장 큰 기업이라서? 광고를 많이 하니 가장 친숙한 기업이라서? 아니면 근무 환경이 타 기업보다 월등히 좋아서일까? 복리후생이 뛰어나서? 아마도 대다수 사람이 삼성전자나 현대자동차라는 회사에 다니는 사람을 부러워하는 가장 큰 이유는 '높은 연봉'을 받을 것이라는 기대 때문이 아닐까? 모든 사람이 돈을 직업의 가장 중요한 가치나 목적으로 생각하는 것은 아닐 터이다. 하지만 돈을 벌기 위해 필요한 것이 직업이기도 하기에 시대를 막론하고 돈을 많이 버는 직업, 돈을 많이 주는 직장에 대한 관심은 클 수밖에 없다. 지금부터 회사와 연봉에 대해 다양한 관점으로 생각해보자.

일반적으로 회사가 크다는 것은 직원이 많고, 다양한 사업을 수행하고, 매출 규모도 큰 경우를 말한다. 그래서인지 사람들은 흔히 회사의 규모가 클수록 월급도 많이 받을 것으로 생각한다. 과연 그럴까?

일반적으로 매출 규모에 따른 직원 평균 보수를 살펴보면 규모가 큰 기업일수록 직원 보수도 높게 나오는 경우가 많다. 실제로 매출 1조 이상의 대기업과 매출 수백억의 중견·중소기업의 평균 보수 차이는 적게는 1000만 원 수준에서, 크게는 2000만 원 가까이 되는 것으로 알려져 있다. 매출이 큰 만큼 수익 규모도 비례하는 경우가 일반적이기 때문에 '큰 회사일수록 급여도 높다'고 생각할 수 있다. 하지만 이것은 어디까지나 평균적인 수치일 뿐이다. 과연 개별 기업을 비교해봐도 마찬가지일까?

표 2-3은 상장회사 가운데 주요 기업을 임의로 선정하여 금융감독원 전자공시시스템DART 사이트에 공개된 직원 평균 급여 수준을 발췌한 자료이다.[27] 여기서 평균 급여액이란 1년간 지급된 급여 총액을 임원을 제외한 전체 직원 수로 단순히 나눈 산술적인 평균값이다. 앞서 300인 이상 사업체 상용직 근로자의 평균 연봉은 약 5790만 원 수준

● 표 2-3. 주요 기업의 평균 급여 수준과 직원 수

회사명	평균 급여 (만 원)	매출액 (억 원)	영업이익 (억 원)	영업 이익률	1인당 매출 (억 원)	1인당 영업이익 (억 원)	직원 수 (명)
코리안리	10,500	79,549	1,584	1.99%	272	5.4	292
SK텔레콤	10,200	171,638	18,251	10.63%	40	4.3	4,253
삼성전자	10,200	2,062,060	250,251	12.14%	21	2.5	99,382
한국기업평가	10,000	646	158	24.46%	4	1.0	157
한국토지신탁	9,900	1,433	808	56.39%	10	5.7	141
현대자동차	9,700	892,563	75,500	8.46%	14	1.2	54,956
삼성물산	8,900	284,455	6,524	2.29%	33	0.8	8,663
한온시스템	8,800	54,549	3,703	6.79%	27	1.8	2,052
포스코	8,200	650,984	32,135	4.94%	36	1.8	17,877
한국쉘석유	7,700	2,387	331	13.87%	20	2.8	120
우리은행	7,700	174,808	8,977	5.14%	11	0.6	15,469
경동도시가스	7,600	26,031	479	1.84%	92	1.7	282
대우조선해양	7,400	167,863	4,711	2.81%	12	0.3	13,602
LG화학	7,300	225,778	13,108	5.81%	17	1.0	13,623
금호석유화학	7,100	47,657	1,849	3.88%	37	1.4	1,277
두산중공업	6,900	181,275	8,882	4.90%	22	1.1	8,178
유한양행	6,800	10,175	744	7.31%	7	0.5	1,518
엔씨소프트	6,400	8,387	2,782	33.17%	4	1.3	2,203
고영	6,400	1,428	282	19.75%	5	1.0	284
미래에셋증권	6,000	33,913	1,995	5.88%	19	1.1	1,777
대웅제약	5,400	7,359	519	7.05%	5	0.4	1,387
신세계I&C	5,400	2,281	155	6.80%	4	0.3	520
영원무역	5,300	12,463	1,855	14.88%	30	4.4	422
에스에프에이	5,300	4,151	457	11.01%	7	0.7	617

가온미디어	4,900	3,434	176	5.13%	14	0.7	249
CJ헬로비전	4,800	12,704	1,021	8.04%	10	0.8	1,256
한샘	4,400	13,250	1,104	8.33%	7	0.6	1,979
롯데제과	4,200	22,248	1,148	5.16%	5	0.2	4,786
오로라	4,100	1,230	146	11.87%	11	1.3	112
메가스터디	3,800	3,245	469	14.45%	5	0.7	673

▶ 1. 본 자료의 1인 평균 급여는 금융감독원 전자공시시스템의 2014년 기업별 사업보고서 상에 기재된 자료로, 연
간급여지급 총액을 전체 직원수로 나눈 단순 평균액임
2. 상장기업, 업종 대표 기업 위주로 선정하였으며, 최근 3년간 매출·영업이익 변동이 심한 곳은 배제하였음
3. 본 자료는 전체 기업의 연봉 순위가 아님
4. 본 자료의 직원 수는 본사 또는 국내 사업장 근무자 기준이므로 해외 법인이나 다수의 자회사가 있는 경우 1인
당 매출과 1인당 영업이익 수치가 실제보다 높게 나올 수 있음

이라고 언급한 적이 있다. 그럼에도 개별 기업의 연봉 수준은 상상 이
상으로 많은 차이가 남을 알 수 있다. 사실 본 자료에 포함되지 않은
4000만 원 이하 연봉 수준의 회사 가운데서도 우리가 알 만한 회사들
이 많이 있다.

평균 연봉 8000만 원이 넘는 그룹은 국내에서 가장 급여 수준이 높
은 기업이라고 할 수 있다. 일반적인 예상이라면 규모에서도 가장 큰
기업들만 있어야 할 텐데 놀랍게도 상위 그룹 10개 기업 가운데 3개 기
업이 직원 수 300명이 채 안 되는 기업이다. 3개 기업은 모두 비제조업
이며 금융 관련 업종이다. 신규 기업의 시장 진입이 상대적으로 어려
운 분야라는 것도 공통점이라고 할 수 있다. 타 기업의 시장 진입이 어
려운 영역에서는 공격적인 투자나 마케팅이 없어도 최소한의 시장점

유율을 유지할 수 있는 경우가 많다. 이러한 부분이 직원들의 평균 연봉에도 상당 부분 영향을 주었을 것으로 보인다. 평균 연봉의 차이가 다소 있지만 경동도시가스도 비슷한 사례라고 할 수 있다.

상장회사 가운데 해마다 평균 연봉 1, 2위를 다투는 삼성전자와 SK텔레콤보다 연봉이 높은 것으로 조사된 기업은 '코리안리'라는 기업이다. 직원 수가 불과 300명 수준밖에 안 되는 이 회사는 어떻게 연봉이 높을까? 코리안리는 1978년에 민영화된 국내 유일의 재보험회사로 독보적인 시장지위를 점하고 있다. 또한 자료에 나와 있듯이 직원 1인당 영업이익이 웬만한 대기업들과는 비교가 안 될 정도로 월등히 높은 수준으로 규모 대비 상당한 수익을 내고 있는 상황이라고 볼 수 있다.

이같이 회사의 규모를 가늠해주는 매출액이나 직원 수 외에도 급여에 영향을 주는 요소들은 다양하다. 얼마나 수익을 효율적으로 내는지를 보여주는 영업이익률, 1인당 매출, 1인당 영업이익 등도 직원들의 급여를 결정하는 데 적지 않은 영향을 줄 수 있다.*

실제로 표 2-3의 평균 연봉 6000만 원 미만의 기업 가운데 영원무역과 오로라를 제외하면 1인당 영업이익이 1억에 한참 미치지 못한다. 반대로 평균 연봉 8000만 원 이상인 기업은 삼성물산을 제외하면 1인당 영업이익이 1억을 훌쩍 넘는 경우를 쉽게 볼 수 있다. 특히 규모가 작아도 1인당 영업이익이 평균을 웃도는 기업들은 대부분 상위권에

---

* 영업이익이란 기업이 주된 영업활동을 통해 만들어낸 이익을 뜻하며 전체 매출에서 매출 원가와 판매비, 관리비를 제외하고 남는 이익을 뜻한다.

가까운 수준의 평균 연봉을 보여준다. 회사의 규모가 작더라도 매출이나 직원 수 대비 수익을 많이 남긴다면 얼마든지 급여를 높게 줄 수 있는 여지가 있다는 것이다.

물론 영업이익이 많더라도 IT, 전자제조와 같이 연구개발R&D이 중요한 기술집약적인 사업을 하는 회사는 연구개발에 많은 비용을 투자하기 때문에 급여 수준이 생각보다는 높지 않을 수 있다. 개별 기업의 사업 특성과 경영전략에 따라 항상 수익과 연봉이 비례하는 것은 아니다. 어쨌든 우리는 한 회사의 연봉 수준을 예측할 때 단순히 '매출'이나 '직원 수'와 같은 외형적 크기만 봐서는 안 되며 사업의 수익성과 인력 대비 수익성을 같이 보는 것이 바람직하다는 결론을 내릴 수 있다.

그 밖에 급여의 차이를 만드는 다른 요소들도 있다. 인력 비중상 고급 인력이나 고학력자들을 많이 채용해야 하는 회사의 경우에도 평균 급여 수준이 높은 경우가 많다. 반대로 단순 판매직, 큰 기술을 요하지 않는 생산직, 계약직 직원 등의 비율이 높은 기업은 평균 급여가 낮은 경우가 많다. 평균 연봉이 상대적으로 낮은 경우가 많은 유통업이나 식품제조업이 그 예가 될 수 있다. 또 고정상여가 아닌 순수 성과급, 장기 근속률, CEO나 총수의 경영 마인드 등과 같은 요소도 기업 간의 급여 차이를 만드는 원인이 될 수 있다.

유명한 회사가 연봉도 높을까?

우리가 회사와 연봉에 대해 갖고 있는 또 다른 고정관념이 있다. 앞에서 살펴본 표 2-3에는 삼성전자, SK텔레콤, 엔씨소프트와 같이 매우 친숙한 회사도 있지만 한국기업평가, 한온시스템, 코리안리와 같이 생소하게 느껴지는 회사도 많이 있다. 이들 기업이 급여 수준이 높음에도 생소한 이유는 상업 광고를 거의 하지 않는 B2B^{Business to Business}(기업 간 거래) 사업을 하는 기업들이기 때문이다. B2B 사업은 일반 소비자를 대상으로 하는 사업이 아니기에 광고를 자주 할 필요가 없다.

반면 사람들은 미디어 광고를 많이 하거나 제품이나 서비스를 직접 이용해본 B2C^{Business to Customer}(기업과 소비자 간 거래) 기업을 잘 기억하며, 이렇게 인지도가 높은 기업일수록 급여도 높을 것이라는 생각을 하는 경향이 있다. 사실 광고비와 임금은 회사 입장에서 모두 비용이기 때문에 오히려 광고선전에 많은 돈을 쓰는 경우 직원들의 급여에는 부정적인 영향을 미칠 수도 있다는 점에 반전이 있다.

실제로 기업들의 광고에 쓰는 비용과 평균 연봉의 상관관계를 살펴보기 위해 식음료 업종의 주요 기업 22개를 선정하여 사업보고서를 분석했다.[28] 회사 규모, 즉 매출액의 차이가 너무 큰 경우 광고비를 비교하는 것은 무의미하다. 그래서 가능한 매출액이 크게 차이 나지 않는 기업들 가운데 광고선전비가 실제 직원들에게 지급하는 연봉과 어

● 그림 2-3. 광고선전비와 연봉 Ⅰ(식음료 업종 매출 1조 이상 기업)

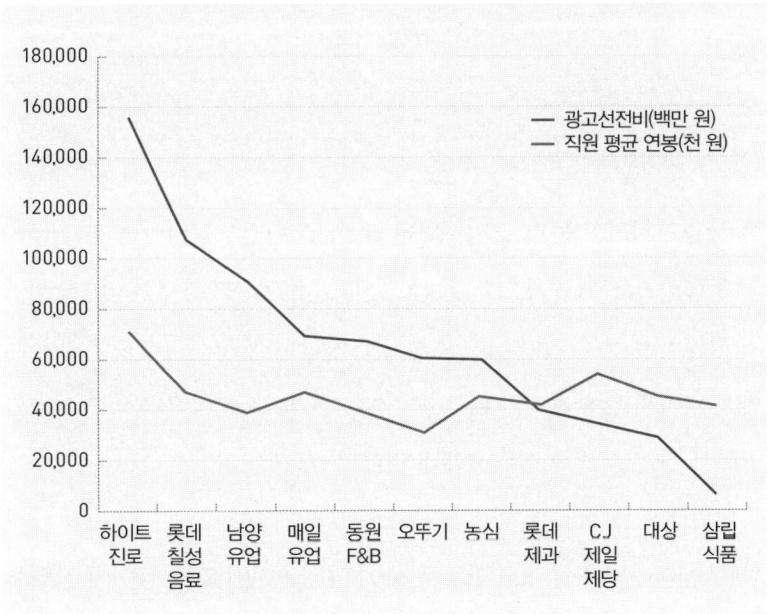

▶ 본 자료는 전자공시시스템 기업별 2014년 연간 사업보고서(개별 재무제표)를 근거로 작성함

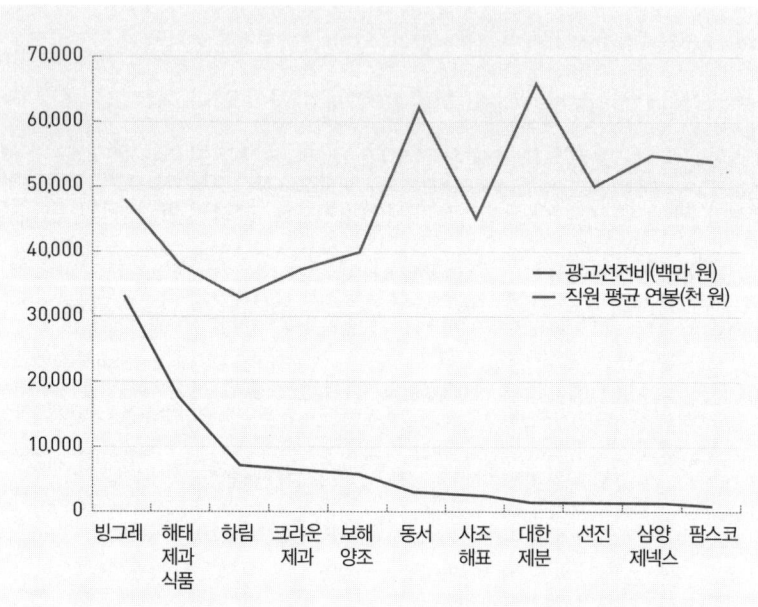

● 그림 2-4. 광고선전비와 연봉 II(식음료 업종 매출 1조 이하 기업)

범례:
— 광고선전비(백만 원)
— 직원 평균 연봉(천 원)

x축: 빙그레 해태제과식품 하림 크라운제과 보해양조 동서 사조해표 대한제분 선진 삼양제넥스 팜스코

▶ 본 자료는 전자공시시스템 기업별 2014년 연간 사업보고서(개별 재무제표)를 근거로 작성함

떤 상관관계가 있는지 조사하였다. 분석 결과 광고선전비는 평균 급여와 특별한 상관관계가 없음을 알 수 있었다. 오히려 광고선전비가 적어도 평균 연봉은 높거나 비슷한 회사도 많았다. 광고선전비는 기업에 대한 인지도와 상관관계가 많을 수밖에 없으므로 결국 기업의 인지도와 연봉 수준은 특별한 상관관계가 없다고 볼 수 있다.

일반적으로 직업에 따라 평균적으로 기대되는 소득이 있지만 유사한 직무를 수행하는데도 어느 회사에 다니는지에 따라 급여에 상당한 차이가 있을 수 있다는 것을 알아야 한다. 또한 기업이 단순히 규모가 크거나 인지도가 높다고 해서 무조건 더 많은 연봉을 줄 것이라고 기대하는 것도 주의하자.

[어떤 업종이 연봉이 높을까?]

앞서 개별 기업의 규모, 수익성과 연봉의 관계에 대해 알아봤다. 연봉 수준은 기업에 따라 다르지만 일반적으로 업종과 산업에 따른 특성도 보인다. 이러한 점은 취업을 앞둔 청년들에게는 매우 중요하다. 내가 어떤 업종에서 커리어를 쌓아나가느냐에 따라 미래 시점의 기대연봉이 달라질 수 있기 때문이다.

표 2-4는 2013년에 재벌닷컴에서 조사한 업종별 직원 평균 연봉 자료이다.[29]

본 자료에서 가장 특징적인 부분은 평균 연봉 상위 10개 업종 가운데 절반가량이 시장 진입이 쉽지 않은 업종이라는 점이다. 이러한 점은 앞서 개별 기업의 평균 연봉을 분석할 때와 유사하다고 할 수 있다. 나머지 업종은 대한민국의 수출에 큰 비중을 차지하는 전자, 자동

● 표 2-4. 업종별 평균 연봉 수준(상장사 기준)

평균 급여 수준 (단위: 만 원)	업종	비고
7,000 이상	자동차, 정유, 증권, 은행, 가스제조, 조선	* 자동차부품 포함
6,000~7,000	철강, 보험, 통신, 전자, 화학, 건설, 광고	* 전자부품 포함, 통신 부품 제외
5,000~6,000	항공, 방송, SI, 기계제조, 반도체(삼성전자 제외)	* 항공부품 제외
4,000~5,000	제약, 해운, 소프트웨어 개발, 물류, 식품, 환경	* 온라인게임 포함
3,000~4,000	출판, 유통, 교육, 섬유, 백화점, 엔터테인먼트, 가구, 여행	

▶ 출처: 재벌닷컴(2013년 기준)
　본 자료는 상장사 사업보고서를 근거로 조사된 추정 수치로 개별 기업의 실제 연봉과는 차이가 있음

차, 조선, 철강 업종이다. 2013년 기준으로 자동차 업종은 수출 비중의 1위(13.7%)를 차지한 명실상부한 효자 산업이며, 조선과 철강 산업도 각각 수출 비중 6위와 9위를 차지한다.[30] 이같이 일반적으로 내수시장 보다 훨씬 규모가 큰 해외시장의 수출 비중이 높은 회사들이 상대적으로 급여가 높은 경우가 많다고 볼 수 있다. 물론 이것은 현재까지의 위상일 뿐이고 미래에도 똑같은 것은 아니다. 예를 들어 조선, 철강 산업과 같은 경우 중국의 추격이 거센 상황이기 때문에 미래 사업전략을 어떻게 가져가느냐에 따라 향후 업종 평균 연봉에 변동이 생길 가능성이 높다.

끝으로 평균 연봉에서 낮은 순위를 차지하는 업종들의 특성을 살펴보면 식품, 유통업과 같이 상대적으로 매출보다 수익성이 높지 않은

업종이나 내수시장 위주의 비제조업 경향이 짙고 중소기업이 많은 교육, 엔터테인먼트, 여행업 등이 있다. 또한 아직도 우리나라는 게임 산업을 제외하면 무형의 콘텐츠나 서비스에 가까운 업종은 수익성이 높지 않고 평균 급여도 낮은 편에 속하는 경우가 많다. 물론 이러한 자료는 업종의 대략적 평균 수치를 보여주는 것이기 때문에 개별 회사의 연봉은 차이가 있다는 것을 잊지 말자.

[연봉에 대한 착시 현상]

대한민국 남성의 평균 키는 174센티미터라고 한다. 그런데 대부분의 남성이 174센티미터일 것으로 생각하는 사람은 아무도 없을 것이다. 누구나 자연스럽게 평균 키보다 훨씬 작은 사람도 있고, 훨씬 큰 사람도 있을 것으로 생각한다. 하지만 어디선가 "회계사의 평균 연봉이 8000만 원이다"라는 이야기를 들으면 대부분의 사람은 '회계사는 누구나 8000만 원은 벌며 살 것'이라고 생각한다. 정말 신기한 일이다. 똑같이 '평균'이라는 수학적 기준으로 이야기한 수치인데 사람들의 심리적인 인식의 차이가 크다. 왜 그럴까?

앞서 언급한 '대한민국 남성의 평균 키'라는 통계 수치의 표본이 되는 남성의 키는 누구나 실생활에서 확인하며 산다. 엘리베이터에서 본 작은 남자, 지하철에서 본 큰 남자, 그리고 아쉽지만 딱 평균 키인 우리

남편… 이미 살면서 남자들의 키가 얼마나 다양한지 직접 경험을 했기에 평균이란 수치를 들어도 '아, 그 많은 남자 가운데 174센티미터 정도 되는 남자가 딱 중간 정도에 해당하는 키구나…'라고 생각하게 되는 것이다.

그런데 '회계사의 평균 연봉'은 다르다. 회계사란 직업에 종사하는 사람을 직접 아는 경우도 드문데, 실제 회계사들이 버는 소득을 직접 확인해본 사람이 회계사와 그 가족을 제외하고 얼마나 될까? 그렇기에 우리는 '회계사의 평균 연봉'과 같이 경험해보지 못한 사실에 대해서는 '평균'이라는 숫자에 대해 쉽게 일반화하는 오류를 범한다.

급여나 소득에 대한 정보는 대부분 관심이 많고 쉽게 회자되기 때문에 그만큼 신중하게 접근해야 할 부분이기도 하다. 개인이든 기업이든 급여에 민감할 수밖에 없으므로 의외로 직업에 따른 실제 소득 정보는 구체적으로 공개되지 않는 경우가 많다. 더구나 소득이 적은 직업이나 급여를 적게 주는 직장일수록 그런 경향이 강할 수밖에 없다.

앞서 우리는 여러 기업이나 업종에 따른 평균 연봉 수준을 이야기하였다. 이 책에서 언급되는 수많은 '평균'이란 수치도 개별 값들과는 차이가 꽤 있을 수 있다는 것을 잊지 말도록 하자. 예를 들어 A라는 회사의 직원 평균 연봉이 5000만 원이라고 한다면 그것은 모든 직원이 5000만 원을 받고 있다는 의미가 아니다. 직원 가운데 직급이나 직무 또는 역량에 따라 3000만 원을 받는 사람도 있을 수 있고 반대로 평균 이상인 6000만 원 혹은 7000만 원을 받는 직원도 있을 수 있다는 것이다.

실제 유명 금융기업 A사의 경우를 예로 들어보자. 표 2-5는 A사의 직원 평균 급여액을 사업부문별로 분류한 세부 자료이다.[31] 사업보고서에 회사 전체 평균 연봉이 6000만 원 수준으로 나와 있지만 사업부문에 따라 거의 2000만~3000만 원이나 차이가 있다. 같은 사업부에서도 직무나 직급에 따른 차이가 존재할 것이다. 금융업 특성상 전문 직무 수행자는 평균을 훨씬 웃도는 고액의 연봉을 받을 것이며, 영업직은 실제 지점 실적과 개인 실적에 따라 차등화된 급여를 받을 것이다. 이러한 사업부별, 직무별 급여의 차이가 전체 평균 연봉 자료에서는 보이지 않기 때문에 우리가 흔히 '평균'의 오류에 빠질 수 있다는 것이다.

또한 표 2-5에서 성별에 따른 평균 급여액의 차이가 많은 것으로 보이는데, 이는 다른 상장기업에서도 유사하게 보이는 패턴이다. 그 이유는 동일한 경력 연차에 동일한 직급인데도 여성이 차등을 받는다기보다는 여직원들이 주로 수행하는 직무 자체가 다르거나 우리나라 기업 문화 특성상 일반적으로 직급과 연차가 올라갈수록 여성 비율이 낮아지므로 평균 연봉 자체도 낮아지는 효과가 있기 때문이다. 사실상 이런 특성을 숫자로는 설명할 수 없다는 것도 우리가 주의해야 할 점 가운데 하나이다.

업종별 평균 연봉도 마찬가지다. 전자공시시스템 정보에 공개된 기업별 사업보고서를 통해 약 70여 개 제약회사의 평균 연봉을 조사하였다.[32] 70여 개의 제약회사 가운데 업종 평균 연봉 수준인 4400만

● 표 2-5. A사 사업부문별 평균급여 수준

사업부문	성별	직원 수	정규직 비율	1인 평균 급여액(만 원)
영업점	남	405	100%	7,800
	여	423	95%	4,200
본사 영업	남	182	92%	9,900
	여	59	94%	6,500
본사 지원	남	308	95%	6,700
	여	339	97%	3,700

▶ 출처: 전자공시(DART) 기업별 사업보고서(2014)

~4600만 원으로 조사된 회사는 15개이며, 업종 평균 연봉을 훨씬 웃도는 5000만 원 이상인 기업도 16개나 되었다. 반대로 업종 평균에 훨씬 못 미치는 수준인 4000만 원 이하인 기업도 19개나 되었다. 이같이 특정 직업이나 업종, 회사의 연봉에 대해 이야기할 때는 '평균'의 정확한 의미를 잊지 말도록 하자.

[시작이 같아도 끝은 다를 수 있다]

사람들은 어떤 직업을 처음 갖게 될 때 받는 연봉이 비슷하면 그 후로도 계속 비슷한 수준으로 연봉이 상승될 것으로 생각하는 경향이 있다. 하지만 직업이나 직장에 따라 신입 연봉이 비슷해도 경력이 쌓이거나 뛰어난 업무 성과를 낼수록 연봉 상승 폭 자체가 달라지는 경우가 있다. 어떤 직업이든 신입사원 시절에는 어차피 남과 비교할 만한 경력 자체가 없고, 또 배우는 처지라는 겸손한 생각에 경력이 쌓이고 난 후의 임금 상승률에 대해서는 미처 생각하지 못하는 것이다.

표 2-6은 고용노동부 임금근로시간 정보시스템을 통해 조사한 경력기간에 따른 임금 현황 자료이다.[33] 경력 1년 미만 평균 연봉이 2000만 원 초반인 직업 10개를 샘플로 선정하여 경력이 10년 이상 되

● 표 2-6. 경력기간에 따른 임금 상승률

직업군	1년 미만 평균 연봉(만 원)	10년 이상 평균 연봉(만 원)	연봉 상승비율
여행 안내 및 접수 사무원	2,000	3,480	74%
하역 및 적재 단순 종사원	2,020	3,670	82%
매장판매직	2,050	3,560	74%
금형 주조 및 단조원	2,170	4,200	94%
용접원	2,210	4,520	105%
회계 및 경리 사무원	2,210	4,160	88%
통계 관련 사무원	2,290	4,880	113%
건축마감 관련 기능 종사자	2,330	3,770	62%
제관원 및 판금원	2,360	3,140	33%
자동차 정비원	2,370	4,450	88%

▶ 참고자료: 고용노동부·한국고용정보원 임금근로시간 정보시스템(www.wage.go.kr)
▶ 본 자료의 평균 연봉은 고용노동부 「고용형태별 근로실태 조사」 임금구조 부문의 최신 자료를 바탕으로 임금상승률을 반영하여 2013년 연간임금 수준을 추정한 자료임(연간임금=정액급여+특별급여)
▶ 본 진단은 농업, 임업 및 어업, 가사서비스업, 정부기관을 제외한 5인 이상 규모 사업체의 전일제 상용근로자를 대상으로 추정한 자료로 개별 직업의 실제 연봉과는 차이가 있음

었을 때 신입 대비 연봉 상승 비율이 어떻게 바뀌는지 분석하였다. 그 결과 1년 미만 경력일 때 최대 18.5퍼센트의 연봉 차이밖에 없던 직업들이 10년 이상의 경력이 되었을 때 최대 55.4퍼센트의 평균 연봉 차이를 보이게 되었다. 예를 들어 동일한 사무직에 속하는 '여행 안내 및 접수 사무원'과 '회계 및 경리 사무원'의 경우 약 14퍼센트 정도의 연봉 상승비율 차이를 보였다. 또한 똑같이 금속성형 관련 기능직에 속하는 '용접원'과 '제관원 및 판금원'의 경우 오히려 평균 초봉이 낮았

던 용접원이 경력 10년 이상이 되는 경우 제관원 대비 무려 72퍼센트나 높은 연봉 상승률을 보였다.

직업에 따른 연봉 상승률의 차이가 발생하는 이유는 업무의 전문성과 난이도, 실무 경험 기간이 업무 수행 능력에 미치는 영향, 경력이 많아질수록 수요보다 공급이 부족해지는 경우, 공인 자격자만 해당 업무를 수행할 수 있는 경우 등 다양하게 생각해볼 수 있다. 반대로 업무 난이도가 높지 않거나, 실무 경험 여부가 중요하지 않거나, 경력자 수요가 많지 않을 것으로 예상되는 직업은 초기 연봉 조건이 괜찮더라도 장기적인 관점에서 신중하게 판단할 필요가 있다. 이같이 어떤 직업을 선택할 때는 현재 가치뿐 아니라 경력이 쌓인 후의 가치를 어느 정도 가늠해보는 것이 좋다.

장기적인 관점에서 누적소득의 중요성

같은 대학교, 같은 학과를 졸업한 A군과 B군이 있다. A군은 대기업에 입사하게 되었고, B군은 졸업 후 지방직 9급 공무원시험에 최종 합격하였다. 취업 후 1년 만에 동창모임에서 만난 B군은 A군의 연봉을 알게 된 후 깜짝 놀랐다. A군이 입사 후 몇 달 만에 받은 월급은 B군의 월급보다 무려 150만 원이나 많았다. B군은 날이 갈수록 어려워지는 공무원시험에 합격했는데도 같은 학교를 졸업한 친구가 자신보다 훨씬 더 많은 급여를 받는다는 현실을 쉽게 받아들일 수 없었다. 과연 B군은 평생 A군보다 적은 월급을 받으며 살게 되는 것일까?

공무원과 같은 직업은 월 급여는 높지 않지만 장기간 고용 보장이 되고 연금도 있기 때문에 누적연봉이라는 측면에서는 회사원보다 유리한 점이 있다. 2015년 기준 9급 공무원 입직 시 첫 월급은 기본급이 약 128만 원이고 기타 수당을 합쳐도 최대 200만 원 안팎인 것으로 알려져 있다.[34] 대기업 가운데 신입사원 연봉이 높은 곳은 4000만 원을 육박하는 수준인데 이를 월급으로 환산하면 330만 원 가까이 된다. 그렇다면 퇴직금과 연봉을 모두 합하여 누적소득이라는 개념으로 비교를 해보자. 공무원노조가 민주노총 정책연구원에 의뢰한 공무원 보수에 대한 연구 결과에 따르면 9급 입직 공무원이 30세에서 60세 정년퇴직까지 받게 될 생애임금은 15억 5000만 원 수준이며, 민간 부문이 30세에서 60세 정년퇴직 시까지 받는 임금은 19억 5000만 원 정도 된다고 한다.[35]

하지만 일반 회사원은 60세까지 한 직장만 다니는 경우는 많지 않다. 다수의 사무직 근로자들은 40대 후반부터 고용 안정성이 크게 낮아지고 전보다 작은 회사로 이직하며 급여가 낮아지거나 퇴직금을 쏟아부어 창업하는 경우도 많다. 또한 공무원은 특성상 직원 개인 평균 보수의 편차가 크지 않은 반면, 민간 사무직 근로자는 평균 보수보다 훨씬 낮은 보수를 받는 경우도 있고 반대로 훨씬 높은 보수를 받는 경우도 많다. 민간 사무직의 평균 보수가 표준편차가 훨씬 크다는 뜻이다. 이같이 산술적 평균만이 아닌 정성적인 특성까지 감안한다면 9급 입직 공무원의 생애소득은 민간 사무직 근로자보다 높은 정도는 아니더라도 큰 차이가 없다고 볼 수 있는 요소가 많다.

어쨌든 어떤 직업이 특정 시점에서 소득이 많다고 해도 그러한 소득이 얼마나 오랫동안 지속될 수 있는지 여부는 상당히 중요하다. 인생이 마라톤이듯이 직업의 기대소득도 특정 시점만 생각해서는 안 되고 해당 직업을 수행하는 동안 벌 수 있는 총액, 즉 '누적소득'의 개념을 도입해서 비교하는 것이 좋다. 예를 들어 프로 운동선수, 프로게이머, 치어리더, 아이돌 가수 등과 같은 직업은 20대에 커리어 정점을 찍고 30대에 들어서면 거의 새로운 직업을 찾아야 하는 경우가 많다. 한마디로 직업 수명이 짧다는 것이다. 그래서 이런 직업 종사자들은 해마다 벌어들이는 수입에 대해 다른 직업 종사자들보다 민감할 수밖에 없다.

'장기적 관점의 연봉'이라는 측면에서 하나 더 생각해볼 것이 있다. 지나치게 이직을 자주 하여 결국 다른 사람들보다 일찍 직장생활을 그만두게 되는 경우이다. 참 안타까운 일이다. 이러한 일이 발생하는 원인 가운데 하나가 바로 '연봉'이다. 자신이 소속된 조직에서 성과를 내는 만큼 보상을 받지 못한다는 생각은 누구나 한 번쯤 하게 된다. 그런데 이런 상황에서 객관적인 시각을 갖지 못하면 끊임없이 연봉에 대한 불만이 생길 수 있다. 그러다 보면 이직의 유혹에 빠지기도 쉽다. 일반적으로 충실히 경력을 쌓아왔다면 30대 중·후반까지는 이직 기회를 찾기가 어렵지 않기 때문에 회사를 옮길 때마다 어느 정도 연봉 상승효과를 얻을 수 있다. 하지만 연봉만을 이유로 습관적으로 이직하다 보면 결국 '잦은 이직자'라는 인성 측면의 의구심이 커지게 된다. 결국 아무리 과거 스펙이 화려해도 최종 합격하기 어려워지게 된다. 결국 이직 사이에 몇 달씩 쉬게 되고, 퇴직금도 자주 정산하다 보니 목돈도 안 되고, 주변 친구들보다 2~3년 일찍 직장생활을 그만두게 된다. 이런 부분을 모두 금전적으로 따져보면 결국 한 회사에 오래 다닌 친구보다 총소득이 더 많지 않은 결과를 맞게 될 수도 있다. 나보다 연봉을 더 받는 사람을 부러워하기보다 연봉이 조금 적더라도 회사를 더 오래 다닐 수 있다면 최종적으로는 내 누적소득이 더 높아질 수 있다는 사실을 기억하자.

[학력과 직업 트렌드]

대한민국에서는 무슨 이야기를 하더라도 학력과 연관 짓게 되는 경우가 많다. 학력에 대한 편견은 저학력자나 고학력자 모두에게 존재한다. 왜냐하면 학력에 대한 편견이 근본 원인은 학력 자체가 아니라 개인의 경험을 성급하게 일반화하는 과정에서 발생하는 경우가 많기 때문이다. 그렇다면 실제 학력은 직업의 세계에 어떤 영향을 미치고 있을까?

먼저, 대한민국의 전체 직업 종사자의 학력 분포 상황을 보자. 2014년 통계청 자료에 따르면 전체 취업자 2568만 명 가운데 고졸 학력자가 가장 많은 비중으로 39퍼센트다. 대졸 이상(석·박사 포함) 학력 소지자는 전체 종사자의 30퍼센트이며, 전문대졸 학력 소지자는 13퍼센트로 가장 낮은 비중을 차지했다.[36] 그렇다면 학력의 차이는 실

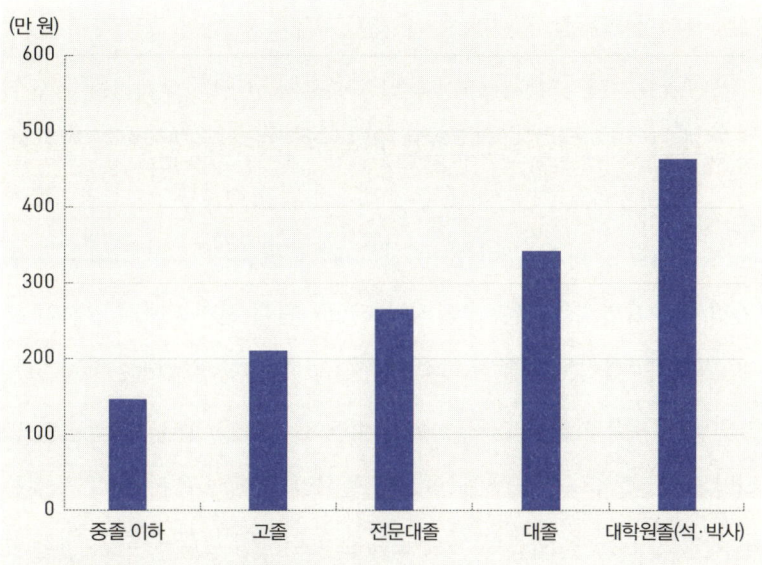

● 그림 2-5. 학력별 평균 급여(월급)

▶ 참고자료: 고용노동부 「고용형태별 근로실태조사」(2014)
▶ 2014년 근로자 1인 이상 사업장 기준, 연간특별급여 포함

제 소득의 차이에 얼마나 영향을 미치는지 알아보자.

　고용노동부 「고용형태별 근로실태조사」 자료에 따르면 2014년 기준 대졸 학력 근로자와 고졸 학력 근로자의 임금 차이는 약 131만 원이며, 대졸 학력 근로자와 전문대졸 학력 근로자의 임금 차이는 79만 원 정도이다. 반면 전문대졸 학력 근로자와 고졸 학력 근로자의 임금 차이는 51만 원 정도밖에 되지 않았다.[37] 전문대졸 학력을 기준점으로 보면 고졸 학력과 소득 차이보다 대졸 학력과 소득 차이가 크다. 전문대졸 학력은 고졸과 대졸 학력의 딱 중간이라고 볼 수 있지만 실제 처우

수준으로 볼 때는 대졸보다 고졸 학력에 가까운 지점에 위치한다. 이것은 무엇을 의미할까?

한국직업능력개발원에서 발표한 「학력 및 스킬 미스매치와 노동시장 성과」 보고서에 따르면 우리나라 노동시장에서 과잉학력은 27퍼센트 정도이다. 그 가운데 대졸·고졸·중졸 학력 근로자의 과잉학력은 25퍼센트 안팎인 반면 유독 전문대졸 근로자의 과잉학력 비율이 40퍼센트 가까이 되었다.[38] 과잉학력이란 현재 일자리에 취업하기 위해 요구되는 학력보다 실제 학력이 높다는 의미다. 전문대졸 학력 노동자의 과잉학력 비율이 높다는 뜻은 실제 전문대졸 학력자가 수행하는 일이 고졸 학력자가 수행하는 일과 질적인 차이가 크지 않다는 것으로 해석될 수 있다. 이는 앞서 전문대졸 학력자의 임금 수준이 대졸 학력자보다는 고졸 학력자 쪽에 조금 더 가까운 이유를 잘 설명해준다.[39]

사실 단순히 4년제 대학 학위가 있다고 취업에 유리하거나 처우가 좋다고는 할 수 없다. 우리가 간과해서 안 되는 것은 동일한 학력인 사람들 사이에서도 출신 학교나 개인의 노력과 능력이 직업과 소득에 영향을 준다는 것이다. 예를 들어 고졸 학력으로 처우가 좋은 대기업의 생산직으로 입사하면 다른 기업의 대졸 사무직 종사자와 비슷하거나 더 많은 연봉을 받는 경우도 있다. 물론 이런 경우는 고졸 생산직 채용이라도 입사 경쟁이 무척 치열하다. 따라서 개인의 역량이 뛰어나다면 학력 간의 소득 차이를 극복할 수도 있다. 다만 평균 정도의 능력을 지니고, 평균 정도의 노력을 한다면 학력이 높을수록 상대적으로 높은 연봉을 받을 가능성이 많다고 할 수 있다.

그렇다면 이런 학력 간의 임금 격차는 어떻게 변하고 있을까? 고용노동부에서 조사한 최근 8년간 학력에 따른 평균 임금 추이를 보면 '중졸 이하' 학력을 제외한 나머지 그룹은 모두 평균 임금이 상승하였다. 하지만 학력별 임금 상승률을 보면 상당한 차이가 있다. 다소 의아한 결과이지만 지난 8년 동안 임금 상승률이 가장 높은 학력은 초대졸인 반면 상승률이 가장 낮은 학력은 대학원(석·박사) 이상 학력이었

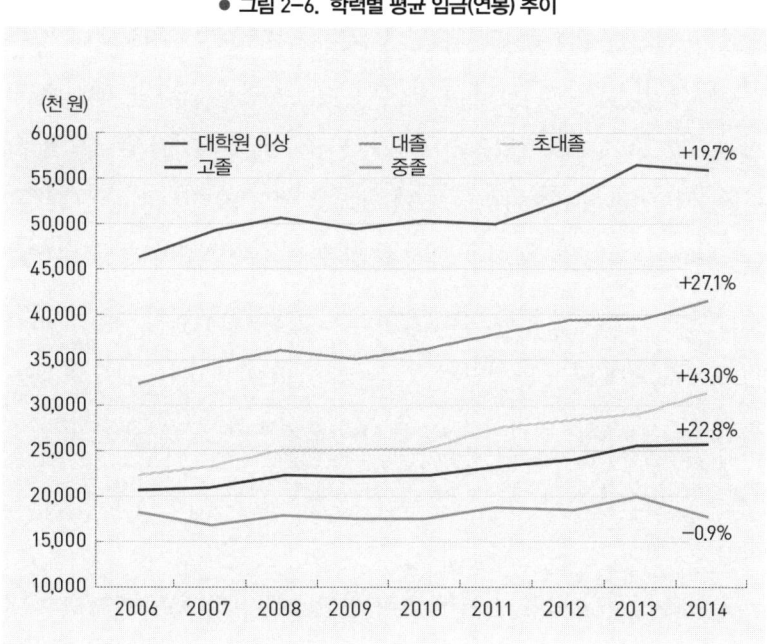

● 그림 2-6. 학력별 평균 임금(연봉) 추이

▶ 참고자료: 고용노동부 「고용형태별 근로실태조사」(2006~2014)

다. 특이한 것은 대졸자를 기준으로 대학원 이상 학력자와 초대졸 학력자의 임금 격차가 줄어든 양상을 보인다는 것이다. 요즘처럼 대외 경기에 변수가 많은 상황에서는 R&D에 과감한 투자를 하기 어려운 경우가 많다. 따라서 석·박사급 인력의 경우 공급은 계속 늘어나는 반면 수요가 충분하지 않다 보니 상대적으로 처우를 크게 올리지 않아도 채용을 유지할 수 있다. 반면 초대졸 인력은 앞서 언급한 것처럼 과잉학력 비율이 상대적으로 높은 편이지만 연봉 추이를 고려할 때 과거에는 더 심했던 것으로 추정해볼 수 있다.[40]

이제 최고 학력이라고 할 수 있는 박사 학위와 직업 트렌드에 대해 알아보자. 과학기술정책연구원에서 발간한 「2012 박사인력활동조사」에 따르면 박사 인력의 78퍼센트가 국내에서 학위를 받았다. 해외 학위자의 경우 조사 대상자의 60.4퍼센트가 미국에서 학위를 받았으며, 그다음으로 일본이 15.8퍼센트, 그리고 독일, 영국, 프랑스 순이었다.[41] 우리 주변에는 여전히 해외 학위가 국내 학위보다 가치가 높을 것으로 생각하는 사람들이 많다. 하지만 과학기술정책연구원의 자료에 따르면 오히려 국내 박사 학위자의 연평균 소득이 약 8200만 원으로 해외 학위자보다 400만 원가량 높다. 조사의 오차범위를 고려했을 때 최소한 박사 인력의 해외 학위 여부는 소득에 큰 영향을 미치지 않는다고 할 수 있다.

이러한 결과가 나온 데에는 여러 가지 원인이 있겠지만 이제 국내 대학교도 커리큘럼이나 연구실적에서 선진국과 차이가 많이 줄어들었다고 생각해볼 수 있다. 또한 박사 학위자의 경우 단순한 타이틀보다는 개인의 연구성과와 역량에 따라 차등대우를 받을 수 있는 환경이 조성돼가고 있다고 볼 수 있다. 따라서 이제는 단순히 해외 학위만으로 더 나은 대우를 기대해서는 안 된다. 실제적으로 국내 과정보다 객관적으로 뛰어나거나 권위가 있는 분야가 아니라면 해외유학에 대해 신중할 필요가 있다.

박사 학위자들의 전공 계열별 특성을 살펴보면 공학·기술 분야 박사 인력이 전체 조사 대상자의 31.3퍼센트로 가장 많았으며, 고용률 또한 공학·기술 분야 박사 인력이 96.6퍼센트로 가장 높았다.[42] 이는 우리나라의 총 연구개발비를 살펴봄으로써 어느 정도 설명이 가능할 것이다. 교육과학기술부 자료에 따르면 2011년 기준 우리나라의 총 연구개발 비용은 약 38조 원 수준이다. 그 가운데 87.5퍼센트가 제조업 부문이었으며, 세부 분야로는 반도체·전자부품 분야가 국내 총 연구개발 비용의 36.9퍼센트를 차지했다. 그 밖에 자동차 분야 11.9퍼센트, 전자부품·영상·통신 분야가 9.7퍼센트 수준의 비중을 차지한다.[43] 이처럼 우리나라에서 R&D 투자를 가장 많이 하는 부분이 제조업 관련 분야이기 때문에 전체 박사 학위자 가운데 공학·기술 분야 인력에 대한 수요가 가장 많은 것으로 볼 수 있다.

또한 박사 학위자들의 근무지 분포는 대학교가 42.5퍼센트로 가장 높았으며 민간기업 근무자도 33.5퍼센트로 결코 적지 않았다.[44] 사실 처음부터 민간 연구소에 들어가기 위해 박사과정을 선택한 사람은 많지 않을 것이다. 박사 학위자들의 급속한 증가로 대학교나 공공기관 연구소 취업이 예전보다 어려워진 반면 민간기업에서는 R&D의 중요성이 커지면서 민간 연구소로의 채용 기회가 많아진 것을 주원인으로 생각해볼 수 있다.

서글픈 신조어 '인구론'의 실체

요즘 취업 관련 이야기를 할 때 자주 언급되는 신조어가 있다. 바로 '인문계 졸업자의 90퍼센트가 논다'는 의미의 '인구론'이라는 단어다. 그런데 정말 인문계 출신의 90퍼센트나 되는 청년들이 취업을 못 하고 있을까? 특정 계열 전공자의 90퍼센트가 실업자 신세를 면치 못한다면 정말 큰일이 아닌가? 인구론의 실체를 알아보기 위해 먼저 지난 14년간 4년제 대졸자들의 전공 계열별 취업률을 확인해보았다.

그림 2-7은 지난 14년간 4년제 대학 졸업자의 주요 계열별 취업률 변화를 분석한 자료이다.[45] 본 자료는 참고문헌의 발행 시기에 따라 미취업자 선정 기준과 취업률 조사 방식의 차이가 있기 때문에 기간에 따라 일관성이 부족할 수 있음을 유의하기 바란다. 기본적으로 문과

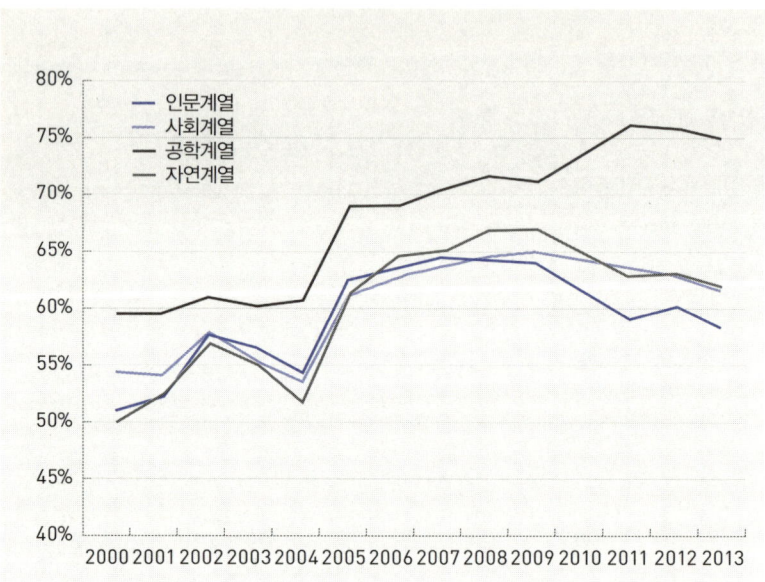

● 그림 2-7. 4년제 대학 졸업자 주요 계열별 취업률 추이

▶ 참고자료: 한국교육개발원 「고등교육기관 졸업자 취업통계조사」(2000~2013)
▶ 2010년도는 자료 불충분으로 2009년과 2011년의 평균값으로 추정하였음

전공의 경우 크게 인문계열·사회계열(경상계열 포함)·교육계열로 구분
되고, 이과 전공의 경우 자연과학계열·공학계열·의약계열로 나뉘며,
기타 예체능계열로 구분한다. 본 자료에는 더욱 이해가 쉽도록 하기 위
해 인구론과 직접적으로 관련이 있는 4개 계열 전공만 포함시켰다.

본 자료를 근거로 한다면 일단 실제 취업률 측면에서 인구론은 지
나치게 과장된 이야기라고 할 수 있다. 왜냐하면 인문계열 전공자들이
상대적으로 취업률이 가장 낮은 것은 사실임에도 인문계열 전공자들

의 최근 수년간 취업률은 60퍼센트 가까이 되기 때문이다. 물론 40퍼센트나 미취업자가 있다는 것만으로 이슈가 될 수 있다. 하지만 수치상으로는 오히려 IMF 직후인 2000년에 비하면 인문계열 졸업자의 취업률은 10퍼센트 가까이 상승했다고도 볼 수 있다.[46] 조사 방식의 오차 범위를 고려하더라도 인문계열 전공자의 취업률이 10퍼센트밖에 안 된다는 '인구론'의 표현 자체가 지나치게 과장된 것이라 볼 수 있다.

인구론의 핵심 가운데 하나는 인문계열이 공학계열보다 상대적으로 취업이 어렵다는 주장이다. 이 부분은 어느 정도 사실이라고 볼 수 있다. 하지만 공학계열 전공자와 인문계열 전공자의 취업률 차이는 과거에도 존재했다. 다만 과거 인문계열과 공학계열의 취업률 차이가 10퍼센트 이하였는데, 리먼브러더스 사태 직후라고 할 수 있는 2009년 이후부터 격차가 더 벌어지기 시작하여 최근에는 15퍼센트 이상의 차이를 보이게 된 것이다. 그러나 통계자료를 근거로 보자면 이 또한 인문계만의 문제는 아닌 것으로 보인다. 자연과학계열은 인문계열보다 취업률은 높지만 이과임에도 공학계열과의 취업률 격차가 벌어지는 상황은 인문계와 유사하다는 점을 간과해서는 안 된다.[47]

그렇다면 왜 이렇게 갑자기 인문계열 학생들의 취업난이 사회적으로 부각되고 있는 것일까? 무엇보다 전공 계열을 떠나서 전체 청년들의 실업률이 높아지고 있다. 그림 2-8은 지난 14년간의 4년제 대졸 이상 학위자의 연령별 실업자 추이를 보여주는 자료이다.[48] 군복무를 한 남학생은 대부분 20대 후반에, 또 여학생은 20대 중반에 신입사원으로 입사하는 경우가 가장 일반적일 것이다. 그렇다고 볼 때 20~29세 대졸 이상 학력자의 실업률은 신입사원 채용 숫자와 반비례할 것이다. 그림 2-8을 보면 2010년 전후로 20대의 실업률이 30~40대 실업률과 차이가 더욱 벌어지고 있다는 것을 알 수 있다. 결국 대졸 학력자 채용에 신입사원보다 경력사원을 선호하는 경향이 커지고 있다고 해석할 수 있다. 이는 리먼브러더스 사태 이후 공학계열을 제외한 나머지 계열 전공자들의 취업률이 공학계열 취업률과 더 벌어지게 된 시기와 유사하다. 그 원인으로 글로벌 경기의 불확실성이 커지면서 국내 기업,

● 그림 2-8. 4년제 대졸 이상 학력 연령별 실업자 추이

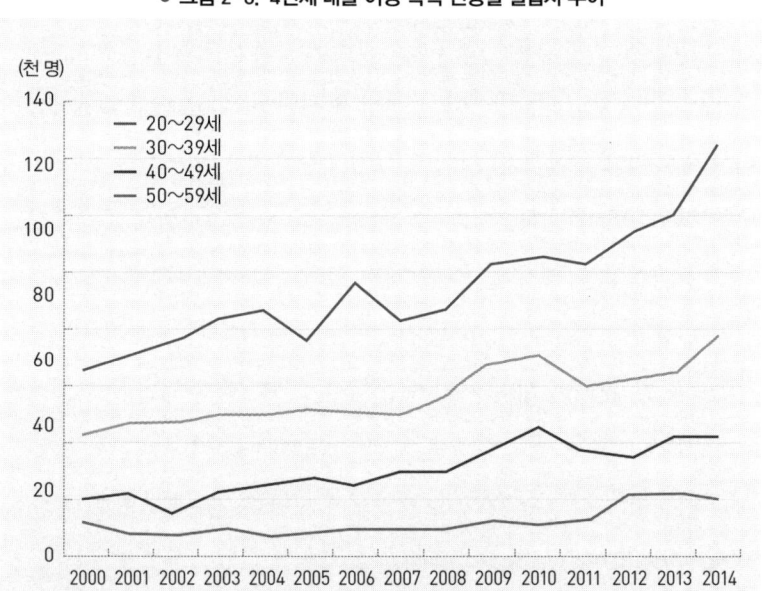

▶ 참고자료: 통계청 「경제활동 인구조사-연령, 교육 정도별 실업자」(2000~2014)

특히 대기업들의 채용 패턴이 급변하게 된 것으로 추측해볼 수 있다. 일반적으로 규모가 큰 기업일수록 단기 실적이 좋지 않다고 해서 신입사원 채용 숫자를 크게 줄이지는 않는다. 신입사원은 현재가 아닌 2~3년 이상의 미래를 보고 채용하는 인력이기 때문이다. 하지만 중·장기적인 사업 전망이 밝지 않다면 문제는 달라진다. 대기업들도 지속적인 구조조정 전략을 취할 가능성이 높아지고, 그에 따라 미래의 주역이 될 신입사원 채용도 줄일 가능성이 높아질 수 있다.

그렇다면 왜 유난히 공학계열 전공자들만 취업에 더 유리해지고 있는 것일까? 그 원인을 찾기 위해서는 우선 주요 계열별 전공자들의 취업 패턴을 이해할 필요가 있다. 표 2-7은 한국교육개발원에서 발간한 자료로 각 전공 계열별로 취업을 가장 많이 하는 업종과 직업 순위가 나와 있다.[49] 아쉽게도 최근에 발표된 자료는 아니지만 공학계열 전공자의 취업률이 급격하게 늘어나기 직전의 계열별 취업 트렌드를 파악할 수 있는 유용한 자료이다.

본 자료를 통해 알 수 있는 가장 큰 특징은 공학계열 전공자의 제조업 취업 비율이 문과 전공 계열보다 20퍼센트 가까이 높다는 것, 인문계열과 자연과학계열 전공자의 교육서비스업 취업 비율이 상대적으로 높다는 것이다. 직업적으로는 공학계열은 다양한 기술 직군에 고르게 분포되어 있는 반면 인문계열은 학원 강사직에 취업하는 비율이 17퍼센트를 넘는다. 이를 통해 우리는 공학계열은 제조업의 성장 추이에 따라 취업률에 큰 영향을 받을 가능성이 높고, 인문계열의 취업률

● 표 2-7. 4년제 대학 졸업자 주요 개열별 취업 특성 분포

인문계열

순위	업종	비율	직업	비율
1	교육서비스업	27.4%	문리·어학계 강사	17.2%
2	제조업	15.7%	사무보조원	7.6%
3	도매 및 소매업	8.5%	마케팅사무원	6.5%
4	사업서비스업	8.0%	총무사무원	6.5%
5	기타 공공 수리 및 개인서비스업	7.7%	기타 종교 관련 종사자	5.5%

공학계열

순위	업종	비율	직업	비율
1	제조업	37.8%	기계공학 기술자(엔지니어)	9.5%
2	사업서비스업	19.2%	전자공학 기술자(엔지니어)	8.8%
3	건설업	12.9%	건축공학 기술자	5.7%
4	공공행정, 국방 및 사회 보장	5.2%	컴퓨터 시스템 운영 및 관리자	4.6%
5	교육서비스업	5.1%	토목공학 기술자 (지질공학 포함)	4.4%

사회계열(경상계 포함)

순위	업종	비율	직업	비율
1	제조업	17.3%	마케팅 사무원	9.1%
2	금융 및 보험업	12.9%	총무사무원	7.8%
3	사업서비스업	10.7%	사무보조원	7.1%
4	교육서비스업	10.1%	금융사무원 (보험사무 제외)	6.1%
5	공공행정, 국방 및 사회 보장	8.9%	일반영업원 (자동차영업 제외)	4.7%

순위	업종	비율	직업	비율
1	제조업	24.4%	문리·어학계 강사	9.9%
2	교육서비스업	19.0%	사무보조원	5.4%
3	사업서비스업	12.1%	일반영업원 (자동차영업 제외)	4.8%
4	도매 및 소매업	7.0%	영양사	4.6%
5	금융 및 보험업	5.5%	총무사무원	4.5%

▶ 출처: 한국교육개발원·교육인적자원부 「2007년 취업통계 분석자료집」

은 제조업의 영향보다는 오히려 교육서비스업의 성장 추이에 더 큰 영향을 받을 것으로 추측할 수 있다. 그런데 우리는 이미 1장 표 1-1에서 지난 10년 동안 제조업과 서비스업의 비중이 5:5에서 6:4로 급변했다는 것을 확인했다. 이는 지금까지 분석한 결과를 볼 때 공학계열과 인문계열 전공자들의 취업률에 큰 영향을 미쳤을 가능성이 높다.

그렇다면 인문계열 전공자들의 취업에 큰 영향을 미치는 교육서비스업 그 가운데서도 '학원 강사'라는 직업에는 어떤 변화가 있지 않았을까? 최근 14년 동안 일반 교과(입시)학원 종사자 수를 조사해본 결과 2000년부터 2008년까지 급격하게 늘어나던 추세가 2009년부터 최근까지는 거의 증가하지 못하고 오히려 조금씩 줄어들고 있는 것을 알 수 있었다.[50] 인구론 관점에서도 이를 뒷받침해주는 수치가 있다. 통계청이 발표한 「연령별 추계인구」 자료를 보면 2010년을 정점으로 중·고등학생의 인구가 지속적으로 감소하고 있다. 중고생 인구 감소와 입시학원 종사자 수의 감소가 시작된 시기가 거의 비슷하다는 점에 주목할 필요가 있다. 또, 최근 들어 입시제도가 다양해지고 사교육의 문제에 대한 사회적 공감대가 커지면서 사교육 시장도 경쟁이 치열해지고 있다. 이에 따라 인문계열 학생들이 학원가로 취업하기보다는 일반 기업을 선호하는 현상이 생기고 있는 것으로 보인다.

이제 대기업의 채용 트렌드는 어떻게 변했는지 살펴보자. 국내 대기업은 30대 기업 전체 직원 수의 75퍼센트가량이 제조업체 종사자일 만큼 제조업 비중이 높다. 그 가운데 삼성전자와 현대자동차의 직원이 차지하는 비율이 무려 30퍼센트 안팎에 달한다. 더불어 30대 기업의 전체 매출에서 삼성전자와 현대자동차의 매출 비중도 30퍼센트 안팎을 차지한다.[51] 그런데 특이한 점은 10년 전에는 30대 기업에서 삼성전자와 현대자동차의 매출 비중이 20퍼센트 초반이었는데도 전체 직원 수 비율은 30퍼센트를 유지했다는 것이다. 삼성전자와 현대자동차가 30대 기업에서 차지하는 매출 비중이 10퍼센트 가까이 늘어난 시점에도 직원 수 비중이 그대로 유지되었다. 이는 1장에서 이야기한 바와 같이 대기업이 성장한 만큼 국내 채용이 비례하여 늘어나지 않는 상황의 단적인 예로 볼 수 있다.

특히 다양한 IT 기술 도입 및 정보화 시스템 구축으로 인문계열 전공자들이 주로 취업을 하던 경영관리 직군이나 마케팅 직군의 채용이 지속적으로 감소되고 있을 가능성이 높다. 또한 이들 직군은 연구개발이나 생산관리 직군보다 경력사원 채용이 상대적으로 쉽다. 이같이 대

기업의 채용 트렌드도 인문계열 학생들에게 불리한 쪽으로 변하고 있다고 볼 수 있다.

많은 사람이 간과하고 있는 또 다른 요인은 20대 인구가 지속적으로 감소세에 있음에도 4년제 학력 졸업자가 늘어나고 있다는 점이다. 실제 채용시장에서 4년제 학위자에 대한 수요가 줄어들고 있는데도 오히려 4년제 학위자가 늘어나고 있으니 대졸자들의 취업난이 가중될 수밖에 없다. 앞서 학력과 직업에 대한 이야기에서 언급했듯이 대졸자의 과잉학력 비율은 무려 24퍼센트 가까이 된다.[52] 이런 과잉학력 문제는 취업할 때 전공 일치도가 많이 떨어지는 인문계열이 상대적으로 더 심각할 것으로 예측해볼 수 있다.

결국 인문계열 전공자 취업난의 배경에는 단순한 채용 트렌드 변화가 아니라 제조업 비중 증가와 서비스업 비중 감소, 사교육 시장 트렌드 변화, 경력사원 선호 현상 심화, 대기업의 성장과 국내 고용 불일치, IT 기술과 자동화의 영향, 대졸자 과잉학력 문제 등 산업과 사회 전반적으로 여러 가지 변화가 맞물려 있다고 볼 수 있다.

따라서 이 문제를 해결하기 위해 단편적인 대처 방안을 제시하는 것은 바람직하지 못하다. 예를 들어 취업이 가장 잘된다는 공학계열 졸업자도 30퍼센트나 되는 비율이 취업을 못 하고 있다는 점을 간과해서는 안 된다. 무슨 이야기인가 하면 인문계열 전공자들이 취업이 안 된다고 해서 단순히 공학계열 복수전공을 하거나 기술을 교육받는다고 취업 문제가 해결될 것이라고 기대해서는 안 된다는 것이다. 우선 초점을 맞춰야 할 부분은 전체 청년들의 고용기회 증가와 대졸 학력자의 비율 조절, 특히 인문계열 전공자가 과도하게 많이 배출되는 것에 대한 대책을 세워야 한다. 인문계열 전공자들도 막연히 대기업의 채용 트렌드가 바뀌기만 기다리지 말고 스스로 흥미·적성을 찾아 다양한 직업에 도전할 수 있는 방안을 모색해야 한다. 또한 미래 직업 트렌드 변화에 맞추어 국가적인 차원에서 교육 전반의 과정과 진로 및 진학 지도의 패러다임이 바뀌어야 한다.

어떤 직업이 좋은 직업인가?

우리는 2장에서 직업 세계 전체의 특징을 살펴봤다. 종사자가 많은 직업은 결국 산업 비중이 큰 분야였다. 산업 비중이 큰 분야는 관련 사업체도 많으므로 그만큼 구직이나 이직의 기회가 많다고 볼 수 있다. 평균적으로는 규모가 큰 회사들이 연봉 수준이 높으나 그렇지 않은 경우도 있기 때문에 단순히 규모만으로 연봉을 예상하는 건 위험하다는 것을 알게 되었다. 또한 직업의 세계도 수요-공급의 원리가 작용하기 때문에 과거에 고소득을 보장하던 직업도 미래에는 달라질 수 있다는 것도 알게 되었다.

자, 그렇다면 우리가 살펴봤던 직업 세계의 다양한 특성을 참고하여 각자 자신에게 어떤 직업이 좋을지 생각해볼 필요가 있다. 직업을 선택하거나 직업에 대한 만족도를 판단할 때 필요한 것이 직업 가치관이다. 직업 가치관이란 '직업'에 대해 개인적으로 중요하다고 생각하는 기준이나 관점, 우선순위를 뜻한다. 예를 들어 '나는 직업을 선택할 때 연봉이 제일 중요하다', '나는 월급은 덜 받더라도 개인 시간을 누릴 수 있는 직업이 좋다', '집에서 30분 이내 가까이 있는 회사를 다니고 싶다' 등과 같은 생각도 모두 직업 가치관이라고 할 수 있다. 물론 직업 가치관도 개인에 따라 달라질 수 있다. 연봉이나 소득은 직업을 선택하고 평가할 때 중요한 요소이지만 그 외에도 직업 만족도에 미치는

● 표 2-8. 직업 가치관 조사(2014년)

순위	항목	척도점수(5점 만점)	2004년 순위
1	직업 안정성	3.78	3
2	몸과 마음의 여유	3.77	2
3	성취	3.64	1
4	금전적 보상	3.63	7
5	인정	3.50	5
6	지식 추구	3.41	4
7	자율	3.41	6
8	영향력 발휘	3.32	9
9	변화 지향	3.29	8
10	실내 활동	3.26	12
11	봉사	3.18	10
12	개별 활동	3.18	13
13	애국	3.16	11

▶ 출처: 한국고용정보원(2014)

요소들이 존재함을 잊어서는 안 된다.

표 2-8은 2014년 한국고용정보원에서 성인 3000여 명을 대상으로 '직업 가치관'에 대해 조사한 결과이다. 본 조사에서는 직업 가치관 요소로 10개 항목이 선정되어 있다. 그 가운데서도 '금전적 보상'과 '성취' 그리고 '직업 안정성'과 '몸과 마음의 여유'는 많은 사람이 중요하게 생각하는 부분이라고 할 수 있다.[53]

그런데 10년 전 조사에서는 3위였던 '직업 안정성'이 1위가 되었다. 그 이유는 무엇일까? 우리는 1990년대 말에 IMF를 겪으면서 '명예퇴직'과 '희망퇴직'이란 용어에 익숙해졌다. 여기에 2000년대 들어와서 반복되는 대외 경기 불확실성과 취업난, 그리고 비정규직 증가로 인한 고용 안정성 문제가 직업을 바라보는 사람들의 마음에 큰 영향을 주었다고 볼 수 있다.

사실 직업 가치관을 이루는 요소들은 상호 유기적인 관계에 있기 때문에 하나씩 분리하여 취사선택을 할 수는 없다. 금전적 보상이 높은 직업은 대부분 업무 강도가 세거나 야근이 잦은 경우가 많다. 반대로 근무시간이 일정하고 여유로운 직업은 금전적 보상이 낮은 경우가 많다. 따라서 '몸과 마음의 여유'와 '금전적 보상'을 동시에 만족시킬 수 있는 직업은 현실적으로 존재하기 어렵다. 간혹 지하철에서 '누님처럼, 가족처럼 일하면서 월수 ○○○ 보장' 이런 쪽지광고에서나 존재할 수 있는 직업일 것이다. 따라서 직업 가치관적으로 동시에 만족시키기 어려운 요소를 고집하기보다는 자신에게 현실적으로 무엇이 더 중요한지 우선순위를 냉정하게 따져볼 필요가 있다.

세상이 빨리 변할수록 사람들은 직업적으로도 안정을 중요하게 생각할 것이다. 그런데 안정적인 직업이란 대체 어떤 기준으로 판단하면 될까? 이 또한 사람마다 다를 수 있겠으나 일반적으로 '안정적'이라고 생각할 수 있는 요소를 살펴보자.

- 장기 근속률이 높은 조직에서 일할 수 있는 직업
- 외부 환경 변화에 큰 영향을 받지 않는 직업
- 나이가 들어도 수행할 수 있는 직업
- 월·연간 소득의 변동이 크지 않은 직업
- 평균 소득수준 또는 그 이상의 소득을 올릴 수 있는 직업

자, 이제부터 직업을 정하거나 이직을 할 때 막연히 '안정적인 직업이 좋다'고 생각하지 말고 위와 같이 직업적 안정성을 느끼게 해주는 구체적인 요소들을 생각하도록 하자.

'몸과 마음의 여유'란 바꾸어 말하면 적당한 업무 강도나 근무시간이라고 할 수 있다. 통계청에서 발표한 「2014 한국의 사회동향」 자료에 따르면 우리나라 취업자의 주당 근로시간은 43.1시간 수준이다. 평균 주당 근로시간이 50시간을 넘던 1980~1990년대에 비하면 많이 줄어들었지만 다른 나라들과 비교할 때 여전히 적지 않은 시간이다. OECD 연평균 근로시간은 약 1770시간인 반면 대한민국의 연평균 근

로시간은 약 2163시간이다.[54] 그 차이는 연간 393시간으로 이를 하루 9시간 근무한다고 가정할 때 무려 44일을 더 출근하는 셈이다. 이러다 보니 우리나라에서 직업 가치관 요소로 '몸과 마음의 여유'를 더욱 중요하게 생각할 수밖에 없다.

'성취'란 수행한 일의 성과가 뚜렷하게 나타나고, 조직이나 사회에 대한 기여 가치를 느끼게 해줄 수 있는지 여부를 말한다. 이를 좀 더 구체적으로 살펴보면, 먼저 자신이 기여한 부분에 대한 정당한 평가나 보상을 받고 있는지 여부도 중요하다. 이런 부분은 직업이나 직무에 따라 많은 차이가 있다. 예를 들어 개인별 성과 측정이 쉬운 생산직, 영업직에 비해 재무회계, 연구개발, 경영기획, 기타 관리성 업무는 개인별 성과를 정량화하는 것이 어려운 경우가 많다. 실제 경력자들 가운데서는 업무 능력과 기여도에 대한 회사 측의 납득되지 않는 평가가 주된 이직 사유인 경우를 종종 볼 수 있다.

또, 직업적으로 수행하는 일이 자신이나 타인에게 가치 있는 일로 여겨지는지 여부도 중요하다. 이런 부분은 자칫 사회적으로 인기가 많거나 전문성이 요구되는 직업만 관련된다고 생각할 수 있는데 그것은 잘못된 생각이다. 심지어 똑같은 직업을 수행하고 있다 하더라도 개인의 상황에 따라 '성취'에 대한 만족감은 달라질 수 있다.

환경미화 관련 직업을 예로 들어보자. 똑같이 공공장소를 청소하는 일을 수행하는 A와 B라는 사람이 있다. A는 대형 사회복지관에서 일하고 B는 지하철 역사에서 일한다. A는 사회복지관에 3년째 근무 중이다. 비록 파견직이지만 이제 대부분의 직원과 친밀해졌다. 더욱이 근무지가 사회복지관이라 유독 마음이 따뜻하고 친절한 사회복지사들이 많은 것 같다. 일반인보다 몸이 불편한 어르신들과 청소년들이 많이 찾아오는 관계로 화장실은 쉽게 지저분해지지만 '취약계층을 위한 봉사'의 일환이라고 생각하니 오히려 뿌듯하기만 하다.

반면 B는 일반 지하철 역사에서 청소를 하므로 업무 중에 마주치는 사람은 대부분 1회성으로 스쳐 지나가는 승객과 보행객뿐이다. 직업에는 귀천이 없다고 생각하지만 매일 바뀌는 각양각색의 사람과 눈이 마주칠 때면 불편하다. 더구나 지하철역이다 보니 언제 아는 사람을 마주칠지도 모른다는 생각에 마음 편할 날이 없다. 그뿐만이 아니다. 밤이 되면 으레 지하철 화장실은 낮보다 2배 이상 지저분해지곤 한다. 솔직히 다른 직업으로 바꿀 기회만 생긴다면 큰 고민 없이 이직할 생각이다.

이같이 유사한 업무를 수행하더라도 개인 성향과 환경 차이에 따라 성취감의 차이가 클 수 있다. 그렇기에 우리는 큰 조직에서 전문성 있는 일을 하건 작은 곳에서 단순한 일을 하건 자신이 선택한 일에 어떤 의미와 가치를 부여하게 될 것인지 신중히 생각해볼 필요가 있다.

'금전적 보상'에 대해서는 이미 여러 번 이야기했다. 2장 컨설턴트의 사례에서도 확인했듯이 항상 고액의 연봉을 받는 것만이 개인의 만족감을 극대화시키는 것은 아니다. 중요한 것은 무턱대고 남과 비교하는 것이 아니라, 나를 만족시킬 수 있는 '금전적 보상'이 어느 정도 수준인지 스스로 알아야 한다는 점과 나에게 '금전적 보상'이 얼마나 중요한 순위에 해당하는지를 아는 것이다.

그 밖에 '변화 지향', '실내 활동', '봉사', '개별 활동' 등은 개인의 성향이나 기질에 따라 차이가 많을 수 있는 요소이다. 새로운 것을 찾고 변화를 즐겨 하는 성향인 사람들은 자신의 직업에 반복적인 요소가 많아 매번 똑같은 방식으로 일해야 한다면 갈수록 흥미를 잃기 쉬울 것이다. 반대로 기존의 방식을 그대로 유지하는 것을 좋아하는 보수적인 성향이라면 오히려 변화가 많은 직업에 대해 스트레스를 받게 될 수도 있다. '실내 활동'도 마찬가지다. 정적인 환경이나 개인 업무를 선호하는 사람들에게는 잦은 외근이 불만족 요소가 될 수 있지만, 반대로 외부로 돌아다니기를 좋아하고 새로운 사람들과의 만남을 선호하는 사람에게는 실내 활동 위주의 직업이 불만족스러워질 수 있다. 이같이 직업 가치관에도 여러 가지 요소가 있으며 개인의 성향과 가치관, 환경에 따라 우선순위는 얼마든지 바뀔 수 있다. 그렇기에 직업 가치관은 타인의 기준을 따라가는 것보다 스스로를 객관적으로 파악하여 자신의 삶에 직업이 어떤 의미를 가지며 그에 따른 우선 가치가 무엇인지를 판단하는 것이 중요하다.

자, 이제 독자 여러분 스스로 자신의 직업 가치관에서 우선순위는 어떤 요소인지 생각해보자. 그 작업을 끝냈다면 본격적으로 미래의 직업 변화에 대한 이야기를 들을 준비가 된 셈이다.

03
위기의
직업들

FIND JOBS

어느 날 저녁에 프라이드 치킨을 주문하던 중 갑자기 치킨 사업의 미래가 궁금해졌다.

　미래 전문가는 아니지만 그래도 진지하게 미래를 예상해보려면 어떻게 해야 할까? 많은 자료와 전문 기법을 동원한 예측까지는 아니더라도 미래에 일어날 수 있는 다양한 상황을 가정해보는 것만으로도 의미가 있을 것이다. 자, 그럼 치킨 사업의 미래에 대한 다양한 시나리오를 떠올려보자. 먼저 대전제를 생각해본다.

　1. 프라이드 치킨 수요가 더욱 늘어난다.
　2. 프라이드 치킨 수요가 그대로 유지된다.

3. 프라이드 치킨 수요가 줄어든다.

다음으로 기본 가정의 원인이 될 수 있는 요소를 생각해보자.

1.1 인구 증가로 인해 자연스럽게 프라이드 치킨의 수요가 증가된다.

1.2 프라이드 치킨의 혁신적인 조리법이 개발되어 수요가 증가된다.

1.3 프로 스포츠 경기 수가 지속적으로 늘어나서 수요가 증가된다.

2.1 인구도 정체되고 프라이드 치킨의 맛도 큰 차이가 없어 수요의 변화에 큰 영향이 없다.

3.1 본격적인 인구 감소로 인해 프라이드 치킨 수요가 급격히 감소한다.

3.2 갑자기 등장한 배달용 돈가스의 인기로 인해 프라이드 치킨 시장에 큰 타격이 온다.

3.3 인체에 유해한 신종 조류독감으로 인해 프라이드 치킨 수요가 급격히 감소한다.

마지막으로 사실에 근거한 다양한 자료와 정보를 통해 각각의 예상 시나리오가 발생할 가능성을 분석함으로써 치킨 사업의 미래가 어떤 방향으로 펼쳐질 가능성이 높은지를 판단할 수 있을 것이다.

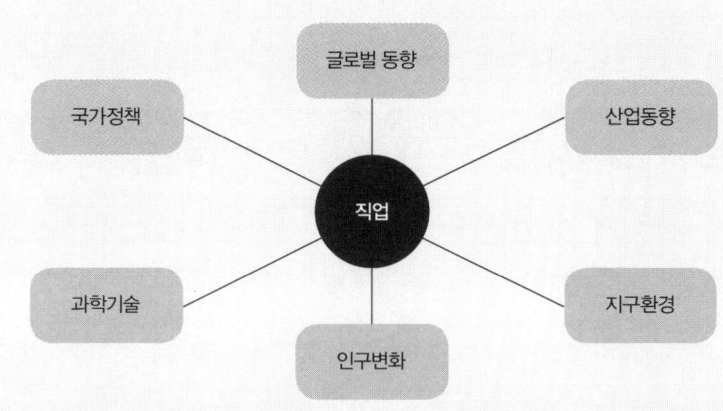

● 그림 3-1. 직업변화의 주요 환경요인

글로벌 동향

국가정책

산업동향

직업

과학기술

지구환경

인구변화

　이제 미래의 직업이 어떻게 변할 것인지 예측하기 위해 먼저 직업의 변화를 일으키는 요소에는 무엇이 있는지 생각해보자. 직업을 가져야만 하는 중요한 이유 가운데 하나가 '돈'을 벌기 위한 것이듯 직업은 경제와 밀접한 관계가 있다. 경제를 이끄는 주체는 국가와 기업 그리고 소비자라고 할 수 있다. 결국 국가, 기업, 소비자는 모두 직업에 영향을 주는 요소이다.

　이를 세분화하여 살펴보면 국가정책, 글로벌 동향, 산업 동향, 경제 동향, 기업 동향, 인구변화, 문화 트렌드, 시장 트렌드, 기술변화 등 다양한 요소가 있다.

　그렇다면 직업의 이동, 즉 직업이 변한다는 의미에 대해 생각해보

자. 이 책을 읽고 있는 다수의 독자는 '직업의 변화'를 '사라지는 직업'과 '새로운 직업'의 대결 구도로 생각한 경우가 많을 것이다. 하지만 직업의 변화는 단순히 특정 직업이 없어진다거나 새로운 직업이 생겨나는 것만을 뜻하는 것이 아니다. 직업의 탄생이나 소멸뿐 아니라 직업의 특성이 바뀌는 것에 우리는 관심을 기울여야 한다. 그렇다면 직업의 어떤 요소들이 변화할 수 있으며 그 가운데 중요한 것으로는 어떤 것들이 있을까?

첫째, 수입이나 급여를 생각할 수 있다. 직업을 갖는 주요 목적 가운데 하나인 수입이 지속적으로 감소한다면 직업 자체가 없어지지 않더라도 스스로 직업을 바꿀 가능성이 높아진다.

둘째, 고용 안정성이다. 정규직으로 종사하다가 어느 날 갑자기 계약직으로 바뀐다거나 평균 20~30년은 종사할 수 있었던 일이 젊을 때 몇 년 하면 더 이상 필요 없어지는 직업이 되어버린다면 상당히 민감할 수 있는 일이다.

셋째, 구직·이직 기회이다. 자신이 종사하는 직업의 구직이 쉬워지거나 어려워진다면 이 또한 장기적인 커리어 관점에서 고민해야 할 문제이다.

넷째, 근무 환경을 들 수 있다. 통근시간만 2시간 가까이 걸리던 직장 때문에 이직을 심각하게 고민하던 중 어느 날 갑자기 회사 사옥을 집 근처로 이전한다면 더는 이직을 고려할 필요가 없을 것이다.

다섯째, 기술의 영향으로 업무나 작업 난이도가 바뀌는 경우이다.

예를 들어 과거에는 최소 5~6명 이상 투입되어 수행하던 일이 1~2명만으로 가능해진다면 그것도 큰 변화일 수 있다.

마지막으로 가장 극적인 상황인 직업 수명 자체가 변하는 것이다. 다양한 이유로 사라지는 직업도 있겠지만 반대로 기술이나 환경의 변화로 나이가 들어서도 여전히 수행 가능해지는 업무도 생길 것이다.

3장에서는 과거 직업의 탄생과 소멸에서부터 최근 신생직업의 특성, 그리고 기술과 환경의 변화가 직업에 미칠 부정적인 영향을 중심으로 살펴본다.

산업의 변화와 직업사

인류 최초의 직업은 무엇이었을까? 농업인? 사냥꾼? 창세기에 나오는 아담이 한 일을 최초의 직업으로 본다면 놀랍게도 농업이나 수렵이 아닌 '관리자' 직업군이라고 할 수 있다. 아담에게 의식주를 위해 필요한 일은 나무에 열린 과일을 따는 일뿐이었다. 아담에게는 에덴동산이 곧 집이었고, 옷은 필요조차 없었다. 하지만 아담에게는 하나님께서 주신 사명이 있었으니 바로 에덴동산을 다스리며 지키는 일이었다. '관리자' 직업군은 리더십, 기획력, 통찰력, 세심함, 체계성 등 다양한 업무 능력이 필요하고 사회에도 큰 영향력을 끼치는 대표적인 직업이라고 할 수 있다. 아담의 직업이 단순 육체노동이 아닌 고급 전문직에 속하는 '관리자' 직업군이었다는 것은 태초부터 인간의 존재 가치가 다른 동물들과 얼마나 차별화되었는지 알 수 있는 대목이라고 할 수 있다.

그렇다면 역사적으로 볼 때 인류의 대표 직업은 어떻게 바뀌어왔을까? 특히 직업과 관련이 많은 경제사의 변화 속에는 직업의 변화가 고스란히 투영되어 있다. 채집 그리고 농경과 목축으로 시작되는 경제사를 중심으로 대표 직업의 변천 과정을 살펴보자.

시대를 막론하고 누구에게나 가장 중요한 일은 '의식주'의 해결이다. 문명이 발달하기 전으로 거슬러 올라갈수록 기본적인 의식주의 문제는 더욱 중요했을 것이다. 그렇기에 인류 초기의 직업들은 대부분 의식주와 직접적으로 관련된 일이 많다. 물론 오래된 과거일수록 자급자족 형태의 생활이었기 때문에 현대 개념의 직업 범주로 보기 어려운 경우도 있다. 사실 경제를 뜻하는 'economy'란 단어의 어원은 '집이나 가정을 관리하는 사람'이라는 그리스어에서 유래한다. '경제'의 개념도 '집'에서 시작되었듯이 직업의 개념도 자급자족을 해야 했던 가정을 중심으로 분화되었을 것이라고 어렵지 않게 짐작할 수 있다.

인류 초기에는 채집과 수렵이 대표 직업군이었다. 먹을 수 있는 식물이나 동물이 풍부하지 않은 곳에서는 아침에 일어나서 저녁에 잠들기 전까지 먹거리를 찾는 데 대부분의 시간을 써야 했다. 식재료의 가공기술이 발달하지 않았기 때문에 식량으로 활용할 수 있는 먹거리도 제한적이었을 것이다. 서서히 불과 도구를 자유롭게 사용하게 되면서 재료를 가공하여 음식을 만들기 시작했다. 그러면서 '조리사'와 같은 직업이 생겨났을 것이다. 또한 갈수록 크고 튼튼한 집이 필요했기 때문에 건축 관련 기술자가 생겨나고, 토기를 만들면서 그릇을 만드는 기술자가 생겨났을 것이다. 하지만 이때는 개인적인 소득을 위해 수행하는 일이 아닌 경우가 많았을 것이므로 현대적 의미의 직업이라고 보기에는 한계가 있다.

우연히 발견한 씨앗을 땅에 심으면서 드디어 농경사회가 시작된다. 이를 계기로 농업 관련 종사자들이 생겨난다. 또한 단순히 사냥의 대상으로만 생각했던 동물을 직접 키우기 시작하면서 목축 관련 직업도 생겨났을 것이다. 청동과 같은 금속을 발견하면서 광산 관련 직업과 다양하고 정교한 연장과 무기를 만드는 전문 주물, 단조 기술자도 생겨났을 것이다.

고대국가들이 생겨나면서 본격적으로 관료나 군인 관련 직업이 늘어났을 것이다. 또한 해상국가에서는 대외 교역이 발달하면서 조선, 항해 관련 직업 종사자도 확대된다. 제대로 된 화폐의 출현과 더불어 직업의 세계도 더욱 세분화되었고 상업 종사자들도 생겨났다. 그리스, 로마와 같은 고대국가들이 번성하며 강력한 왕권이나 거대한 국가재정이 확보되자 크고 화려한 건축물들을 짓기 시작하는데 이로써 건설·토목 관련 직업이 다양하게 탄생했을 것이다. 문명의 발달과 함께 철학과 과학 이론에 대한 관심이 많아지며 아리스토텔레스와 같은 철학자, 과학자가 늘어나기 시작했다. 로마 시대에는 레슬링이나 전차경주 등과 같은 스포츠도 인기가 많아졌고, 영화 「글레디에이터」에서 인상 깊게 볼 수 있던 '투기 시합'도 성행했다. 그러면 '검투사'는 과연 직업으로 볼 수 있을까? 역사학적으로 볼 때 검투사는 대부분 노예 신분이나 전쟁포로 출신자들이었기 때문에 자유의지로 선택한 직업이라고 보기는 어렵다. 하지만 그 인기가 절정이던 시기에는 일부 자유민 출신 검투사도 있었고, 별도로 훈련생을 받아 트레이닝시키는 기관도 있었다고 하니 지금으로 치면 UFC^{Ultimate Fighting Championship}(미국의 유명 종합격투기 대회)에서 활약하는 '종합 격투기 선수'라는 직업과 유사한 면도 꽤 있는 것으로 보인다.

중세 시대에 들어서며 본격적으로 상업이 발달하기 시작한다. 도시 곳곳에 시장이 생기고 곡물가게, 푸줏간, 대장간, 직물상, 보석상, 이발소 등 다양한 유통업과 서비스업 종사자가 생겨났다. 재미있는 것은 지금도 이발소 앞에 세워져 있는 기다란 원통 표시가 중세 시대부터 유래되었다는 것이다. 그 시대에는 이발사가 간단한 외과 의료행위를 겸한 것으로 알려져 있는데 그러한 이유로 이발소를 뜻하는 표시에 동맥을 뜻하는 빨간색, 정맥을 뜻하는 파란색, 붕대를 뜻하는 하얀색을 사용했다고 한다. 미용사와 달리 이발사들은 주로 하얀 가운을 입고 있다는 사실도 비슷하지 않은가? 무엇보다 의사와 이발사는 가위와 칼을 정교하게 사용해야 한다는 관점에서 직업적 공통점이 있다고 볼 수 있다. 실제 외과수술을 할 때 환자의 수술 부위를 얼마나 '예쁘게' 꿰맸는지 여부는 의사들 사이에서는 은밀하게 회자되는 능력 가운데 하나이다. 아이러니하게도 미용실에서 성형과 관련된 불법 시술행위가 일어나는 것도 따지고 보면 이발사의 유래와 유사한 맥락이 있다고 볼 수 있다.

인쇄기술이 발전하면서 출판 산업이 시작되고 다양한 전문 작가들도 나온다. 책이 많아지다 보니 사서라는 직업도 생겨났다. 또한 많은 나라가 국제무역을 통해 향신료, 비단, 소금, 포도주, 금속 등을 교류하게 되었는데 지금으로 치면 해외 영업이나 무역업 관련 종사자라고 할 수 있다. 지금처럼 동일한 상품의 가격 정보를 빠르게 공유하기는 어려운 시대였기 때문에 무역업의 수익성은 훨씬 컸을 것이다. 반도국가나 섬나라들의 해상무역도 확대되면서 조선과 항해 관련 직업도 발달했을 것이다. 또 16세기 독일에서 루터에 의해 시작된 종교개혁으로 오로지 로마 가톨릭 아래에서만 양성되던 종교인의 직업적 다양화도 이루어졌을 것이다.

현대인들이게 인기 직업인 금융 분야 직업의 시초는 무엇일까? 금융 관련 직업의 역사를 거슬러 올라가면 아마도 고리대금업자가 최초의 금융 직업일 가능성이 높다. 중세를 대표하는 문호 셰익스피어의 대표작 「베니스의 상인」에 나오는 악역 샤일록의 직업이 바로 고리대금업자이다. 시간이 흘러갈수록 화폐의 증가와 상업의 규모도 점차 커지게 되었는데, 17세기 무렵 유럽에서 최초의 은행이 등장하면서 현대적 개념의 금융업 종사자가 생겨났다.

18세기 후반 영국에서 시작된 산업혁명은 공업화 시대를 촉발시키며 직업 세계에도 많은 변화가 일어났다. 기존의 소규모 수공업 형태에서 기계설비를 갖춘 대규모 공장이 생겨나기 시작한 것이다. 농업 중심의 사회에서 공업 중심의 사회로 급격한 변화가 시작되며 노동자들 사이에서 직업 안정성에 대한 커다란 불안감이 생기기도 했다. 증기기관의 발명으로 철도 산업이 발달해 철도공사, 운송 관련 직업도 발달하게 되었다. 동력기관을 이용한 다양하고 복잡한 기계가 발명되면서 기계를 조작하거나 수리하는 기술자들도 많아졌을 것이다. 1839년 루이 다게르에 의해 사진이 발명되면서 사진사라는 직업이 생겨난다.

자본주의 국가들이 번성하는 20세기가 되면서 현대인들이 종사하는 대부분의 직업이 속속들이 생겨나기 시작했다.

이렇게 직업의 세계는 경제와 산업의 변화에 맞춰 융성하던 직업이 소멸하고 새로운 직업이 각광받기를 반복해왔다. 따라서 미래 직업의 변화를 예측하는 방법도 경제와 산업의 변화에 대한 예측을 기반으로 하는 것이 효과적일 것이다.

[21세기 신생직업]

1990년대 말 대한민국에서 일어난 가장 기억에 남는 사건을 떠올린다면 많은 사람이 IMF 사태를 말할 것이다. 1997년 말 일어난 IMF 사태로 인해 유명 대기업들이 부도가 나고 연이은 구조조정과 인수합병, 그리고 조기퇴직 열풍은 희망으로 새천년을 기다리던 국민들에게 큰 충격을 주었다. 하지만 암울했던 그 시기에도 새로운 유행이 시작되고 있었으니 그것은 바로 '스타크래프트'라고 불리는 온라인게임이었다.

1998년부터 대한민국을 뒤흔들기 시작했던 온라인게임 '스타크래프트'의 등장은 단순히 하나의 인기 게임의 출현이 아닌 그 이상의 무엇이 있었다. IMF로 인해 줄지에 직장을 잃은 회사원들이 반신반의 끝에 시작한 PC방 사업이 황금알을 낳는 대박 창업 아이템이 된 것도

스타크래프트의 영향이 컸다. 당시 신문 기사에 따르면 스타크래프트
가 출시되기 전까지 불과 500여 곳밖에 안 되던 PC방이 스타크래프
트 출시 후 1년 반 만에 1만 5000여 개로 늘어났다고 한다.[1] 그뿐만 아
니라 스타크래프트의 폭발적인 인기로 다양한 게임대회가 개최되고
TV 방송에 게임 전문 프로그램이 개설되는 등 e-스포츠라는 새로운
산업 영역까지 생겨나게 되었다. 스타크래프트가 IMF 이후 수조 원 이
상의 시장창출 효과와 15만 명 이상의 고용창출 효과를 가져왔다고
할 정도니 그 파급효과는 실로 우리의 상상을 초월했다고 할 수 있다.[2]

1990년대 이후 주요 신생직업

프로게이머, 게임 방송해설가, 커리어컨설턴트, 웹툰·인터넷소설 작가, 검색기획 전
문가, 커피향미 감정평가사, 디지털음원 마케터, 소셜네트워크서비스 마케터, 소셜
커머스 거래 품질관리자, 실버로봇 서비스 기획자, 원산지관리사, 바이오 물류 운영
원, 수면비행선박 조종사, 기상컨설턴트, HCI 컨설턴트, 입학사정관, 재활승마 치
료사, 산업잠수사, 비디오분석관, 스포츠 기록분석연구원, 슈가크래프터, 커플매니
저, 웨딩플래너, 이미지컨설턴트, 미술치료사, 놀이치료사, 독서치료사, 웃음치료사,
중독치료 전문가, 수중재활운동사, 의료코디네이터, 애견트레이너, 애견옷 디자이
너, 애완동물 장의사, 정리수납 컨설턴트, 애드마스터Admaster, 두피모발관리사, 학
습매니저, 창업 컨설턴트, 비보이, 앱 개발자, 빅데이터 전문가, 디지털포렌식 전문
가, 증강현실 개발자, 도로교통안전진단사, 생태어메니티 전문가, 숲 해설가, 음악분
수 연출가, 헤드헌터, 도시재생 전문가, 빌딩정보모델링 전문가, 스마트헬스케어기
기 개발자, 입체3D 프린터 개발자, 디지털광고게시판 기획자, 엔N스크린 서비스 개
발자, 홀로그램 전문가[3]

직업명	탄생 배경	대표적 영향요소
프로게이머	• 온라인게임(스타크래프트) 폭발적 인기 • 초고속통신망 보급 활성화 • PC방 사업 활성화	• IT 기술 • 게임 트렌드
입학사정관	• 대입 전형에 입학사정관제 도입	• 정부 교육정책
헤드헌터	• 기업의 인재채용 수요 증가, 채용문화 변화	• 채용 트렌드·인사제도 • 해외 직업 벤치마킹
기상컨설턴트	• 예보 시스템 발달 • 날씨 관련 민간 서비스	• 예보 시스템 • IT 기술
웨딩플래너	• 사회 및 문화 트렌드 변화(맞벌이, 혼수 문화) • 서비스업 다양화 추세	• 사회적 변화 • 문화적 변화
미술치료사	• 상담 관련 분야 확대 • 새로운 이론과 기법 도입	• 사회적 변화 • 교육(신이론)
빅데이터 전문가	• 컴퓨터 하드웨어의 급속한 발달 • 인터넷 환경으로 인한 공유 데이터 증가 • 아날로그 정보의 디지털화	• IT 기술 • 사회적 변화(소셜네트워크)

스타크래프트의 열풍 가운데 새로운 직업도 탄생했는데 바로 '프로게이머'이다. 지금은 누구에게도 낯설지 않은 직업이 되었지만 그 당시는 직업으로 게임을 한다는 게 일반 사람들은 상상도 할 수 없었던 시절이었다. 우리나라의 최초 프로게이머는 신주영(본명 박창준) 씨로 알려져 있다. 신주영 씨는 1998년에 한국인 최초로 블리자드 사의 공식 게임 대회에서 우승하면서 많은 사람의 주목을 받게 되었는데 그와 동시에 스스로 '프로게이머'임을 선포했다고 한다. 그 뒤로 '쌈장'

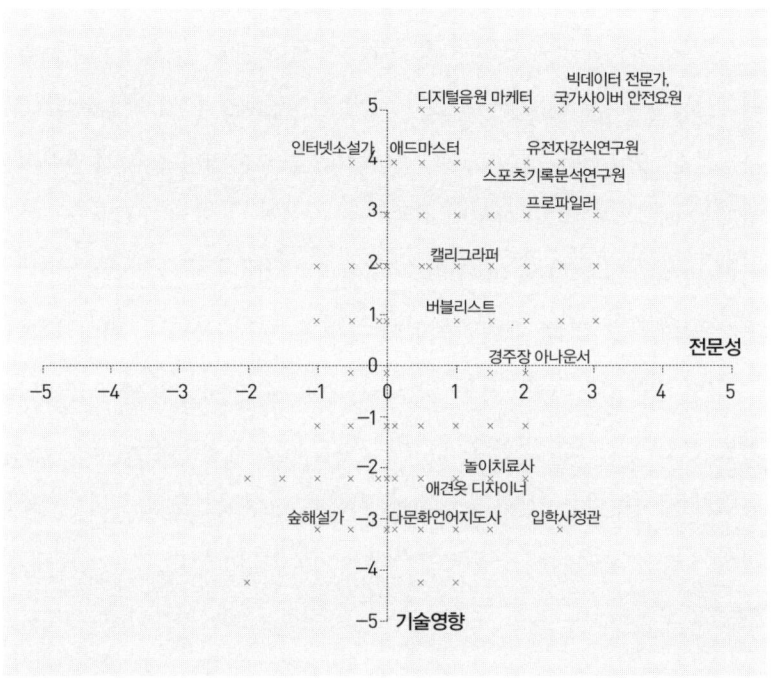
● 그림 3-2. 신생직업 특성 분석

이기석, '테란의 황제' 임요환 등 프로게이머는 대중의 주목을 받는 직업 가운데 하나가 되었다.

　미래를 논하기 전에 반드시 거쳐야 할 작업 가운데 하나는 과거와 현재를 연결해보는 것이다. 현재는 과거 시점의 '미래'였기 때문이다. 이를 위해 최근 20년 안팎으로 탄생했을 것으로 추정되는 주요 직업을 살펴보도록 하자. 그렇다면 대표적인 신생직업들의 탄생 배경과 영향요소를 살펴보자.

그림 3-2는 1990년 이후에 생겨난 것으로 추정되는 대표 직업 134개를 전문성과 기술영향[*]이라는 두 가지 척도로 점수를 매겼을 때 분포이다. 신생직업 분석 결과 가장 큰 특징은 두 가지로 볼 수 있다. 상대적으로 전문성이 높은[**] 신생직업은 기술영향을 많이 받은 직업들이 대부분이었다. 전문성 점수가 중간 정도[***]에 해당하는 신생직업의 경우 기술영향을 많이 받은 직업도 있지만 그렇지 않은 직업도 많이 있다. 이를 통해 새로운 직업의 탄생에 기술의 영향이 절대적이지 않지만, 전문성이 높은 신생직업의 경우 대부분 기술의 영향을 많이 받는 경향이 있다는 것을 알 수 있다. 앞으로 기술의 발전 속도와 응용 범위가 넓어진다는 것을 가정할 때 미래의 신생직업도 과학기술과 관련성이 높은 분야에서 전문적인 직업들이 더 많아질 것으로 예측해볼 수 있다.

* 해당 직업의 탄생에 과학기술이 영향을 미친 정도
** 10점 만점에 7점 이상
*** 10점 만점에 4~6점

이미 시작된 기술의 위협

대부분의 사람은 자신의 직업이 곧 사라질 것이라는 이야기를 듣는다면 큰 충격에 빠질 것이다. 사실 어떤 직업이 없어질 확률보다는 자신이 다니던 회사를 그만두게 될 확률이 높다. 해마다 나의 직업이 사라질 걱정까지 할 필요는 없지만, 변화를 예측하기 어려운 시대인 만큼 자신의 직업이 '사라지게 될 직업군'으로 자주 언급된다면 좋지 않은 징조인 것은 틀림없다. 어떤 직업이 정말로 사라지게 된다면 그 직업이 사라지기 전에 반드시 수요가 급격하게 줄어드는 시기가 찾아올 것이다.

앞서 직업과 연봉의 관계에서 말했듯이 자신이 종사하는 직업에 대한 수요가 준다는 것은 결국 수요-공급의 원리에 따라 소득이나 고용 안정성이 줄어들 가능성이 높다는 의미다. 그렇게 되면 어느 시점부터 이직이나 취업이 어려워진다든지, 처우 조건이 안 좋아진다든지, 회사에서 퇴사를 권유받게 된다든지 하는 식으로 커리어에 예기치 못한 문제가 생길 가능성이 높아지는 것이다.

　미래를 대비하는 시스템이 잘 갖추어진 기업들은 회사의 주력 사업이 사양산업의 궤도에 들어가기 전에 신규사업을 찾아 나선다. 이같이 개인도 자신의 직업이 미래에 어떻게 변할 것인지 고민하고 그에 대비하는 것이 중요하다. 그렇다면 향후 20~30년 후 미래를 바라볼 때 사라질 가능성이 높은 직업에는 무엇이 있을까?

　앞서 직업의 변화에 영향을 줄 수 있는 요인에 관해 이야기했다. 산업 동향, 국가정책, 글로벌 동향 등 많은 변수가 직업에 영향을 주지만 그 가운데서도 미래 직업에 가장 큰 영향을 줄 것으로 보이는 요인은 최첨단 과학기술이다. 우리는 이미 첨단기술high technology의 시대에 살고 있다. 대부분의 사람이 개인용 컴퓨터나 마찬가지인 스마트폰을 휴대하고 다닌다. 아마 이 책을 스마트폰으로 구입한 독자도 꽤 있을 것이고, 심지어 전자책e-Book으로 읽고 있는 독자도 있을 것이다. 21세기에 들어와서 인류는 과거에는 상상도 못 했던 인간 유전자 지도(게놈) 해독에 성공하였다. IT 기업 구글은 2010년 세계 최초로 무인 자동차 운행에 성공했고, 세계적인 자동차 제조업체 벤츠도 최근에 무인 트럭의 시험주행에 성공하였다. 구글은 무인 자동차에 이어 '이안Ian'으로 명명된 로봇도 개발하고 있다고 한다. '이안'은 188센티미터의 신장에 가라데 킥을 구사할 수 있고, 머리를 비틀어 주위를 살펴볼 수 있으며,

손과 발을 이용해 다양한 지형에서도 이동할 수 있고 물건을 들거나 직접 운전까지 가능하다고 한다. 불과 수십 년 전에는 과학잡지나 영화에서 소개되던 미래 기술들이 점차 현실이 되고 있는 것이다.

다양한 첨단기술 가운데서도 직업의 변화에 큰 영향을 줄 수 있는 영역은 컴퓨터를 중심으로 한 IT 기술과 로봇 기술이다. IT 기술은 인간의 두뇌로 할 수 있는 수많은 작업을 대신 해주고, 로봇 기술은 인간의 손과 발로 할 수 있는 다수의 작업을 대신 해주게 될 것이다. 최근 미국에서 주목을 받고 있는 매사추세츠 공과대학 디지털비즈니스센터의 에릭 브린욜프슨과 앤드루 맥아피 교수는 우리에게 펼쳐지기 시작한 21세기 첨단기술 시대를 '제2의 기계 시대The Second Machine Age'라고 정의하며 산업혁명과는 비교할 수 없는 엄청난 변화가 올 것이라고 이야기한다. 그 변화의 결과는 과연 우리에게 긍정적일 것인가, 부정적일 것인가? 확률은 반반이라고 가정하자. 만약 긍정의 결과나 부정의 결과 가운데 한 가지만 알 수 있다면 여러분은 무엇을 택하겠는가? 어차피 긍정적인 결과라면 반드시 미리 알 필요가 있을까? 미래에 대비하기 위함이라면 우리는 부정의 결과에 대해 더 궁금해해야 할 것이다.

브린욜프슨과 맥아피는 그들의 저서 『제2의 기계시대』에서 IT 기술과 로봇 기술로 대표되는 '디지털 기술' 발전의 혜택을 더는 낙관적으로만 보지 말 것을 요구한다. 그 주장을 지지하기 위한 근거로 19세기 후반 이후 미국의 경제성장 패턴에 커다란 변화가 일어나고 있다는 것을 강조한다. 그들의 주장을 조금 더 자세히 살펴보자.

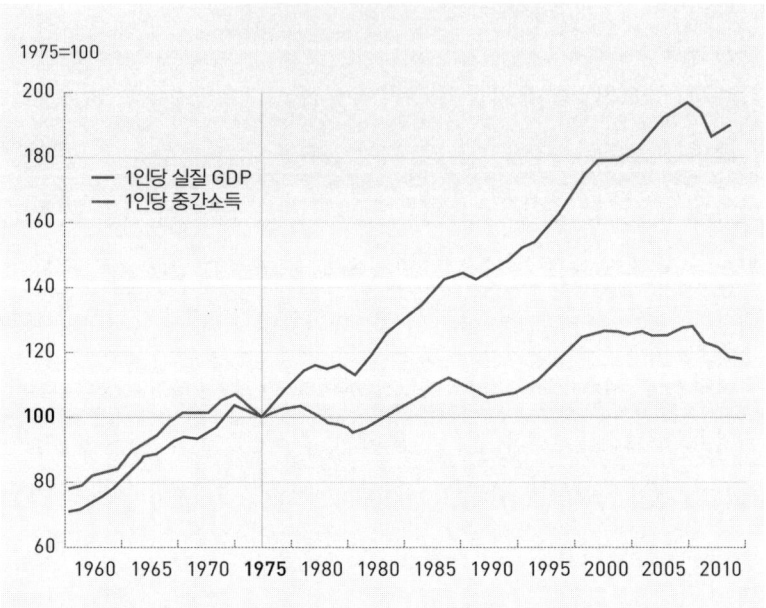

● 그림 3-3. 1인당 실질 GDP와 중간소득

1975=100

- 1인당 실질 GDP
- 1인당 중간소득

▶ 출처: 에릭 브린욜프슨·앤드루 맥아피 『제2의 기계시대』

첫째, 지난 수십 년간 미국의 1인당 실질 GDP가 증가했음에도 중간소득은 비례하여 증가하지 못하고 있다는 점이다.[5] 우리는 2장에서 '평균값'의 함정에 대해 주의해야 한다는 것을 알았다. 1인당 GDP는 총소득을 총인구로 나누는 '평균' 개념이기 때문에 소득의 편중이 심화되어도 전체 소득이 늘어난다면 1인당 GDP도 같이 커진다. 이를 보완하기 위해 평균 개념이 아닌 전체 소득 분포상의 정중앙에 있는 사람의 소득을 '중간소득'이라는 지표를 사용한다. 그림 3-3을 보면 알겠지만 과거에는 기울기가 비례해 증가하던 '1인당 실질 GDP'와 '중간소득'이 1975년을 기준으로 점점 더 벌어지고 있다. 2006년 이후로는 1인당 실질 GDP가 증가함에도 중간소득은 감소하는 추세까지 보인다. 브린욜프슨과 맥아피 교수의 분석에 따르면 1979년에서 2007년 사이 상위 1퍼센트의 소득은 278퍼센트 증가한 반면 소득 분포 중간에 있는 이들의 소득은 35퍼센트밖에 증가하지 않았다고 한다.[6] 이는 단지 미국에서만 일어나고 있는 현상이 아니라 스웨덴, 핀란드, 독일과 같은 유럽 국가에서도 유사한 패턴을 보이고 있다고 한다.[7]

둘째, 과거에는 노동 생산성과 민간고용 지표가 비례하여 증가했는데 1997년 이후 노동 생산성이 향상했는데 민간고용이 정체 또는 하락하고 있다는 점이다.[8] 노동 생산성이 향상하는 데 큰 영향을 미치는 요소는 무엇보다 기술이라고 할 수 있다. 과거에는 이러한 기술의 발전이 민간고용에도 긍정적인 영향을 미쳤는데 2007년 이후로는 1인당 GDP와 중간소득의 관계처럼 생산성 향상이 이루어져도 민간고용이 늘어나지 않고 있다는 것이 그들의 분석이다.[9]

브린욜프슨과 맥아피 교수는 이렇게 최근 미국 경제 현상에서 보이는 소득의 편중 심화 그리고 생산성 향상과 고용 증감의 반비례 현상의 주원인으로 경제 체제에 큰 영향을 준 디지털 기술과 그로 인한 혁신을 지목하고 있다. 그 어떤 나라보다 먼저 최첨단기술을 적용하고 있는 미국의 변화를 통해 우리는 미래 직업 변화에 대해 막연히 낙관적이어서는 안 된다는 것을 깨달아야 한다.

물론 미래 과학기술이 직업에 미칠 부정적인 영향을 지나친 걱정이라고 주장하는 사람들도 있다. 20세기 후반 미국에서 현금 자동입출금기가 확산되면서 많은 사람이 은행 창구 직원들이 대량 해고의 위험을 맞게 될 것이라고 걱정했다. 하지만 10~20년이 지난 후에도 은행 창구 직원의 숫자는 큰 변동이 없었다. 일부 학자들은 이를 인용하며 자동화 기술이 실제적으로 고용을 감소시키는 직접적인 원인이 되지는 못한다고 주장하기도 한다. 그렇다면 현금 자동입출금기는 결코 은행원이란 직업의 위협요소가 아니었다고 말할 수 있을까?

필자는 그렇게 생각하지 않는다. 우선 무엇보다 우리가 현재 사용하는 ATM 기계는 고객이 원하는 다양한 서비스를 모두 해주지 못한다. ATM 기계는 더 이상 인쇄할 페이지가 남지 않은 통장을 새로 발급해줄 수도 없고, 신규통장 개설이나 대출 그리고 방카슈랑스와 같은 업무도 해줄 수 없다. 또한 그 당시 상황을 다양한 관점으로 살펴볼 필요가 있다. 현금 자동입출금기가 확산되었음에도 은행업의 규모가 지속적으로 성장했다면 전체 지점의 숫자도 자연스럽게 늘어날 수 있기 때문에 ATM으로 인한 일부 업무대체 효과보다 고용창출 효과가 더 컸을 수도 있다는 것이다. 만약 대공황기 같은 시기에 현금 자동입출금기가 나왔다면 분명 많은 은행원을 해고할 수 있는 주된 원인이 되었을지도 모른다. 따라서 우리가 어떤 직업이 실제적으로 과학기술에 의해 대체될 것인지를 예측할 때는 좁은 시각으로 기술 자체만을 따져보는 것은 바람직하지 않다. 이를 위해 기술 외적인 부분도 종합적으로 고려하는 것이 좋은데, 다음과 같은 네 가지 요소도 추가로 고려하여 예측할 필요가 있다.

①관련 산업이나 시장의 성장·감소 추이
②대체 기술의 구현 수준
③비용 대비 효과(경제성)
④사회적 관점에서 수용 가능성

다시 한 번 강조하지만, 다가올 미래에 분명 위기에 처할 직업들이 있다. 하지만 특정 직업의 한두 면만 보고 속단하지 말고 넓은 시야를 가지고 다각도로 살펴보아야 한다.

[인간에 도전하는 로봇과 자동화 기술]

그렇다면 우리가 흔히 약국에서 만나게 되는 약사라는 직업의 미래를 예측해보자. 혹시 약사라는 직업도 로봇에 의해 쉽게 대체될 수 있을까? 먼저 약국에서 일하는 약사가 수행하는 일의 특성을 분석해볼 필요가 있다. 약국약사가 하는 일의 핵심은 의사가 처방해준 약을 조제해주거나 처방전 없이 구매할 수 있는 단순 의약품을 판매하는 것이다.[*] 일반적으로 약국약사라는 직업의 핵심 가치는 수많은 의약품의 특성과 용법을 숙지하고 고객에게 필요한 약을 확인하는 역할에 있다. 반면 처방에 따라 약을 조제하거나 판매하는 일 자체는 단순한 일에 속한다. 따라서 고객을 위해 단순히

---

[*] 약국약사는 한국고용정보원에서 발간한 『한국직업백과사전』의 공식 명칭이다.

조제와 포장을 해주는 행위는 자동화 기술에 따라 얼마든지 대체 가능할 것이다. 더구나 원격진료 시스템까지 구축되면 의사의 처방전을 네트워크를 통해 전송받아 각각의 의약품이 저장되어 있는 자동화 기계가 처방전과 약제 DB에 따라 해당 약을 조제할 수도 있을 것이다.

하지만 약국약사라는 직업이 단순히 자동화 기술로 대체되기 어려운 현실적인 이유도 여러 가지가 있다.

첫째, 의약품의 조제 업무는 사람의 생명과 직접 관련된 행위로 직업적 윤리와 책임이 상당히 따르는 일이다. 기계가 단순히 인간의 일을 대행할 수는 있지만 특정 업무행위에서 뜻하지 않게 발생할 수 있는 생명과 윤리 문제에 대해 책임을 지는 것은 어렵다.

둘째, 자동화 기술로 조제와 판매가 가능해져도 약사 고유의 업무는 면허를 가진 자만 수행할 수 있기 때문에 국가정책적으로 허가가 되어야만 실현 가능하다. 현재 약사는 약학대학을 졸업하고 약사시험에 합격한 자만이 수행할 수 있는 직업이다. 약사의 관리감독 하에 로봇이 약을 제조해줄 수는 있어도 약사 없이 로봇 혼자 약을 제조해줄 수는 없다는 뜻이다.

셋째, 기술적으로도 생각보다 복잡한 부분이 존재한다. 약은 약국에서 직접 조제를 해야 하기에 자판기와 달리 다양한 형태로 포장되어 있는 용기를 로봇이 직접 해체할 수 있어야 한다. 그만큼 로봇의 정교함이 요구된다. 또 다른 문제는 개별 약을 사전에 일정한 형태의 밀폐용기에 넣어두는 것이다. 그런데 약마다 특성이 다르므로 유효기간도 다르고 습도에 민감한 정도도 다르다. 따라서 보관 방식이 다른 약을 철저히 관리하려면 고가의 시스템이 필요할 것이다. 물론 이러한 기술적인 문제는 모든 제약회사에서 공급하는 약의 용기나 포장 방식이 자동화 조제 로봇에 맞도록 표준화된다면 일순간에 해결될 수도 있다.

결론적으로 약국약사는 유통매장의 단순 계산원과 달리 자동화 기술로 대체될 가능성이 높지 않다고 볼 수 있다. 다만 두 가지 직업적 변화의 가능성은 도사리고 있다. 먼 미래에 정책적인 부분에서 허가가 된다면 야간이나 휴일 응급 상황에는 제약 로봇에 의한 제한적 조제가 실현될 가능성이 있다. 또한 다수의 약사가 근무하는 대형 약국의 경우 대표 약사 1인이 제약 로봇을 감독하며 약국을 운영할 수 있게 된다면 점진적으로 월급제 약사는 줄어들 가능성도 있다.

그렇다면 인간에게 단순한 직업은 전부 로봇으로 대체하기 쉬울까? 그렇지 않다. 특정 직업이 로봇 기술로 대체될 수 있을 것이냐를 생각할 때 인간 입장에서 단순한 작업인지만 따져서는 안 된다. 인간에게 쉬운 일이 로봇이 수행하기에는 복잡한 일도 많다. 또한 실제 로봇으로 구현 가능해졌다고 하더라도 경제성과 효용성을 생각해야 한다. 로봇도 기본적으로 동력원이 필요하고 다양한 환경에서 다양한 움직임을 구사해야 하는 로봇일수록 복잡한 메커니즘이 필요하므로 로봇 자체에 드는 유지보수 비용도 적지 않을 것이다. 따라서 복잡한 환경에서 수행해야 하는 단순한 형태의 일은 오히려 인력을 활용하는 편이 나을 수 있다. 그렇기에 인간 입장에서 단순한 일이라고 하여 무조건 로봇으로 쉽게 대체될 것이라고 속단하는 건 위험하다.

예를 들어 거리의 쓰레기를 줍는 일을 로봇이 수행한다고 가정해보자. 거리의 쓰레기를 찾아 모으는 일은 인간에게는 참으로 단순한 일의 범주에 속한다. 쓰레기를 줍는 일만 본다면 로봇에게도 쉬운 일이다. 하지만 쓰레기를 줍기 위해 사전에 해야 할 행동들은 쉽지 않다. 먼저, 집 안보다 훨씬 복잡하고 다양한 거리를 보행(주행)할 수 있어야 한다. 게다가 집과 달리 거리에는 언제 어디서 사람들이 나타날지 모른다. 도로나 길의 상황도 유동적이다. 항상 매끈한 길을 다니는 것이 아니라 언제 어디서 장애물이 나타날지 모른다. 갑자기 비가 오거나 눈이 올 때를 대비에 환경미화용 로봇은 기본적으로 방수 시스템과 미끄럼 방지 시스템이 갖추어져 있어야 한다. 또한 평범한 사람조차 '묻지마' 범죄의 대상이 되는 세상인데 혹시라도 고가의 로봇에게 해코지하는 일이 안 생길까? 단순히 거리의 쓰레기를 치우자고 만든 로봇인데 기본적인 감시 기능과 자기방어 기능까지 탑재해야 할 판이다. 사실 이 모든 기능은 기술적으로는 구현이 가능하다. 다만 그만큼 고가의 로봇이 필요해진다는 뜻이다.

이러한 부분을 복합적으로 고려하여 컴퓨터나 로봇 기술로 대체되기 쉬운 일의 속성을 생각해보면 중요한 특징을 찾아낼 수 있다.

- 오감의 정교함이 요구되지 않는 일
- 단순히 자료를 수집하고 정리하는 일

- 다양한 요소를 고려한 복합적인 판단력을 필요로 하지 않는 일
- 일의 형태가 반복적이고 창의성이 요구되지 않는 일
- 감정적 상호작용이 중요하지 않은 일
- 실내와 같은 제한된 영역 안에서만 이동하거나 보행 자체가 필요 없는 일
- 자동화로 인한 비용 대비 효과가 뚜렷한 일
- 주야 구분 없이 365일 × 24시간 계속 수행하면 좋은 일
- 매우 위험한 상황에서 수행해야 하는 일
- 도덕적·법률적 책임 소재가 중요하지 않은 일

이와 관련된 흥미로운 연구 결과가 있다. 미국 매사추세츠 공과대학의 데런 애쓰모글루Daron Acemoglu와 데이비드 오토David Autor 교수는 컴퓨터나 기계를 통한 자동화가 일자리에 주는 영향을 분석하였다. 그 결과 비정형적non-routine 업무에 비해 정형적routine 업무의 속성이 많은 직업이 더 빠르게 감소해왔다고 한다.[10] 정형적 업무에는 중간 수준의 기량을 필요로 하는 인지적 노동과 육체적 노동이 있다. 예를 들어 부기,* 단순 사무직, 반복적인 생산직, 단순 모니터링 업무 등이 이에 속한다. 비정형적 업무는 다시 추상적 업무와 육체적 업무로 나눌 수 있다. 비정형적 추상적 업무는 문제해결 능력, 통찰력, 설득력, 창의력 등

* 회계장부 기장법

을 요구하는 업무이다. 예를 들어 전문직, 관리직, 연구직, 예술가 등의 직업이 있다. 비정형적 육체적 업무는 상황에 따른 적응력, 시각적 또는 언어적 인식이나 직접적 상호작용이 필요한 일이다. 예를 들어 중환자를 돌보는 일, 카펫을 설치하는 일, 식사를 준비하는 일 등이 있다. 여기서 우리가 주목해야 할 점은 다가올 첨단기술에 의해 위협을 받을 가능성이 높은 직업은 결코 '단순한 육체노동'에 가까운지 여부가 아니라는 것이다. 산업혁명의 시대에는 대부분 육체노동에 가까운 직업들이 위협을 받았지만, 첨단기술의 시대에는 고도의 IT 기술과 로봇 기술이 적용되기 때문에 업무의 정형성이 뚜렷하다면 지적 노동 분야도 대체 위협이 높아질 수 있다는 것이다.[11]

미래 기술에 의해 직업이 대체될 위험에 대해 확률적인 예측을 시도한 연구도 있다. 옥스퍼드대학의 칼 프레이Carl Benedikt Frey와 마이클 오스본Michael A. Osborne은 미국의 대표 직업 704개가 컴퓨터 기술로 대체될 확률을 분석하였다. 프레이와 오스본의 분석에 따르면 미국의 전체 직업의 47퍼센트가 미래 컴퓨터 관련 기술에 잠재적 위협을 받을 수 있다고 한다.[12] 또한 컴퓨터 관련 기술로 대체될 위험이 높은 직업은 전반적으로 임금과 학력 수준에 반비례할 것으로 예측하고 있다.[13] 표 3-2는 프레이와 오스본의 「고용의 미래: 직업은 컴퓨터 기술에 얼마나 민감한가?」라는 논문에 수록된 자료이다.

이 자료는 미국 첨단기술 발달 정도와 직업 현황을 바탕으로 한 이론적 연구이기 때문에 우리나라에도 그대로 적용하기에 맞지 않는 부

● 표 3-2. 컴퓨터 기술로 인한 대체 가능성 높은 직업 1~50위

순위	확률	직업	한글명
1	0.9900	Telemarketers	텔레마케터
2	0.9900	Title Examiners, Abstractors, and Searchers	(부동산, 보험, 법률) 권리분석사
3	0.9900	Sewers, Hand	(수작업) 재봉사
4	0.9900	Mathematical Technicians	수리(數理) 기술자
5	0.9900	Insurance Underwriters	보험(인수)심사원
6	0.9900	Watch Repairers	시계 수리원
7	0.9900	Cargo and Freight Agents	운송서비스 점원
8	0.9900	Tax Preparers	공인 세무 조정인
9	0.9900	Photographic Process Workers and Processing Machine Operators	사진 인화 조작원
10	0.9900	New Accounts Clerks	(금융기관) 신규계좌 담당직원
11	0.9900	Library Technicians	사서보조원 (도서관 정보관리원)
12	0.9900	Data Entry Keyers	자료 입력원
13	0.9800	Timing Device Assemblers and Adjusters	시간(시한) 장치 조립공
14	0.9800	Insurance Claims and Policy Processing Clerks	보험금 청구와 집행
15	0.9800	Brokerage Clerks	증권중개인
16	0.9800	Order Clerks	(주문) 사무보조원
17	0.9800	Loan Officers	여신 담당자
18	0.9800	Insurance Appraisers, Auto Damage	자동차보험 손해 사정인
19	0.9800	Umpires, Referees, and Other Sports Officials	스포츠 경기 심판
20	0.9800	Tellers	금전출납계(창구) 직원

21	0.9800	Etchers and Engravers	식각원
22	0.9800	Packaging and Filling Machine Operators and Tenders	제품 포장원
23	0.9800	Procurement Clerks	구매 업무 보조원
24	0.9800	Shipping, Receiving, and Traffic Clerks	물류(창고) 담당자
25	0.9800	Milling and Planing Machine Setters, Operators, and Tenders, Metal and Plastic	선반 가공 기술자
26	0.9800	Credit Analysts	신용분석가
27	0.9800	Parts Salespersons	부품 판매원
28	0.9800	Claims Adjusters, Examiners, and Investigators	손해사정인
29	0.9800	Driver/Sales Workers	화물차 운전원
30	0.9800	Radio Operators	무선통신사
31	0.9800	Legal Secretaries	법률 비서
32	0.9800	Bookkeeping, Accounting, and Auditing Clerks	경리, 회계, 부기 사무원
33	0.9800	Inspectors, Testers, Sorters, Samplers, and Weighers	품질 검사원
34	0.9800	Models	모델
35	0.9700	Hosts and Hostesses, Restaurant, Lounge, and Coffee Shop	레스토랑, 커피숍, 라운지 안내원
36	0.9700	Credit Authorizers, Checkers, and Clerks	신용평가자
37	0.9700	Payroll and Timekeeping Clerks	급여정산 담당자
38	0.9700	Agricultural and Food Science Technicians	농식품학 기술자
39	0.9700	Telephone Operators	전화 상담원
40	0.9700	Real Estate Brokers	부동산 중개인

41	0.9700	File Clerks	문서 정리 사무보조원
42	0.9700	Counter and Rental Clerks	상품 대여원
43	0.9700	Prepress Technicians and Workers	시험인쇄(최종 검수) 기술자
44	0.9700	Motion Picture Projectionists	영사 기사
45	0.9700	Camera and Photographic Equipment Repairers	사진장비 수리원
46	0.9700	Cashiers	(매장) 계산원
47	0.9700	Ophthalmic Laboratory Technicians	안과 실험실 기술자
48	0.9700	Log Graders and Scalers	원목 검사원
49	0.9700	Pesticide Handlers, Sprayers, and Applicators, Vegetation	(병충해) 방제 기능원
50	0.9700	Grinding and Polishing Workers, Hand	연마 기능공

▶ 원문 자료의 총 702개 직업 가운데 50개만 발췌함
▶ 출처: Carl Benedikt Frey and Michael A. Osborne (2013), 'The future of employment: How susceptible are jobs to computerization?'

분도 있다. 하지만 선진국에서 이미 적용되고 있는 최신 기술은 시기의 차이가 있을 뿐이지 미래 시점에는 우리나라에도 도입될 가능성이 높기에 유의미한 참고자료가 될 수 있다. 또한 이 연구 결과는 주로 '기술'이라는 관점에서 직업의 대체 가능성을 수치화한 것이기 때문에 특정 직업이 사라질 확률에 지나치게 민감할 필요는 없다. 본 목록에서 자기 직업의 대체 가능 확률이 높게 나왔다고 하여 막연하게 두려움을 갖기보다는 그 이유를 본질적으로 파악하는 것에 초점을 맞추는 편이 낫다.

어쨌든 독자 여러분이 본 자료를 통해 어떤 속성의 직업군들이 미래 컴퓨터 기술에 대체 위협을 많이 받을 가능성이 높은지를 이해한다면 매우 유용한 자료가 될 것이다. 이를 위해 본 연구 자료에 사용된 700여 개 대표 직업 가운데 컴퓨터 기술에 의해 대체될 확률이 가장 높은 직업 100개를 한국표준직업분류 기준을 적용하여 그 분포를 분석하였다.[14]

그 결과로 9개 대표 직업군 가운데 가장 대체 위협이 높은 직업들이 많이 포함된 직업군은 '사무 관리직'으로 100개 직업 가운데 30퍼센트나 차지했다. 두 번째로 많이 포함된 직업군은 '장치, 기계 조작 및

● 그림 3-4. 컴퓨터 기술에 의한 대체 가능성 높은 직업(100개) 분포

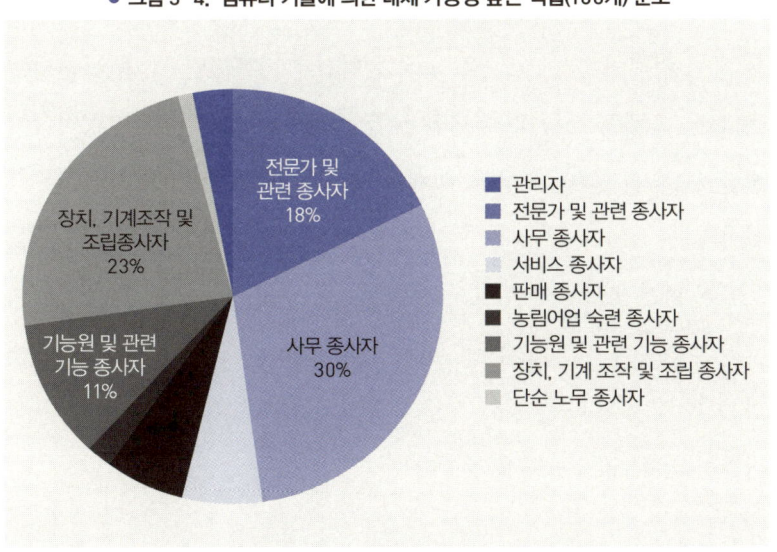

▶ 본 자료는 다음 논문을 바탕으로 작성되었음. Carl Benedikt Frey and Michael A. Osborne (2013), 'The future of employment: How susceptible are jobs to computerization?'

조립 종사자'로 23퍼센트를 차지했고, 그다음으로 '전문가 및 관련 종사자' 관련 직업이 18퍼센트를 차지했다. 놀랍게도 사무 관리직과 전문가 및 관련 종사자를 합하면 48퍼센트나 되는데 이 2개의 직업군은 현재 사회적으로 소위 평균 이상의 스펙이 요구되고 상대적으로 높은 임금을 받는 직업군이라고 할 수 있다.

이것은 무엇을 뜻하는 것일까? 우리는 흔히 미래 기술에 의해 대체되기 쉬운 직업을 떠올리면 로봇이나 자동화 기계를 생각하며 대부분 단순하거나 육체노동에 가까운 직업일 것으로 생각한다. 하지만 이들의 연구는 오히려 지적 노동자들에게 더 많은 위험이 올 수도 있음을 경고한다. 이는 앞서 소개한 MIT 애쓰모글루와 오토 교수의 분석과도 정확히 일치한다. 컴퓨터 기술을 기반으로 한 IT 기술과 로봇 기술은 모두 미래의 인간 노동을 대체할 위협이 되겠지만 그 적용 순서는 무조건 '육체적 노동'을 대체할 로봇 기술이라기보다는 '정형적이며 중간 수준의 지적인 노동'을 대체할 IT 기술이 먼저일 수도 있다는 사실이다.

물론 애쓰모글루와 오토의 분석에도 불구하고 기술의 발전 여부에 따라 비정형적 육체적 업무도 로봇 기술에 의해 대체되는 시기가 언젠가는 올 것이다. 다만 앞서 길거리 환경미화원의 예처럼 그 시기가 생각만큼 빨리 오지는 않을 것이다.

[위기의 직업들 I]

　　　　　　　　이제 본격적으로 미래 위기가 올
수 있는 직업을 언급할 것이다. 독자 여러분은 '어느 직업이 사라질 것
인가'에 초점을 맞추며 지나치게 감성적으로 접근하기보다는 위기가
예상되는 직업들이 어떤 이유로 후보군에 올랐는지에 더 관심을 두는
게 좋을 것이다. 한 직업에서 요구되는 핵심 업무가 다른 자원에 의해
대체될 수 있다는 것을 이해할 수 있다면 이미 여러분은 스스로 대처
할 방법을 찾기 시작한 것이나 마찬가지이기 때문이다. 다시 한 번 말
하지만 위기의 직업이라는 것은 꼭 그 직업이 없어진다는 의미는 아니
라는 것을 잊지 말자.

　　가까운 미래에 더 많은 영향을 줄 기술은 로봇 기술보다는 IT 기술
이라고 할 수 있다. 로봇 기술로 인한 직업 변화는 단순히 기술적 가능

성 문제라기보다 비용 대비 효율의 문제가 더 중요하다. 따라서 로봇 기술이 특정 직업을 대체하는 현상은 사람들의 예상보다 빠르지 않고 부분적일 가능성이 높다. 하지만 통신기술, 전자기술과 결합되는 컴퓨터 기술은 여러 종류의 직업에 머지않아 경쟁자가 될 가능성이 높다. 이 책에서는 10~20년 이내의 비교적 가까운 미래와 20년 이후인 먼 미래로 그 시기를 구분하여 급격한 위기가 올 수 있는 대표적인 직업들을 선정하였다. 그리고 그 직업들이 어떤 이유로 위기의 직업으로 선정되었는지 최대한 구체적인 분석과 가설을 통해 설명하였다.

10~20년 이내 급격히 감소할 가능성이 높은 후보 직업군
보험설계사, 은행 출납원(텔러), 경리 및 회계 사무원, 펀드매니저, 여행 가이드, 부동산 중개인, 자동차 판매원, 사무보조원, 대형 공장 생산직 노동자, 설문조사원, 텔레마케터, 유통매장 계산원, 영사기사, 매표원, 검표원, (입시)학원 강사 등

20~30년 이내 급격히 감소할 가능성이 높은 후보 직업군
단순 운전원, 주차 관리원, 교통경찰, 작물재배 종사자, 사서, 치과 기공사, 가정의학 전문의, 맹수 사육사, 제빵사, 민간 보안요원, 회계사, 세무사, 약사(조제 전문), 비서, 우편 창구 사무원, 방문 안내원(데스크 안내원), 호텔리어, 측량기술자, 스포츠 심판 등

보험설계사는 생명, 재해, 자동차, 화재 등 다양한 보험상품을 고객에게 알려주고 개인의 상황이나 조건에 맞는 보험상품에 가입할 수 있도록 도와주는 직업이다. 원래는 보험 가입자를 모집하는 것이 주된 업무였으나 최근에는 재무상담이나 생활설계 등 그 영역이 확대되고 있다.[15] 보험설계사 직업의 핵심 업무는 두 가지다. 첫째로 직접 고객을 발굴하고 관리하는 영업 성향의 일, 둘째로 고객에게 적합한 보험상

품을 설계하고 상담해주는 일이다. 먼저 개인 고객을 대상으로 영업·판매 행위를 하는 일은 업종을 떠나 인터넷과 같은 온라인 마케팅 방식에 의해 상시로 위협이 되고 있는 상태이다. 보험설계사를 통한 판매는 직접 고객을 찾아가는 측면에서 유리함이 남아 있지만 보험상품에 대한 일반 소비자의 능동적 가입 의사가 커질수록 비대면 채널* 방식의 보험 판매가 점차 늘어날 가능성이 크다. 또한 보험사 입장에서도 원가 측면에서 유리하고 고객 입장에서도 더욱 저렴한 보험료를 기대할 수 있기 때문에 소비자 트렌드 변화나 마케팅 전략에 따라 어느 시점에 갑자기 수요가 증가할 가능성도 높다고 볼 수 있다.

하지만 보험설계사의 두 번째 핵심 업무인 보험상품을 설계하고 상담해주는 일은 조금 더 신중하게 생각해야 한다. 일단 보험상품 특성상 단순히 상품을 설계하고 견적을 내는 것은 소프트웨어를 통해 자동화하기 쉽다고 할 수 있다. 생각해보라. 보험설계사들조차 보험료를 산출하기 위해 태블릿PC를 가지고 다니지 않는가? 문제는 보험상품에 가입하기 위해서는 많은 숫자(기간, 보험료, 보상금)와 보장 내역(질병 및 사고, 상해 등 각종 지급 사유), 약관에 대한 정보를 확인해야 하는데 이를 고객 혼자서 이해하기 어려운 경우가 많다는 것이다. 이런 측면에서는 보험설계사의 세심한 역할이 쉽게 기술로 대체되기 어려울 가능성도 존재한다. 그러나 멀티미디어 방식의 콜센터 서비스, 사용편의

---

* 전화, 인터넷, 홈쇼핑, 우편 등 다양한 온라인 채널을 통해 보험을 판매하는 방식. 다이렉트 보험도 비대면 채널의 일종이다.

성^{UI/UX}이 강화된 인터넷 다이렉트 보험 프로그램, 편리한 보험설계 전용 앱 등 다양한 IT 기술이 추가된다면 비대면 채널의 보험 가입자가 지속적으로 늘어날 것으로 예상된다. 실제로 상품설계가 복잡하지 않은 자동차보험의 경우 이미 인터넷을 통해 고객이 직접 가입하는 다이렉트 보험 비중이 늘어나고 있다.[*]

또한 환경적으로 국내 보험 산업의 시장 전망도 그리 밝지 않은 상황이다. 국내 보험회사들은 대부분 해외 사업 비중이 거의 없이 내수 시장에서만 사업을 전개하고 있다. 통일이 되지 않는다면 머지않아 시작될 인구 감소로 보험시장이 오히려 축소될 가능성도 있다. 더구나 스마트 자동차 기술로 인해 장기적으로 자동차 사고 비율도 감소할 가능성이 높은 것으로 보인다. 이것까지 감안하면 보험시장에 대한 미래 전망은 더욱 암울하다. 미래에는 자동차보험을 개별 소유자가 드는 것이 아니라 흔히 난방기구나 폭발 위험이 있는 제품처럼 자동차 제조사에서 출시 제품 전체에 대해 손해보험을 드는 형태로 바뀔 수도 있다.

종합하면 보험설계사란 직업은 온라인 IT 기술과 인구 변동, 자동화 기술로 인한 사고율 감소 등 직업적 특성과 환경적 요인 양쪽 모두 위협요소를 지니고 있다. 따라서 지금까지의 고유 업무 외에 또 다른 차별화를 창출해내지 못한다면 시간이 흐를수록 종사자가 급격히 줄어들 가능성이 크다고 할 수 있다.

---

* 보험업계에서는 이러한 인터넷 방식 판매를 CM(Cyber Marketing)이라 부른다.

금융 분야는 대표적으로 IT 기술을 많이 이용하는 산업이다. 따라서 금융 산업의 전반적인 직업군이 어떤 식으로든 IT 기술의 영향을 받을 가능성은 높다고 할 수 있다. 그 가운데 주로 일반 지점에서 근무하는 은행 출납원이라는 직업은 잠재적으로 수요가 급감할 위험이 높은 직업 후보라고 할 수 있다. 은행 출납원의 핵심 업무는 지점에서 고객에게 계좌 개설, 입출금, 공과금 납부 등의 창구 업무를 수행하는 것이다. 필요에 따라 예·적금, 펀드, 신용카드 등을 신규로 개설하도록 소개하는 영업성 업무도 수행한다. 지점에 따라 다소 차이는 있

● 그림 3-5. 인터넷뱅킹 서비스 등록 고객 수

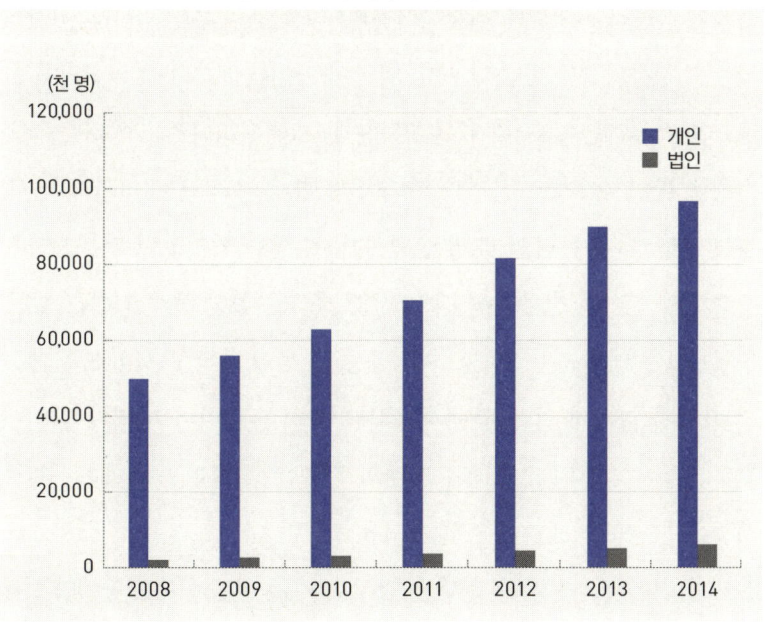

▶ 출처: 한국은행 「국내 인터넷 서비스 이용현황」(2014)

지만 부분적 또는 한시적으로 텔러 업무를 병행하는 일반 행원과 창구 업무만 전담하는 전문 텔러로 구분되어 있다. 이 직업의 미래 위협 요소는 다음과 같다. 먼저 인터넷·모바일 뱅킹 활성화 추세이다. 그림 3-5에서도 확인할 수 있듯이 자료를 보면 알겠지만 인터넷뱅킹 등록 고객 수는 지속적으로 증가 추세에 있다. 스마트폰 보급으로 더욱 늘어날 것으로 보이는 모바일뱅킹 사용자까지 감안한다면 온라인 창구를 통한 은행 거래는 지속적으로 성장할 것이다. 온라인뱅킹 사용자의 증가는 당연히 시중은행 창구 거래 건수의 감소를 가져올 것이다.

두 번째 잠재 위협요소는 인터넷 전문은행의 출범이다. 인터넷 전문 은행이란 인터넷을 통해 예금 수신이나 대출 등의 은행 업무를 서비스 해주는 전문기업을 뜻한다. 이미 외국에는 인터넷 은행이 설립되어 서비스를 제공하는 곳이 다수 존재하는데 이제 우리나라도 인터넷 전문 은행을 출범시키기로 결정한 상태이다. 이에 따라 은행, 이동통신사, 검색 포털 회사, 온라인 쇼핑몰 회사 등 다양한 기업들이 컨소시엄을 구성하여 인터넷 전문은행 사업 진출 시도를 위한 준비를 하고 있다. 무엇보다 인터넷 전문은행은 지점을 통한 영업과 창구 서비스를 제공할 필요가 없기에 일반 행원 채용을 최소화할 것이다. 따라서 인터넷 전문은행이 기존의 소매금융 시장의 점유를 높여갈수록 마찬가지로 시중은행 창구 거래의 감소를 가져올 것이다.

또한 인터넷 전문은행 출범을 앞두고 기존 은행들에도 공인인증서나 화상통화와 같은 비대면 본인 확인을 통해 금융거래를 할 수 있도록 허가할 예정이다. 지금까지는 통장 개설을 위해 한 번씩은 은행을 방문해야 했는데 이제는 그럴 필요조차 없어진다는 이야기다. 요즘 주목을 받고 있는 핀테크Fintech* 기술도 인터넷 전문은행과 기존 금융거래의 자동화 확산에 큰 영향을 미칠 것이다.

종합적으로 볼 때 은행 출납원이란 직업은 과거보다 전문성이 떨어지거나 수요가 급감할 가능성이 높다고 할 수 있다. 물론 이들의 일부는 온라인 고객을 위한 콜센터 전문상담 행원 등으로 자연스러운 이동이 일어날 수도 있다.

경리 및 회계 사무원은 회사 경영에 사용되는 현금, 채권, 채무 등의 증감을 기록하며 재무나 회계 관련 업무를 보조하는 직업이다.[16] 과거에는 경리 업무를 수행하기 위해 '주산'이라는 주판을 이용한 셈법을 필수로 배우던 시절이 있었다. 손으로 두드리는 전자계산기보다 주판으로 더 빨리 셈을 하는 사람들이 TV에 출연할 정도로 한때는 타자기만큼 일반화된 사무기술이었다. 하지만 컴퓨터가 보급되고 경리 및 회계 업무를 보조해주는 스프레드시트**, ERP 솔루션과 같은 다양한 소프트웨어가 개발되면서 사무실에서 더 이상 주판을 볼 수 없게 되었다. 이같이 경리 및 회계 업무는 오래전부터 IT 기술에 의해 자동화되는 경향이 높은 대표적인 직무 가운데 하나이다.

* Finance+Technology의 합성 신조어
** 마이크로소프트 엑셀과 같은 프로그램을 스프레드시트라 부른다.

사실 경리 및 회계 업무 특성상 일정한 규칙에 의해 분류하고, 기입하고, 주기적으로 신고하는 일이 대부분인데 이러한 업무도 향후 기술에 의해 대체될 가능성이 높아지고 있다. 인터넷뱅킹, 모바일 결제와 같은 IT 금융기술 보급이 확산되면 더는 은행을 다니거나 종이 영수증을 모을 일이 없어지게 된다. 전자거래가 확산될수록 경리 업무의 자동화율은 더욱 높아지게 된다. 게다가 정부에서도 공공 업무 효율화 및 탈세 방지를 위해 지속적으로 전자거래 및 신고 시스템을 도입하고 있다. 최근에 시작된 전자세금계산서가 일반화되면 그나마 기업 간의 거래에서 발생하던 서류 증빙도 많이 감소할 것이다.

미래에도 경리 및 회계 사무원이 완전히 없어지지는 않겠지만 기업의 규모에 관계없이 경리부서나 회계팀은 최소 인원으로 운영이 가능해질 것이다. 이는 유사 직업군으로 볼 수 있는 세무 사무원이란 직업도 비슷한 상황이다. 이 직업에 종사하는 사람들이 미래의 위기에 대처하고 싶다면 차라리 자신을 위기로 몰아낼 IT 기술, 특히 소프트웨어 프로그래밍 기술을 배워보는 것도 하나의 대안이 될 수 있다. 경리나 회계 관련 프로그램을 이용하는 법을 배우는 데 그치지 않고 오히려 그런 자동화 프로그램을 개발하는 역량을 키울 수 있다면 새로운 기회를 찾을 수도 있기 때문이다.

펀드매니저는 수익증권이나 뮤추얼펀드와 같은 간접 투자상품을 개발하여 투자 고객들에게 판매하고, 투자신탁의 재산을 운용하거나 기관투자자의 펀드를 관리·운용하는 직업이다.[17] 기본적으로 금융이나 경제·경영학적 지식이 필요하고 분석력이나 수리력 등을 요구하는 고급 전문직이다. 직업 특성상 주식시장의 전체적인 분위기에 따라 종사자 수가 증감을 반복하는 편이다. 그런데 이러한 고급 전문직에 속하는 펀드매니저도 첨단기술에 의해 영향을 받을 수 있는 상황이 왔다.

세계 금융시장의 중심인 미국의 월스트리트에서는 이미 상당수의 주식투자를 사람이 아닌 컴퓨터 프로그램이 수행하고 있다. 최고의 소프트웨어 개발자와 금융 전문가가 힘을 합쳐 다양한 투자 알고리즘을 개발하고 이를 통해 만들어진 프로그램이 누구보다 빠른 매매 거래를 수행하는 것이다. 증권가에는 일명 '극초단타 매매High Frequency Trading'로 불리는 거래 방식이 있다. 이는 기관투자자들이 슈퍼컴퓨터와 같은 고성능 컴퓨터와 투자 프로그램(알고리즘)을 이용하여 사람이 직접 하는 거래보다 훨씬 빠른 시간에 매수·매도를 하는 방법이다. 1초도 안 되는 시간에 여러 번 행해지는 극초단타 매매에서는 컴퓨터 프로그램이 펀드매니저의 역할을 수행하는 것이다. 다만 고성능 컴퓨터와 알고리즘을 이용한 극초단타 매매가 활성화되고 있는 미국에서조차도 불공정, 도덕성 측면의 문제 제기를 하는 사람들이 많아지는 상황이다.

그렇기에 금융당국이 어떻게 대응하느냐에 따라 향후 변수가 많은 편이다. 어쨌든 투자 알고리즘만으로 주식을 운용할 수 있다는 사실은 증권투자 관련 종사자들에게 큰 경종을 울린다고 할 수 있다. 우리나라는 미국보다 주식시장 규모가 훨씬 작아 미국과 상황이 똑같지는 않겠지만 금융당국의 규제가 없는 이상 어느 시점에서 유사 형태의 알고리즘을 통한 주식거래가 늘어날 것이다. 먼 미래에 인공지능^{AI} 기술이 더욱 발전하게 되면 주식시장에서 컴퓨터 알고리즘의 역할은 더욱 커질 가능성이 높다. 물론 정성적인 분석도 중요시하는 가치투자, 장기투자와 같은 영역은 여전히 사람에 의해 수행될 수도 있다. 따라서 펀드매니저들은 자신의 업무 역량과 포지션을 정확히 분석하여 향후 주식거래 시장의 변화에 대비할 필요가 있다.

여행 가이드는 여행객이 편안하게 여행을 즐길 수 있도록 여행 일정에 따라 여행지를 안내해주는 직업이다. 활동 지역에 따라 국내 여행 가이드와 해외 여행 가이드로 구분되고, 인솔 고객 유형에 따라 내국인 여행 가이드와 외국인 여행 가이드로 구분된다. 여행 가이드의 핵심 업무는 크게 세 가지로 볼 수 있다. 첫째는 여행지에 대한 많은 사전 정보를 가지고 있다는 점, 둘째는 실제로 현지를 돌아다녀 본 경험이 많고 실정을 잘 안다는 점, 셋째는 현지에서 사용하는 외국어를 구사할 수 있다는 점이다. 여행 가이드의 핵심 업무 가운데 많은 부분이 최신 IT 기술에 의해 대체될 가능성이 높은 편이다. 가장 큰 위협요소는 스마트폰이나 웨어러블 기기들이다. 이미 스마트폰의 GPS 기능과 디지털지도 기능을 통해 많은 사람이 보행용 내비게이션 기능을 활용하고 있다. 여기에 증강현실 기술이 조금만 더 발전되면 여행지에서 기본 이동은 물론 관광지의 많은 정보를 실시간으로 확인하며 여행을 즐길 수 있게 될 것이다.

더불어 자동 번역 시스템과 증강현실의 결합, 그리고 간단한 회화 정도는 자동으로 통역해주는 앱이 개발된다면 머지않아 해외 여행객들이 주된 불편요소로 생각하는 언어적인 문제도 해결될 시기가 올 것이다.

물론 스마트 기기의 사용이 익숙하지 않은 노약자층의 여행이나 통신망이 구축되지 않은 오지 여행에서는 여행 가이드의 수요가 오랫동안 지속될 수 있다. 또한 여행 가이드는 여행 패키지에서 큰 비용을 차지하지 않고 프리랜서 형태로 종사하는 경우가 많으므로 정규직 형태의 직업군보다는 실제 종사자들이 체감하는 위기감은 덜할 수 있다. 단, 여행을 즐길 수 있는 고령층 인구가 지속적으로 늘어난다는 것과 이동수단이 발달되고 세계화 영향에 따라 관광 산업 자체가 성장할 가능성이 있다는 점은 여행 가이드의 수요 급감 시기를 연장시키는 변수가 될 수 있다. 따라서 여행업에 종사하는 사람들은 인구변화와 첨단기술에도 많은 관심을 둘 필요가 있다.

생산직 노동자는 산업용 로봇이나 자동화 기술의 영향을 받을 가능성이 가장 높은 직업군 가운데 하나이다. 우리가 생활 속에서 볼 수 있는 로봇 기술은 아직 큰 만족을 주지 못하는 바닥 청소용 로봇 정도이다. 하지만 산업 현장의 경우 이미 상당한 수준의 로봇 기술이 활용되고 있다. 전 세계적으로 산업용 로봇을 가장 많이 활용하는 산업은 자동차 산업이다. 주요 완성품 자동차 제조기업의 공정 자동화율은 80~90퍼센트 이상의 수준에 육박하고 있다. 2012년 대한무역투자진

홍공사^{KOTRA}에서 발간한 보고서에 소개된 주요 자동차 메이커의 공정 자동화 사례를 보면 다음과 같다.

디트로이트에 있는 GM 공장은 쉐보레와 전기차 볼트를 생산하는 곳으로 모든 공정이 컨베이어 벨트에서 진행되며, 주요 부품은 100퍼센트 자동화 시스템으로 조립된다. BMW의 스파르탄버그 공장의 차체 제작은 100퍼센트 자동화 공정이며, 도료 및 조립 과정도 대부분 기계로 진행되고 근로자의 수작업으로 진행되는 부품 조립 비중은 극히 낮은 수준이다. 근로자들은 주로 자동차에 들어가야 할 부품과 옵션이 고객의 주문에 맞는지 확인하고 자동화 설비를 조작하는 역할만 수행한다. 켄터키에 있는 도요타 공장은 엄격한 품질관리를 위해 700대가 넘는 로봇이 투입되어 전체 공정의 90퍼센트 이상이 자동화되었다. 현대자동차 앨라배마 공장은 프레스, 차체, 도장, 의장 공정, 엔진 공장 등 자동차 생산설비와 부품, 물류창고, 출하검사장 등 부대시설을 포함해 약 9만 평 규모를 갖춘 자족형 완성차 공장이다. 이 공장의 차체 라인에는 277대의 로봇이 가동되며, 차체 용접 라인 자동화율은 100퍼센트에 이른다.[18]

최근에는 미국과 유럽의 유명 자동차 제조업체들 가운데 값싼 노동 비용 때문에 해외에 설립했던 생산기지를 다시 본국으로 이전하는 리쇼어링^{reshoring} 현상도 일어나고 있다. 이것이 가능한 주요 이유 가운데 하나가 공정 자동화율 극대화로 자국 내에서도 생산성을 높이고 인건비를 절감할 수 있게 되었다는 점이라는 것을 주목할 필요가 있다.[19]

현재는 산업용 로봇과 자동화 기술이 상대적으로 시장 규모가 큰 자동차·전기·전자 업종 위주로 활용되고 있다. 하지만 향후 산업용 로봇의 기능이 다양해지고 로봇 1대당 투입 단가가 낮아질수록 다양한 업종에서 중소 제조업체까지 자동화 기술을 도입할 것이다. 한국로봇산업진흥원의 「글로벌 로봇 산업 동향과 전망」 보고서에 따르면 세계 로봇 시장에서 식음료, 플라스틱·화학, 금속 산업의 로봇 도입 증가율이 두드러지고 있다고 한다.[20] 또한 우리나라는 중국과 더불어 산업용 로봇 도입률이 가장 많이 증가하고 있는 나라 가운데 하나이다.

기업 입장에서 공정 자동화를 도입할 때는 여러 가지 기대효과가 존재한다. 첫째, 자동화 기계는 24시간 끊임없이 공정이 진행되게 해준다. 둘째, 파업·산업재해와 같은 인력관리 측면의 위험요소가 다수 사라진다. 셋째, 생산성 향상뿐 아니라 품질관리 측면에서도 유리하다. 따라서 일부 제조업체들이 공정 자동화를 도입하지 않는 유일한 이유는 자동화 기술의 수준과 비용 때문이라고 할 수 있다. 생산직 종사자들도 그 어느 때보다 장기적인 진로를 생각하며 직업을 선택할 필요가 있다. 그럼에도 누군가 미래의 생산직 근로자로 근무할 만한 곳을 추천해달라고 한다면 필자는 '로봇을 생산하는 기업' 또는 '의도적으로 수제품'을 만드는 기업에 취업하라고 권해야 하지 않을까 생각한다.

부동산 중개인은 아파트와 같은 주택이나 상업용 건물, 기타 토지 등 부동산의 매매, 교환, 임차에 관한 알선과 중개 업무를 대행해주는 직업이다.[21] 부동산 중개인 직업의 기본 위협요소는 '온라인 직거래'이다. 중개 업무를 통해 수수료를 받는 직업이기 때문에 당연히 거래자 간에 직거래가 활성화 여부가 본 직업에 큰 영향을 줄 수 있다.

부동산 중개인의 핵심 업무는 ① 부동산 거래를 희망하는 사람들을 최대한 많이 확보하는 일, 즉 영업성 업무, ② 실제 매물을 확인하고 매수 의사가 있는 고객과 함께 현장을 직접 방문하는 일, ③ 거래 성사를 위해 양쪽 고객을 설득하고 협의를 중재하는 일, ④ 고객 간의 거래 과정에서 필요한 계약서 작성이나 기타 행정 신고 업무에 대해 도움을 주는 일, 이렇게 네 가지로 볼 수 있다.

첫 번째 핵심 업무는 이미 인터넷이나 스마트폰 앱을 통해 대체 가능한 상태이다. 2015년 기준으로 거래 당사자들끼리 직접 연결할 수 있는 부동산 직거래 사이트가 1000여 개가 넘는다고 한다. 다만 안전거래의 위험이 존재하기 때문에 크게 활성화되고 있지는 못한 상태이다.

두 번째 핵심 업무는 인터넷상으로 사진과 영상을 통해 일부 확인 가능하지만 실제 매물인지 여부를 확실하게 보장받을 수는 없다. 현장을 직접 방문하는 일은 거래자들만으로도 가능하지만 개인의 안전을 위해 여성이나 노약자 거래자들은 꺼릴 가능성이 미래에도 계속 존재할 것이다.

세 번째 핵심 업무는 사실상 기술로 대체하기 어려운 부분이며 직거래에서 가장 큰 애로 사항 중 하나일 것이다. 거래자 간의 의견 차이가 큰 경우 직거래보다는 중개거래의 성사율이 높을 가능성이 크다.

　네 번째 핵심 업무도 빠른 시일 내 대체되기는 어려워 보인다. 하지만 국가가 보장하는 전자계약 시스템이나 거래자 신용증명 시스템 등과 같은 전자행정 시스템이 구축된다면 어느 시점부터 대체 가능한 속성이라고 볼 수 있다. 국토교통부는 2015년 6월에 향후 4년 동안 154억 원을 투입하여 '부동산 거래 통합지원 시스템 구축 사업(1단계 전자계약 시스템)'에 착수했다는 발표를 하였다. 따라서 정부 계획대로 본 시스템이 구축되면 실제로 부동산 방문 없이 거래자 간에 전자계약 체결이 가능할 것으로 전망되고 있다.

　지금까지 분석을 종합해볼 때 10년 내 기술에 의한 대체 가능성은 그렇게 높지는 않다. 하지만 환경적 변화까지 감안할 때 중·장기적으로 부동산 중개인이 감소할 위험은 낮지 않다고 할 수 있다. 부동산 중개인 직업에 대한 환경적 위험요소는 다음과 같다.

　첫째, 개인 주택을 위주로 거래하는 중개인들은 전세의 월세 전환율이 높아짐에 따라 직거래가 늘어날 가능성이 있다. 전세는 최소 몇천만 원에서 몇억 원 규모의 큰돈이 오고 가는 거래이므로 직거래를 하기에는 부담스러운 부분이 많다. 하지만 보증금이 몇백만 원에서 몇천만 원 수준인 월세 거래가 늘어난다면 그만큼 직거래의 위험 부담은 줄어들 수 있기 때문에 수수료 부담이 없는 직거래 수요가 어떤 식으로든 늘어날 가능성이 있다. 앞서 언급한 거래자 간의 전자계약 시스템이 활성화되면 직거래 수요에 더 긍정적인 영향을 미칠 것이다.

둘째, 인구변동으로 인한 거시적 영향이다. 대한민국은 2025년을 전후하여 초고령 사회에 진입함과 동시에 인구가 감소하기 시작할 것으로 예상된다. 대한민국의 주택 보급률은 이미 100퍼센트를 넘어선 것으로 보이기 때문에 미래에 인구가 감소하는 상황에서 더 이상 전체 주택 매매가 증가되기는 어렵다. 더구나 초고령 사회에 진입하면 전체 인구의 20퍼센트가 65세 이상 노인이 되는데 안정적인 환경을 중시하는 고령층이 매매나 이사를 자주 할 가능성은 높지 않다.

반대로 1~2인 가구가 증가할 것으로 예상된다. 1인 가구 증가는 소형 주택 임대업을 활성화시킬 수 있기 때문에 단기적으로는 부동산 중개업에 호재가 될 수 있다. 하지만 소형 주택의 경우도 거래액 규모가 상대적으로 작아 장기적으로 온라인을 통한 직거래 가능성을 높여주는 요소가 될 수도 있다.

셋째, 기업형 임대주택New Stay 사업의 활성화 가능성이다. 최근 정부의 기업형 임대주택 활성화 정책이 발표되면서 미미하지만 기업형 임대시장이 형성되고 있다. 기업형 임대주택은 주거 안정화 목적을 위해 거주자가 희망할 경우 2년 이상 다년간 거주가 가능할 것으로 보인다. 그렇다면 자연스럽게 세입자들의 이사 빈도도 줄어들 가능성이 크다. 또한 직접 주택 임대 사업을 하는 기업 입장에서는 자영업 형태의 부동산 중개사무소를 이용하지 않고 자체 인력을 통한 마케팅만으로도 부동산 거래를 진행하게 될 수 있다.

물론 기업형 임대주택 사업을 하는 회사에서도 공인중개사를 직접 채용하거나 협력업체 네트워크가 생겨날 수 있기 때문에 오히려 부동산 중개인 종사자가 늘어날 기회가 될 수도 있다. 하지만 기업은 소규모 부동산 중개사무소보다 훨씬 효율적인 비즈니스가 가능하므로 공인중개사 1인이 담당할 수 있는 거래 건수도 커질 가능성이 있다. 그렇기에 그 실질적인 고용창출 효과는 크지 않을 가능성이 더 높다.

결론적으로 부동산 중개인은 ① 안전한 온라인 직거래가 활성화될 수 있는 플랫폼의 출현, ② 주거 안정화를 위한 정책적 변화, ③ 인구 감소로 인한 부동산 시장의 수요-공급 변화, ④ 부동산 직거래에 대한 인식의 변화, 이렇게 네 가지 변수가 연쇄적으로 일어날 경우 위기를 맞게 될 수도 있다.

　　　　　　　　자동차 판매원은 주로 30대 이상
의 경제력이 있는 고객을 대상으로 고가 상품인 자동차를 파는 직업
이다. 핵심 업무는 일반 영업·판매직과 비슷하기에 앞선 보험설계사
의 사례와 같이 미래 위협요소는 온라인 상거래라고 할 수 있다. 사실
현재도 자동차는 온라인 판매가 충분히 가능하다. 놀라운 것은 이미
1990년대 말 닷컴 열풍이 불던 시절에 이미 수십 개의 인터넷 자동차
판매 사이트가 운영된 적이 있다는 점이다.

　다음은 2000년 4월 한국경제신문에 나온 온라인 자동차 판매 관
련 기사의 일부이다.

인터넷 자동차 판매 '3파전' … 현대차 딜러, 홈페이지 독자영업 착수

현대차 판매대리점(독립딜러)들이 뭉쳐서 독자 홈페이지를 만들고 전자상거래에 뛰어든다. 메이커들도 직접 인터넷 판매에 나설 예정이어서 인터넷 차 판매시장을 둘러싸고 딜러들과 인터넷 판매업체, 메이커 간 치열한 경쟁이 불가피할 것으로 전망된다. 인터넷 전문 판매업체들은 이 같은 움직임에 대비해 대형 인터넷 쇼핑몰이나 검색 사이트에 자동차 판매와 관련된 콘텐츠를 제공하는 사업에 본격적으로 뛰어들면서 인터넷 판매의 기반을 확대해가고 있다. 현대 판매대리점 협의회는 빠르면 상반기 중 전국 440여 개 딜러를 연결하는 인터넷 판매 시스템을 구축하고 자동차 판매에 들어갈 계획이라고 6일 밝혔다.

(중략)

한편 인터넷 판매업체들은 대형 쇼핑몰과 포털 사이트에 대한 콘텐츠 제공과 기관으로부터 투자유치 등을 통해 사업 확장에 나서고 있다. 딜웨이, 리베로, 카123가 대표적이다. 인터넷 판매업체들은 또 대형화를 꾀하기 위해 대규모 투자유치에 나서고 있다. 리베로는 현대기술투자와 다음커뮤니케이션, 삼성물산, 현대종합상사로부터 54억 원을, 카123은 벤처캐피털 KTIC와 SK상사, 한국타이어 등으로부터 9억 원을 유치했다. 딜웨이는 현재 세계적 투자기관과 대규모 투자유치를 위한 협의를 진행 중이다.[22]

처음으로 인터넷 자동차 판매를 시도한 지 무려 10년 이상 지난 지금까지 인터넷으로 자동차를 직접 판매하는 사이트가 거의 없다는 것은 미스터리에 가깝다. 왜 그럴까?

딜러들이 자유롭게 가격 결정권을 갖는 나라들과 달리 국내 자동차 유통은 제조업체가 판매 가격과 유통 마진에 영향력을 주도적으로 행사한다. 대리점마다 직접 최종 판매가를 결정하는 것이 아니라 자동차를 팔 때마다 제조사에 일정한 수당을 지급받는 제조사 직판에 가까운 유통 방식이다. 이러다 보니 자동차 제조업체 입장에서는 온라인 유통 방식을 도입하는 것이 제조사의 가격 결정권을 약화시킬 위험이 크다고 보기 때문에 온라인 판매 방식 활성화에 적극적이지 않게 되는 것이다. 게다가 기존 오프라인 대리점과 자동차 판매원들의 반발도 쉽게 무시할 수 없으므로 지난 십수 년 동안 온라인 유통 방식 도입에 적극적이지 않은 상태로 보인다.

사실 소비자 입장에서 가까운 전시매장을 방문하여 간단히 시승만 해볼 수 있다면 가격의 장점이 뚜렷한 온라인 구매 방식을 꺼릴 이유는 거의 없다. 결국 자동차 제조업체의 의지가 큰 관건인데, 이미 해외에서는 온라인 유통망을 통한 자동차 판매 시도가 늘어나고 있다.

시장조사 전문기관 프로스트앤설리반에서 발간된 「미국 자동차 부문 메가트렌드」 보고서에 따르면 2025년 세계 자동차 시장에서 온라인 판매 규모는 전체 판매액의 20퍼센트에 달할 것으로 보인다. 온라인 유통을 통한 자동차 판매가 가장 활성화될 것으로 보이는 나라는 영국과 미국이며, 그다음으로 중국, 독일, 일본 순이다. 이미 포드, 푸조, 시트로앵, 피아트, 르노 등은 온라인을 통한 자동차 판매를 시작했으며 앞으로 더 많은 자동차 제조업체가 동참할 것으로 예상된다고 한다.[23]

세계에서 가장 큰 자동차 시장인 중국도 이미 온라인 자동차 판매가 시작되고 있다. KOTRA 보고서에 따르면 2013년 들어 중국의 온라인 자동차 판매 경쟁이 치열해지기 시작했다고 한다. 또한 중국 자동차 컨설팅 센터망에서 중국 자동차 업계 전문가와 기업 경영자를 대상으로 조사한 자료에 따르면 조사 대상의 70퍼센트 이상이 2015년 이후 중국에서 자동차 온라인 마케팅을 시행할 것이며 앞으로 온라인을 통한 자동차 판매, 서비스 등 O2O^{Online to Online} 마케팅이 대세가 될 것이라는 의견을 내놓았다고 한다.[24]

따라서 우리나라도 현재와 같은 오프라인 유통 방식을 언제까지 고집할 수는 없을 것이다. 물론 초기에는 온라인 직판 개념보다는 온라인 유통과 오프라인 대리점을 통한 판매가 복합적으로 이루어질 것이다. 하지만 결국 소비자 입장에서도 가격의 장점이 분명할 수밖에 없는 온라인 자동차 구매에 대한 욕구가 늘어날 것이고, 자동차 제조업체들도 세계적인 추세와 소비자의 욕구를 무시할 수 없으므로 다양한 온라인 플랫폼을 기반으로 한 자동차 판매를 강화할 수밖에 없을 것이다.

게다가 향후 10~20년은 자동차 업계에 상당한 지각변동이 예상된다. 그 이유는 하이브리드차, 전기차, 연료전지차 등 친환경 자동차가 본격적으로 생산되면서 새로운 기술력과 가격경쟁력의 차이가 발생할 가능성이 높기 때문이다. 거기에다 10~20년 안에 무인 자동차까지 양산된다면 자동차 시장에는 연속적인 지각변동이 일어날 가능성이 있다. 그런 상황에서 먼저 위기에 처한 자동차 업체는 적극적인 온라인 유통 방식을 통해 가격경쟁력을 높이려는 시도를 할 가능성도 있다. 한두 업체가 먼저 온라인 판매의 활성화를 시도하면 다른 업체들도 따라갈 수밖에 없을 것이다. 따라서 자동차 판매원이란 직업은 향후 10~20년을 전후로 그 어느 때보다 큰 위기의 상황이 닥칠 수 있다고 보는 것이다. 그 시점에서 일부 자동차 판매원들은 과거의 보험설계사가 재무 컨설턴트로 변신을 꾀한 것처럼 자동차 컨설턴트로의 변신을 모색하게 될 수도 있다.

단순 운전원과 주차 관리원은 자동차를 운행하는 것과 관련이 있는 직업이다. 앞서 소개한 것처럼 이미 구글의 무인 자동차나 벤츠의 무인 트럭은 성공적인 시험주행을 마친 바 있다. 기존의 자동차 제조업체들도 자율주행 기술을 시험 테스트 중이며 자동주차 기능은 일부 상용화가 된 상태이다. 국토가 넓지 않은 우리나라 특성상 무인 자동차가 상용화되어도 빠른 속도로 보급되기는 어려울 것으로 보인다. 하지만 무인 자동차는 전 세계적으로 자동차 산업의 성패가 달린 기술 가운데 하나이기 때문에 자동차 산업 비중이 높은 우리나라도 무인 자동차를 활성화하기 위한 인프라 구축 및 법제 개편에 나서게 될 것이다. 현재 자율주행 기능을 탑재한 차를 소개할 때 '무인'이라는 다소 자극적인 표현을 사용하고 있지만 실제는 운전자가 탑승한 채로 이용되는 '자율주행' 기능으로 활용될 가능성이 높다. 그 이야기는 무인 자동차가 보급되어도 누군가는 운전석에 앉아 있게 될 가능성이 높다는 뜻이다.

육상 운송업에 종사하는 운전원을 살펴보자. 일반 버스 운전원은 무인 버스가 보급되면 쉽게 사라질까? 그렇지 않다. 버스 운전은 자율적으로 하더라도 버스를 타고 내리는 승객들을 보호하고 돌발 상황에 대처하기 위해서는 버스 기사가 있어야 한다. 택배 기사는 어떨까? 택배를 배달하기 위해 무인 트럭을 사용한다 하더라도 실제 택배를 고객의 집 앞까지 배달하려면 사람이 있어야 한다. 기타 화물 트럭들도 마찬가지다. 다양한 형태의 화물을 싣고 나르고 하려면 단순히 무인 자동차 기술만으로 이들의 역할을 대체할 수는 없다.

단, 자율주행 기능이 탑재된 상업용 차량들이 보급되기 시작하면 운전원들의 효율성이 극대화될 수 있다. 화물을 탑재하거나 내릴 때만 에너지를 쓰면 되기 때문에 장시간 운전으로 인한 신체적 부담을 거의 없앨 수 있고, 심지어 24시간 차량 운행도 가능해질 것이다. 특히 야간 주행 시에는 무리하게 졸음운전을 할 필요 없이 도착 전까지 숙면을 취해도 될 정도이니 말이다. 결국 화물 운송 차량 1대의 효율성이 극대화되면서 수요보다 공급이 초과되는 현상이 나타날 가능성이 높다. 이는 결국에는 상업용 차량 운전원의 수입과 직업적 안정성이 더욱 낮아지는 결과를 초래할 수 있다. 또한 운수업체 입장에서는 여러 대의 무인 차량을 그룹으로 묶어서 선두 차에만 운전원이 탑승하고 나머지 차에는 사람이 탑승하지 않는 식으로 효율성을 극대화할 수 있다.

단순 운전원은 단순히 무인 자동차가 상용화된다고 급감하지는 않을 것이나 먼 미래에 무인 자동차와 로봇 기술이 복합적으로 적용될 때 본격적인 위협이 될 가능성이 크다.

머지않아 자동주차 기능이 탑재된 자동차 보급이 늘어나고 사물인 터넷IoT 기술이 결합되면 완전히 자동화된 주차장 시스템이 개발될 가능성이 높다. 주차장 진입에서 빈 주차 공간을 찾는 일, 출차 및 정산 모든 과정이 자동화된 주차장이 늘어나는 순간 주차 관리원이란 직업은 급감하게 될 것이다. 호텔이나 레스토랑에서 제공하는 대리주차 서비스를 뜻하는 '발레파킹valet parking'이란 단어도 수십 년 이내에 퀴즈에나 나올 법한 옛말古語이 될 가능성이 크다.

교통경찰이 미래에 급격히 수요가 감소할 것으로 예측하는 가장 큰 이유는 자동차의 각종 자율주행 기능과 무인 자동차의 출현, 그리고 인공지능 기술이 적용된 교통 시스템이 주된 이유이다. 자동차를 구매하는 고객들이 가장 중요하게 생각하는 요소 가운데 하나가 바로 '안전'이다. 교통사고를 내지 않는 자동차가 개발된다면 고가이더라도 많은 사람이 사려고 할 것이다. 따라서 자율주행 기술과 더불어 안전주행을 위한 기술은 가장 빠르게 개발되고 적용될 것이다. 일단 자율주행 기능이 적용된 차량이 늘어난다면 교차로나 횡단보도에도 첨단 안

전 기능이 적용될 가능성이 높다. 각종 센서와 사물인터넷, 인공지능 기술을 통해 교차로에 진입하는 차량과 교통신호를 최적화하고 추돌 사고를 방지하는 첨단 교통 시스템이 구축될 것이다. 그렇게 된다면 실질적으로 교통 통제나 사고 처리를 위한 경찰 인력은 거의 필요가 없어지게 된다. 따라서 기존 현장에 투입되던 교통경찰은 빠른 속도로 감소하고 일부는 첨단 교통관제 시스템을 운영하는 인력으로 보직이 변경될 가능성이 있다.

작물재배 종사자는 곡식, 채소, 특용작물, 과수, 원예작물 등을 전문적으로 재배하는 직업을 뜻한다. 이 가운데 특히 곡물, 채소, 과일은 해외 여러 나라와의 FTA 체결로 인해 지속적으로 경쟁력이 감소될 것으로 보이는 대표 업종이다. 더구나 인구 감소 및 초고령화 시대가 다가오면 국민 1인당 소비하는 농산물의 양도 줄어들 가능성이 높다. 일부 귀농인구와 작물재배 자동화 시스템을 통해 농업 분야가 최소한 유지되기는 하겠지만 직업적 수요로 볼 때 작물재배 종사자의 지속적인 감소를 예상하는 것은 그리 어려운 일이 아니다. 미래 농업 분야에 뛰어들고자 하는 사람들이 있다면 웰빙, 기후변화, 물류·유통 시스템 변화라는 측면에서 새로운 기회를 찾으려는 노력을 할 필요가 있다.

사서는 각종 서적 및 간행물, 자료를 수집하고 일정한 기준에 따라 분류·정리·보관하는 업무를 수행하는 직업이다.[25] 사서의 핵심 업무는 수많은 도서를 기준에 따라 분류하고 정리하는 일이다. 책을 분류하고 정리하는 것이 얼마나 어려운 일이냐고 말하는 독자가 있을지 모르지만, 대학교에 문헌정보학(구 도서관학)이라는 전공이 있을 정도로 수천, 수만 권 이상의 방대한 종류의 책을 기준에 따라 분류하는 작업은 쉬운 일이 아니다. 수많은 책이 제대로 분류가 안 되어 있다면 자신이 읽고 싶은 책 한 권을 종일 찾게 될 수도 있다.

사서라는 직업이 미래에 맞닥뜨리게 될 위기에는 세 가지 요인이 존재한다. 첫째는 전자책의 증가이다. 전자책은 종이를 전혀 사용하지 않고 컴퓨터나 태블릿PC, 전자책 전용 패드로 보는 디지털 도서이다. 디지털 자료이기 때문에 사서들이 주로 수행하는 분류, 정리, 보관 등의 업무가 거의 필요 없어지고 전자책을 통합 관리하는 서버만 관리하면 된다. 둘째는 독서인구 감소 영향이다. 인터넷과 다양한 미디어를 통해 무료 개방형 콘텐츠가 많아지다 보니 책을 읽는 사람들이 줄어들고 있다. 셋째는 서고 관리 자동화 시스템 도입이다. 기존의 종이 형태의 도서 관리도 사물인터넷과 로봇 기술이 발달함에 따라 더욱 자동화된 서고 관리 시스템이 도입될 것이다. 그렇게 되면 사서들의 역할이 상당히 축소되고 종사자 숫자도 더욱 줄어들 가능성이 높다. 이에 따라 미래의 사서는 서고 관리자로서의 역할보다 도서 구매와 도서관 서비스 기획자로서의 역량이 중요하게 될 것이다.

제과·제빵원은 밀가루, 설탕, 달걀 등 여러 가지 재료를 혼합하여 만든 반죽으로 다양한 모양을 만들어 오븐에 구워 빵과 과자를 만드는 직업이다. 제과·제빵은 일반 요리보다 비교적 조리 과정이 단순한 편이기 때문에 표준화 및 자동화하기에 유리한 면이 많다. 이미 제과 회사들은 많은 부분에 자동화 공정을 도입하여 과자와 빵을 만든다.

최근 3D 프린팅 기술이 각광받기 시작하며 3D 음식 프린터가 개발되고 있는데, 이 기술이 응용되면 가정에서도 더욱 쉽게 빵과 과자를 만들 수 있게 될 것이다. 물론 가정에서 빵과 과자를 쉽게 만들 수 있어도 이를 여전히 귀찮아하는 사람들은 제과점에서 빵을 살 것이다. 문제는 제과·제빵이 가능한 소형 로봇이 출시된다면 생산직과 마찬가지로 제과·제빵원이 많이 필요 없게 된다는 데 있다. 결국 새로운 레시피recipe와 메뉴를 개발할 수 있는 역량이 뛰어난 제과·제빵 연구원들만 남게 될 것이다.

앞으로 다가올 시대에 3D 프린팅 기술이 직업 세계에 미치는 영향은 매우 클 것이다. 치과 기공사는 치과의사의 처방에 따라 구강조직의 기능 및 외관을 개선하기 위한 치과 기공물, 충전물 및 고정장치 등을 제작·가공 수리하는 직업이다.[26] 치과 기공사는 개별 환자의 치아 상태에 따라 맞춤형 제품을 만들어야 하므로 다양한 재료와 기계를 다룰 줄 알아야 한다. 그런데 머지않아 이러한 치기공 작업을 대신해 줄 치기공용 3D 프린터가 개발된다면 미래에는 치과의사들이 별도로 치과 기공사에게 맡기지 않고 직접 치과에서 치기공물을 제작하여 사용할 수 있는 시대가 올 수도 있다. 치과에서 직접 치기공물을 제작하면 비용과 시간적인 측면에서 효율성이 확보되므로 치기공용 3D 프린터 보급이 확산될 가능성도 높다고 볼 수 있다. 치기공용 3D 프린터가 개발되는 시점을 전후로 치과 기공사들 가운데 일부에게는 의료용 3D 프린터를 전문으로 제조하는 기업에 연구개발 직군으로 취업 기회가 생길 수 있다. 그렇기에 직업적 확신이 부족한 치기공사들은 이러한 기회를 빨리 포착하는 것이 중요하다.

그렇다면 최첨단기술은 의료 관련 직업에는 어떤 영향을 미칠까? 많은 IT 전문가와 미래 예측 전문가들은 의료계에 큰 영향을 미칠 기술 가운데 하나로 빅데이터 기술을 꼽는다. 빅데이터big data란 말 그대로 '매우 큰 정보들의 집합'을 뜻한다. 애초 군사 목적으로 개발되었던 인터넷이 일반인들에게 개방된 지도 20여 년이 되어가고 있다. 온라인 상에서만큼은 전 세계를 실시간으로 연결해주는 인터넷 서비스가 초고속 유무선 통신기술을 바탕으로 엄청난 분량의 콘텐츠와 정보를 생성하게 된 것이다. 또한 21세기 들어 많은 기업과 공공기관에 고도의 정보 시스템이 구축되어 해마다 대용량의 정보자산을 축적할 수 있게 되었다. 이를 통해 축적되는 대용량의 정보자산을 날이 갈수록 발전하는 IT 기술로 활용하면 과거에는 꿈도 꿀 수 없었던 새로운 응용지식과 패턴을 찾아낼 수 있게 될 것이다.

그런데 어떤 분야보다 실제 경험과 사례를 기반으로 한 정보가 중요한 분야가 바로 의료 분야이다. 의료 분야에 큰 영향을 줄 기술이 하나 더 있는데 바로 생체칩 기술이다. 영화 「킹스맨」에서는 IT 천재이며 악당인 밸런타인이 세계 여러 나라에 영향력을 가지고 있는 사람들의 인체 내부에 마이크로칩을 삽입하여 다수의 선량한 사람들을 학살하려는 장면이 나온다. 생체칩이란 바로 인체 내부에 삽입하여 여러 가지 용도로 사용될 수 있는 마이크로칩을 뜻한다. 초보적인 생체칩 기술은 이미 상용화가 시작되었다. 실제로 스웨덴의 한 회사에서는 직원들이 작은 칩을 손가락 사이에 삽입하여 사용하고 있다고 한다. 이 회사의 직원들은 출퇴근을 하거나 직원용 복사기를 사용할 때 사원증 대신 무선칩이 삽입된 손을 갖다 대기만 하면 된다고 하니 한편으로는 무섭기도 하다. 어쨌든 기술적으로는 미래에 충분히 보편화될 가능성도 높다고 할 수 있다. 인체에 직접 삽입된다는 장점으로 생체칩은 특히 의료 분야에서 다양하게 활용될 수 있다.

이같이 빅데이터 기술에 생체칩 기술과 인공지능이 복합적으로 응용되기 시작하면 중증이나 희귀 질병이 아닌 일반 질병에 대한 진단과 처방이 컴퓨터를 통해 가능해진다는 것이 전문가들의 예측이다. 그렇다고 가정했을 때 의료 분야에서 가장 먼저 영향을 받을 가능성이 큰 직업이 있다. 바로 가정의학 전문의다.

가정의학은 현대 의학의 전문과목이 지나치게 세분화됨으로써 오히려 환자 입장에서 초기 단계에 포괄적인 진료가 어려워진 것을 보완하기 위해 생겨난 전문과목이다. 따라서 가정의학에서는 특정 질병에 대한 집중적이고 자세한 진료가 아닌 인체 증상 전반에 대한 종합적인 진료와 조언을 한다. 이러한 특성 때문에 빅데이터나 인공지능 기술이 적용된 첨단 IT 의료 서비스에 의해 대체될 가능성이 높을 수 있다. 질병의 증세가 뚜렷하지 않은 초기 상태에서 환자들이 가정이나

1차 진료기관의 자동화 진료 시스템을 통해 기본 질병 상태를 파악하고 추가로 과목별 전문의에게 진료를 받게 될지 여부를 결정하게 된다면 실제로 가정의학 전문의의 역할은 갈수록 비중이 낮아질 가능성이 높다.

날로 발전하는 과학기술은 무조건 고용시장에 해가 될까? 이 질문에 많은 낙관론자는 산업혁명 시대를 예로 든다. 과거 산업혁명기에 많은 수공업자가 일시적으로 직업을 잃기도 했지만 제조업과 경제의 성장으로 또 다른 직업으로 전환이 가능했던 역사가 있다는 것이다. 물론 기술을 통해 새로운 산업과 시장이 생겨나면 그 안에서 또 다른 직업들이 탄생할 수도 있다. 하지만 브린욜프슨과 맥아피 교수를 비롯한 신중론자들이 주장하는 것처럼 고도의 지능과 정교함이 탑재된 로봇이 생겨나기 시작하면 많은 직업이 컴퓨터나 로봇으로 대체될 수도 있다. 그때는 산업혁명 시대와 달리 준비되지 않은 많은 직업인이 자신의 일자리를 잃게 되고 새로운 일자리를 찾기 위해 필요한 신기술을 익히기에는 시간이 너무 부족할 수 있다. 이를 예측하는 것은 참으로 어려운 문제이다.

조금 더 깊이 생각해보면 기술의 발달이 직업 세계 전반에 긍정적인 영향을 미칠 것인지, 부정적인 영향을 미칠 것인지 여부는 기술 자체에만 있지 않다. 그보다는 새로운 기술을 무조건 소수 사람이나 특정 집단의 이익만을 위해 사용할 것인지, 인간의 존엄성과 인류의 보편적 행복을 위해 사용할 것인지와 같은 인간의 철학과 의지에 달려 있다고 할 수 있다. 따라서 미래에는 과학기술에 대해 개인, 기업, 국가, 교육, 직업훈련 등 모든 면에서 새로운 패러다임이 요구될 것이라는 사실만큼은 틀림없다. 이를 위해 준비된 사람과 준비된 기업, 준비된 국가만이 긍정적인 미래를 맞이할 것이고 진정한 승자가 될 것이다.

[미래 직업 환경의 변화]

2045년 1월 5일 새해 첫 출근을 준비 중인 나는 한국을 대표하는 기업 '하이퍼 트랜짓' 사의 마케팅 매니저이다. 우리 회사는 과거에 자동차를 제조하던 기업이었지만 이제는 '자동차'라는 고정관념에서 벗어나 무인 자동차, 초고속 드론을 비롯한 다양한 무인 교통수단을 개발한다. 나는 10년 전 이 회사에 신입사원으로 입사했는데 5년 전부터 프리랜서 형태로 전향하여 근무 중이다. 우리 아버지 세대에는 비정규직 문제가 사회적으로 심각했다고 들었는데 지금은 오히려 많은 사람이 경력이 쌓이면 자발적으로 프리랜서 선언을 하는 경우가 많다. 왜냐하면 최소 5년 이상의 직무 전문성만 쌓이면 프리랜서로 일해도 여러 회사에서 러브콜을 받을 수 있기 때문이다. 이런 일이 가능해진 이유는 무엇보다 새로운 개념의 '직무 전문성 공인 레벨' 제도가 시행되고 있기 때문이다. 예전에는 채용제도나 내부 직원 평가기준이 회사마다 차이가 많았다. 하지만 최근 수년 전부터 기업이 원하는 전문인력이 부족해졌기 때문에 국가 차원에서 프리랜서 형태의 인력풀 제도를 시범적으로 시행하고 있다. '직무 전문성 공인 레벨'은 정부와 민간기업 협회가 직무별로 기본 업무 역량과 전문 경력지수를 표준화하여 1년에 두 번씩 시행하는 일종의 인증제도이다. 이 레벨을 받게 되면 대부분 자신의 레벨에 맞는 프로젝트에 참여할 기회를 쉽게 얻을 수 있기 때문에 굳이 정규직으로 입사할 필요성을 못 느끼게 된다. 물론 일정한 시기가 지나서도 인증 레벨을 올리지 못한다면 구직기회가 점차 줄어들게 되므로 꾸준한 자기계발을 해야 한다.

현재의 인구변화 추세라면 약 25년 후인 2040년에는 30대 인구가 현재의 60퍼센트 수준으로 크게 감소할 것으로 예측된다. 30대는 일반적으로 기업에서 대리, 과장급으로 다양한 실무를 수행하는 연령대이다. 쓸 만한 대리, 과장급이 부족하다는 것은 군대로 치면 상병이나 병장이 부족한 셈인데 부대가 제대로 돌아갈 수 있을까? 취업이 어려운 요즘에는 상상조차 하기 어려운 일이지만 미래에는 이런 실무인력 품귀 현상이 일어날 수도 있을 것으로 보인다. 물론 현재보다 기술이 노동을 대체하는 비율이 높아질 것이기 때문에 모든 업종에서 똑같은 현상이 일어나지는 않을 것이다. 어쨌든 향후 20년 전후로

20~30대 고용시장에 큰 변화가 일어날 가능성이 높다. 구직보다 구인이 어려워지는 상황이 된다면 고용시장을 탄력적으로 만들기 위한 다양한 대책이 나올 가능성이 높다. 가상 시나리오에서 언급된 것처럼 로봇과 기계로 대체되기 어려운 직업에 종사하는 30대 경력직 구직자 입장에서 이직의 기회가 많아질 가능성이 높으므로 굳이 정규직을 고집하기보다는 직무 전문성을 바탕으로 한 프리랜서 형태의 근무가 많아질 가능성도 높다고 할 수 있다.

미래의 직업 환경을 이야기할 때 과거 수십 년 전부터 주로 언급되는 소재 가운데 하나가 있다. 바로 재택근무이다. 가정마다 영상회의가 가능한 시스템이 구축되기 때문에 굳이 사무실로 출근할 필요가 없다는 식의 스토리는 더 이상 참신한 소재가 아니다. 정말 20~30년 미래에는 대부분의 회사원이 재택근무를 하게 될까? 필자는 그렇게 생각하지 않는다. 재택근무를 긍정적으로 생각하는 사람들은 출퇴근이 없어지고 사무 공간을 줄일 수 있다는 점을 강조한다. 하지만 미래에는 무인 자동차, 무인 대중교통 등 최첨단 교통수단이 발달할 것이기 때문에 오히려 출퇴근 시간으로 인한 부담은 줄어들 가능성이 높다.

더 중요한 것은 업무 효율성이다. 많은 일이 시간이 흐를수록 협업이 중요한 프로젝트 성격의 업무가 되어가고 있다. 다양한 부서, 다양한 전문가들과 서로 아이디어를 내고 의견을 조율해야 하는데 영상회의라는 것은 몰입이나 빠른 커뮤니케이션이라는 측면에서 실제 대면 커뮤니케이션보다 효과적이기 어렵다. 또한 인터넷이나 스마트폰의 영향으로 회사 사무실에서조차 업무에 집중하지 못하는 경우를 볼 수 있다. 따라서 개인의 성향에 따라 차이는 있겠지만 재택근무를 하게 되면 회사 사무실보다 훨씬 더 업무 효율성이 떨어질 가능성이 높다. 물론 미팅을 해야 할 직원들이 먼 거리에 있는 경우는 예외이다.

그리고 지금까지 이야기한 것과는 전혀 다른 관점의 문제가 발생할 수도 있다. 재택근무를 하게 될 경우 업무 시간과 개인 시간의 구분이 모호해져서 오히려 과도한 업무 부담을 떠안게 될 사람도 있을 것이다. 아직도 회사에서 야근을 하는 경우가 흔한데 재택근무를 하면 야근이 아니라 24시간 편의점 모드로 일만 하게 되는 상황에 빠질 수 있지 않을까? 결국 콜센터 업무와 같은 특수한 직업을 제외하고 일반 회사원과 같은 직업은 미래에도 재택근무가 크게 확대될 가능성은 높아 보이지 않는다. 재택근무를 할 인프라를 구축할 수 없는 것이 아니라 인간의 인지 특성, 행동 특성 때문에 굳이 장려하지 않을 가능성이 높다는 것이다.

그 밖에도 사무실의 근무 환경도 여러 면에서 변화가 일어날 것이다. 고객을 응대하는 일을 사람이 아닌 로봇이 수행하거나 중요한 의사결정을 도와주는 인공지능 컴퓨터가 회의에 참석하는 등 새로운 기술을 활용하며 업무를 수행하는 일이 빈번해질 것이다.

04
기회의 직업들 I.
인구변화와 직업 이동

FIND JOBS

인류가 역사를 통해 깨닫게 된 크나큰 지혜 가운데 하나는
'위기는 곧 또 다른 기회를 뜻한다'는 것이다.

우리는 3장에서 위기를 맞게 될 수도 있는 직업에 대해 살펴보았다.
그렇다면 이제는 또 다른 기회가 될 수 있는 직업으로 시선을 돌려보
자. 4장에서는 장차 대한민국에 큰 지각변동을 일으킬 수 있는 '인구
변화'라는 주제를 통해 미래의 직업 트렌드를 살펴볼 것이다. 인구변화
의 문제는 단순히 전체 인구가 증가할 것인지, 감소할 것인지에 대한
것이 아니다. 사람은 경제 주체이며 소비 주체이고 또한 직업의 주체이
기도 하다. 따라서 급속한 인구변화는 그 자체만으로 한 나라의 경제
와 산업에 막대한 영향을 줄 수 있고, 더불어 직업의 세계에도 거시적

으로나 미시적으로 지대한 영향을 줄 수 있다. 당신이 지금 대한민국에 살고 있고, 미래에도 대한민국에서 살 것이라면 더 이상 인구 문제를 나와는 크게 상관없는 일이라고 생각하지 말자. 지금부터 인구변화가 직업의 세계에 미칠 영향에 대해 관심을 둔다면 당신이 바로 또 다른 기회의 주인공이 될 수도 있다.

2030년 대한민국은 줄어들기 시작한다

기원후 1세기경 전 세계의 인구는 약 2억 명 수준이었을 것으로 추정되고 있다. 그 뒤 1700년 동안 줄곧 낮은 증가세를 유지했다. 경제가 부흥하면 증가했다가 전염병, 기아, 전쟁 등의 발생으로 감소하기를 반복했던 세계 인구는 1800년도까지 10억 명을 넘지 않았다고 한다.[1] 그러다 19세기 초에 10억을 돌파했고, 그 2배인 20억이 되기까지 약 100년, 즉 겨우 1세기 정도의 시간이 걸렸다. 다시 그 2배인 40억이 되기까지는 불과 50년밖에 걸리지 않았고, 그 후 40년이 채 안 된 2011년 기준 전 세계의 인구는 70억 명을 돌파한 것으로 보인다. 인류사 전체를 볼 때 세계 인구는 아직 급격히 증가하는 추세이다. 그럼에도 21세기 대한민국의 인구 추이는 세계 인구 추이와는 정반대 방향으로 가고 있다.

대한민국의 미래에 대한 예측 가운데 최근 가장 많이 언급되는 것이 바로 '인구 감소론'이다. 인구가 줄어든다는 것 자체는 매우 단순한 현상으로 보이지만 그 파급효과는 경제, 사회, 문화, 교육, 가정 등 다양한 분야에 미치게 된다. 그렇다면 향후 20~30년 동안 대한민국의 인구가 어떻게 변화할 것인지 살펴본 후, 직업의 세계에는 어떤 영향을 줄 수 있는지 알아보자.

2013년 기준 대한민국의 출산율은 약 1.2명으로 OECD 국가 가운데 가장 낮은 수준이다.[2] 이 수치는 전 세계 국가를 대상으로 비교해도

● 그림 4-1. 대한민국 인구변화 추이(예측)

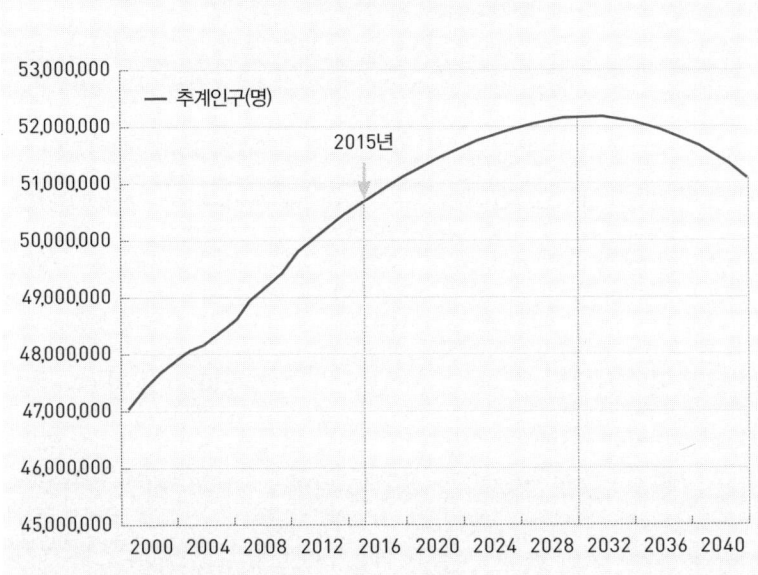

▶ 참고자료: 통계청 「연령별 추계인구」(2014)

거의 최하위 수준이다. 이러한 저출산율이 주원인이 되어 대한민국의 인구는 2030년쯤 정점을 찍고 하락을 시작할 것으로 예상된다. 최근 언론에는 이런 추세라면 21세기 안에 대한민국이 소멸될 수도 있다는 웃지 못할 이야기까지 나오고 있는 상황이다.

　이러한 인구변화가 직업의 세계에 어떤 영향을 미칠 것인지 파악하기 위해서는 단순히 인구가 얼마나 감소하는지에 초점을 맞출 것이 아니라 인구구조의 질적인 변화를 살펴보아야 한다. 그리고 그러한 질적 변화가 어떤 업종과 어떤 일에 영향을 주는지 인과관계를 잘 따져가며 분석해보도록 하자.

영유아 시장의 반전

인구변화가 산업과 시장에 미치는 영향을 이해하기 위해 먼저 영유아 및 청소년층의 인구변화 추이를 살펴보도록 하자. 영유아 인구는 2040년에는 2015년 대비 약 1/4 정도가 줄어 244만 명 수준이 될 것으로 전망된다. 사실 출산율 저하로 인한 영유아 인구의 급격한 감소는 2000년에서 2010년 사이에 한 차례 있었다. 그렇다면 영유아 인구가 급속히 감소했던 지난 10여 년간 영유아 관련 산업과 시장의 변화는 어떠했을까?

지난 10여 년 동안 실질적인 영유아 숫자는 30퍼센트 정도나 급감했지만 영유아 관련 전체 시장 규모의 크기는 큰 변화가 없었다. 영유아 인구가 줄어든 비율을 감안할 때 의외의 결과이다. 주원인 가운데 하나로 거론되는 것은 '엔젤 산업'의 출현이다. 한 자녀를 둔 가정이 늘

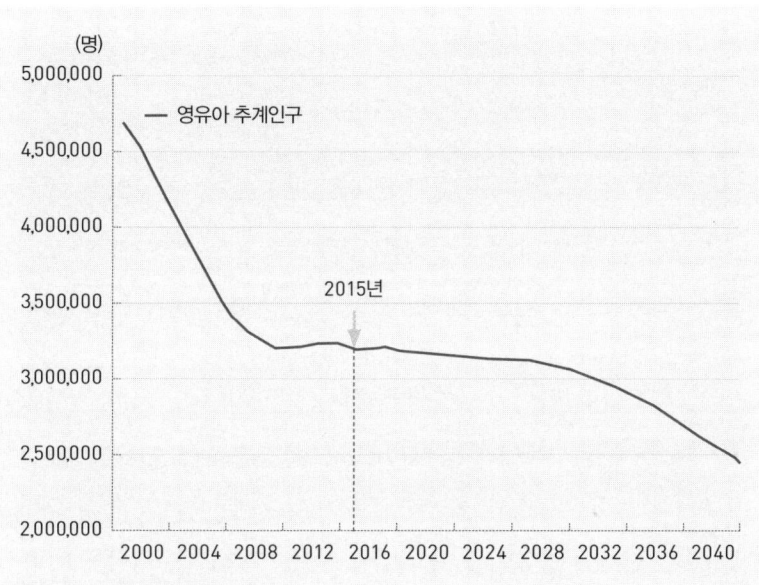

● 그림 4-2. 0~6세 영유아 추계인구

(명)

— 영유아 추계인구

2015년

▶ 참고자료: 통계청 「연령별 추계인구」(2014)

어나면서 부모, 조부모, 외조부모의 지출이 한 아이에게로 집중되어
오히려 아이 한 명에 대한 소비가 늘어나는 현상을 뜻한다. 하지만 유
모차, 카시트, 의류와 같은 분야는 고가 수입품 소비가 증가했기 때문
에 영유아 관련 국내 제조업체의 상황은 전체 시장 상황과 다소 차이
가 있다. 이를 확인하기 위해 지난 10여 년간 대표적인 영유아 관련 기
업들의 매출 추이를 분석하였다. 오랜 기간 매출이 정체되어 있거나
최근에는 매출이 감소하는 추세를 보인 기업도 일부 있었지만 그렇지
않고 꾸준한 성장세를 보인 곳도 있었다. 이를 통해서도 영유아 인구

	2000년 매출	2014년 매출	매출 증가율
보령메디앙스	502억	1,453억	189%
매일유업	6,038억	1조 4,480억	140%
남양유업	6,220억	1조 1,517억	85%
대교	6,498억	8,106억	25%
아가방앤컴퍼니	1,300억	1,601억	23%
손오공	441억	530억	20%
월트디즈니	537억	590억	10%
한스이엔지	128억	117억	−9%

의 급격한 감소가 영유아 분야 기업의 성장에 절대적인 영향을 미치지는 않았음을 알 수 있다.

추가로 청소년층의 인구변화 전망을 보면 2040년까지 중학생 인구는 약 25퍼센트, 고등학생 인구는 30퍼센트 가까이 감소할 것으로 예측된다. 중·고등학생 인구는 영유아 인구와 달리 현재 급격한 감소 추세 과정에 있는 상황으로 향후 10년 안에 관련 직업에 변화가 생길 가능성이 큰 편이다. 중·고등학생과 직접적인 관련이 많은 분야는 교육 분야이다. 절대 학생 수가 줄어들기 때문에 학교 교사와 사설 교과 학원의 강사도 감소 추세가 지속될 것이다.

국공립학교 교사는 고용 보장이 되는 공직이기 때문에 학생 수가 줄더라도 그에 비례해서 교사를 줄이기보다 '학생 대비 교사 비율'을 조절할 수 있는 여지가 있다. 따라서 학생 수가 줄어드는 속도에 비례해서 종사자가 급격한 감소 추세를 보이지 않을 가능성도 있다. 다만 기존 인력만으로 가능해지므로 신입 교원 채용은 급격한 감소 추세를 보일 수밖에 없다. 학원 강사는 사이버 교육 콘텐츠의 증가와 입시제도 변화의 영향을 받아 일반 교원보다 감소 추세가 더 클 것으로 보인다. 2장에서 인문계 전공자의 취업난에 대한 원인 가운데 하나로 지목했던 학원 강사의 일자리가 더욱 감소한다면 다가올 미래에는 인문계열 전공자들의 취업난이 더욱 심화될 가능성도 있다. 물론 다른 환경적 변화가 동반되지 않는다는 가정 하에서다.

영유아와 마찬가지로 청소년 시기는 대부분 부모의 경제력을 바탕으로 소비만 하는 기간이기 때문에 인구 감소라는 요인 하나만으로는 산업과 직업 세계에 미치는 영향이 생각만큼 크지는 않을 수도 있다. 하지만 성인층은 영유아, 청소년과 달리 실질적 소득 주체이다. 따라서 청년, 중년, 장년층의 인구변화는 일반적인 산업과 시장에 직접적인 영향을 미칠 가능성이 높다. 그렇다면 이제부터 직업의 세계에 더욱 큰 영향 줄 수 있는 중장년층의 인구변화에 대해 살펴보도록 하자.

[눈앞에 닥친 초고령화 시대]

        대한민국의 세부 인구 전망 가운데 유일하게 증가할 것이 확실한 건 고령층 인구이다. 통계청의 자료를 보면 고령층 인구의 증가 추세는 2000년대에 들어서면서부터 2040년까지 매우 가파르다. 2015년 기준으로 약 660만 명 정도의 고령층이 2040년에는 1600만 명 수준으로 25년 만에 2.4배를 넘는 수준으로 증가하며 우리나라 전체 인구 3명 중 1명이 65세 이상의 고령자인 시대가 될 전망이다.[3]

        우리나라의 고령화 사회 진입 속도는 세계 최고 수준이다. 유럽 주요 국가와 미국은 고령 사회에서 초고령 사회로 진입하는 데 100년 안팎의 시간이 걸렸지만 2000년에서야 고령 사회에 진입한 우리나라는 초고령 사회에 진입하는 데 30년이 채 걸리지 않을 것으로 전망되고

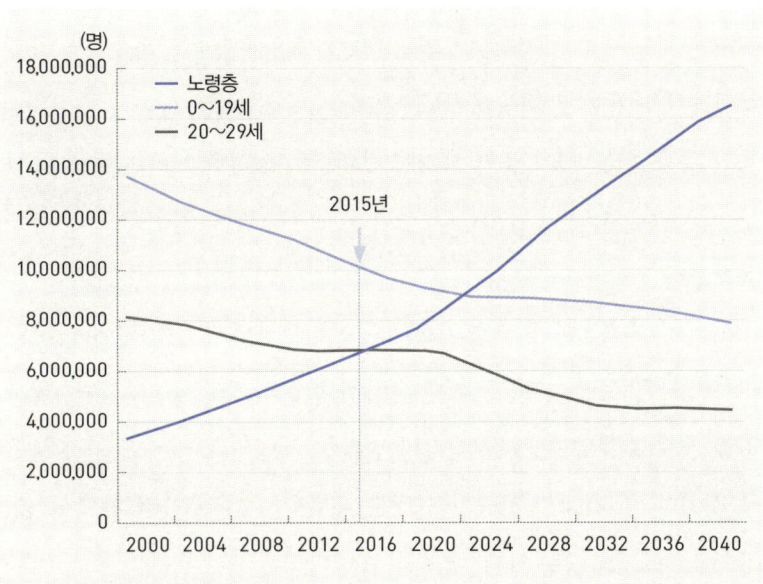

● 그림 4-3. 65세 이상 노령층 추계인구

(명)

- 노령층
- 0~19세
- 20~29세

2015년

18,000,000
16,000,000
14,000,000
12,000,000
10,000,000
8,000,000
6,000,000
4,000,000
2,000,000
0

2000 2004 2008 2012 2016 2020 2024 2028 2032 2036 2040

▶ 출처: 통계청 「연령별 추계인구」(2014)

있다.* 현재까지 추이대로라면 2025년 전후에 초고령 사회가 시작될 것으로 예측되고 있다.[4]

현재 시점에서 고령화 비율이 가장 높은 나라는 일본이다. NH투자증권의 보고서에 따르면 일본은 2012년 기준 65세 인구 비율이 24.2퍼센트로 세계에서 가장 고령자 비율이 높으며 2005~2006년경에 가장 먼저 초고령 사회에 진입한 국가이다.[5] 초고령 사회에 진입한

* 전체 인구 가운데 65세 이상 고령인구 비율이 14퍼센트 이상인 사회를 고령 사회, 20퍼센트 이상인 사회를 초고령 사회라 칭한다(고령화 사회는 7퍼센트 이상).

일본의 경우 지난 20여 년간 많은 변화가 일어났다. 많은 전문가가 '잃어버린 20년'으로 상징되는 일본의 장기 경기침체의 주원인 가운데 하나를 인구변동으로 지목하기도 했으며, 고령화 비율이 높아지는 기간 동안 가구, 건설, 제지 등의 산업이 마이너스 성장을 기록한 반면 통신, 부동산 임대와 같은 산업은 성장세를 보이는 등 산업구조도 같이 변화하였다.[6]

따라서 본격적인 초고령 사회에 들어서는 향후 10~20년 사이에 우리나라의 경제 및 사회 구조에 상당한 변화의 물결이 닥쳐올 수밖에 없을 것으로 보인다. 물론 이러한 변화는 직업의 세계에도 큰 영향을 줄 것이다. 이 책에서 전망할 수많은 예측 가운데서 가장 확실시되는 부분도 바로 '초고령 사회'라고 할 수 있다.

초고령화 시대에 따른 직업의 변화는 두 가지 관점에서 접근할 필요가 있다. 첫째는 늘어나는 고령인구를 대상으로 하는 산업의 성장에 따른 직업의 변화이고, 둘째는 일자리를 원하는 고령층의 취업을 위한 직업의 전망이다. 먼저 고령친화 산업에 대한 전망을 살펴보면 고령층의 기본 특성에 따라 세 가지 이슈를 생각해볼 수 있다. 첫째는 고령으로 인한 건강 및 의료에 대한 관심, 둘째는 은퇴 여부에 따른 자산 관리 및 주거 문제, 셋째는 새롭게 부각되는 핵심 소비층으로서 소비 성향이다. 이와 관련하여 국가적 차원에서 주목하는 9대 영역은 의약품, 의료기기, 화장품, 식품, 여가, 금융, 요양, 주거, 생활용품 분야라고 한다.[7]

한국보건산업진흥원 자료에 따르면 고령친화 요양산업의 시장 규모는 2012년 2조 9000억 수준에서 2020년에는 10조 규모로 성장할 것으로 전망된다. 연평균성장률^{CAGR}이 16.6퍼센트에 달할 것이라고 한다.[8] 고령층 요양산업과 관련된 대표적인 수혜 직업은 요양보호사, 노인 요양시설에 필요한 의료기기 판매원, 간호사 등이 있다. 요양보호사는 2008년 노인장기요양보험제도가 도입되면서 자격제도와 함께 생겨난 직업이다. 노인 의료복지시설에서 의사나 간호사를 보조하여 요양보호 대상자를 돌보는 일을 수행한다.

그러나 요양보호사라는 직업을 미래 유망직업으로 볼 것인지에 대해서는 신중할 필요가 있다. 직업적 수요, 즉 고용기회의 증가라는 측면에서 충분히 긍정적으로 볼 수 있지만 아직까지 요양보호사라는 직업은 진입장벽과 전문성이 높지 않은 직업군에 속한다. 2011년 기준 요양보호사 자격 보유자는 100만 명이 넘고 있으며 이 가운데 실제 요양보호사로 일하는 인력이 20만 명이 넘는 상황이다. 기본적으로 비영리 성향의 사회형 직업*이고 공급이 충분한 상황에 전문성이 높지 않다 보니 처우가 낮고 고용 안정성도 그리 높은 편이 아니다.

반면 요양보호사는 몸이 불편한 고령자를 대상으로 돌보는 일이라 육체적·정신적으로 결코 쉬운 일이라고 할 수 없다. 이러한 부분은 본격적인 고령화 시대가 되면서 질 높은 요양 서비스에 대한 요구가 증가

---

* 사회형 직업이란 6개로 분류되는 홀랜드 직업 흥미 유형 가운데 하나로 주로 비영리 기관에서 타인을 직접적으로 돕는 특성의 직업들이 포함된다.

하면 전문성이 높은 요양보호사도 생겨나고 처우 개선을 위한 정책적인 변화도 있을 것으로 보인다. 또한 자산의 여유가 있는 고령층을 위한 프리미엄 요양 서비스도 늘어날 것으로 보이기 때문에 경험이 풍부하거나 간호사나 간호조무사 경력이 있는 요양보호사는 차별화된 조건으로 근무할 기회가 생길 수도 있다.

고령층에 접어들면서 필수적으로 찾게 되는 것 가운데 하나가 의약품이다. 고령인구가 늘어남과 동시에 기대수명이 늘어나고 있다. 사실상 자연수명이 늘어난다기보다 의료기술과 약의 발달로 인해 다양한 질병을 예방하고 치료할 수 있기 때문이라고 할 수 있다. 따라서 의약분야는 고령화 시대의 혜택을 받을 수 있는 대표 산업 가운데 하나라고 할 수 있다. 한국보건산업진흥원 자료에 따르면 고령친화 의약품 산업의 시장 규모는 2012년 약 3조 8000억 원에서 2020년에는 약 9조 8000억 원으로 연평균성장률이 12.6퍼센트에 달할 것으로 전망된다. 약 5.2퍼센트로 추정되는 모태 산업의 성장률에 비해 2배가 넘는 성장률이다.[9]

의약품 산업과 관련된 대표 직업으로는 연구원, 영업사원, 약사 등이 있다. 노인성 질환과 가장 관련이 많은 제약 분야는 신경계, 순환계, 대사성 질환 관련 분야이다. 세부적으로는 치매 용제, 알츠하이머 용제, 고혈압 용제, 당뇨병 치료제 등과 관련된 전문 연구원에 대한 수요가 늘어날 수 있다. 앞서 언급한 요양보호사와 달리 의약품 연구원이란 직업은 일반적으로 약학, 의학, 생명공학 관련 석·박사급 학위가 있어야 하므로 비교적 진입장벽이 높은 전문성을 가지고 있으며, 직업적 수요-공급 탄력성도 낮은 편이다. 따라서 고령화 시대에 매우 유망한 직업군 가운데 하나로 고려해볼 수 있다.

[고령층은 무엇을 원하는가?]

경제적 여유가 있고 건강한 고령층의 큰 관심사 가운데 하나는 여가 활용이다. 고령친화 여가산업은 크게 문화 콘텐츠 산업, 스포츠 산업, 여행관광 산업으로 구분한다. 한국보건산업진흥원 자료에 따르면 고령친화 여가산업의 시장 규모는 2012년 약 9조 3000억 원 규모에서 2020년에는 약 26조 2000억 원으로 연평균 13.8% 수준으로 성장할 것으로 전망된다고 하니 이와 관련된 많은 비즈니스와 직업 수요가 발생할 것이다.[10]

그렇다면 고령층이 선호하는 구체적인 여가 활용 콘텐츠에는 무엇이 있을까? 2014년 고령자를 대상으로 조사한 통계청 자료에 따르면 준고령자(50~54세)나 고령자(55~64세)가 주말이나 휴일의 여가 활용으로 가장 많이 한 활동이 'TV 및 DVD 시청'이었다. '여행이나 스포츠 활동'을 한다고 대답한 준고령자는 12퍼센트 내외였으나 고령자는 5퍼센트 내외밖에 되지 않았다. 반면 고령자가 향후 여가시간에 가장 하고 싶은 활동은 '여행(50%)', '사교 관련(29.4%)', 'TV 및 DVD 시청(24.1%)'으로 나왔다.[11]

여행이나 스포츠 활동은 건강 상태나 경제 상태에 따른 영향을 받기 쉬워 심적으로 하고 싶다고 해서 실제 활동으로 이어지기는 어려울 수 있다. 따라서 고령층을 대상으로 한 문화 콘텐츠 산업이 앞으로 10~20년 후 가장 뜨거운 분야 가운데 하나가 될 가능성이 높다. TV 드라마, 영화, 인터넷 콘텐츠 등 실내에서 편안하게 즐길 수 있는 콘텐츠가 가장 주목을 받을 것이다. 그 결과 방송 PD, 작가, 웹 기획자 등 현재 콘텐츠 영역에 종사하는 직업인들 가운데 장차 고령층을 타깃으로 한 콘텐츠 전문가들이 뜨는 시대가 올 것이다. 그때에는 「응답하라 1988」과 같은 젊은 시절 향수를 자극하는 복고풍 콘텐츠가 자주 히트하는 일이 생길 수도 있다.

고령층 입장에서 가장 걱정하는 것 가운데 하나는 경제 능력을 유지하고 자산을 관리하는 것이다. 평균 기대수명이 계속 늘어나고 있는데다 개인에 따라 얼마나 더 오래 살지 알 수 없으므로 노후 자산을 관리하는 것은 상당한 고충이 될 수 있다. 더군다나 우리나라는 선진국보다 고령층의 연금 혜택이 적고, 향후 고령층이 될 베이비부머 세대는 자산의 부동산 비중이 높고 가처분소득이 낮아 국가 경제 상황에 따라 뜻하지 않은 어려움을 겪을 수도 있다.

이러한 상황에서 숫자에 대한 감각도 떨어지기 쉬운 고령층이 스스로 자산관리를 한다는 것은 쉽지 않다. 그렇기에 미래에는 고령층을 대상으로 한 다양한 금융 서비스가 활성화될 것으로 보인다. 그 가운데서도 고령층에게 가장 중요한 연금 관련 분야와 자산관리 서비스 분야에서 직업적인 수요가 많아질 것이다. 이와 관련하여 미국에서는 이미 노년학과 금융을 접목한 '금융노년학'이라는 개념이 생긴 지 오래되었으며, 우리나라에도 최근 금융노년전문가RFG라는 미국 민간자격 과정이 소개되고 있다.[12] 같은 금융 서비스라 하더라도 고령층의 특성을 고려할 때는 기존과 다른 형태의 직업이 생겨날 가능성이 높다. 고령층은 금융 상담을 위해 소요되는 시간이 늘어나고 이동 거리에 제약이 있거나 집중을 하기 쉬운 편안한 분위기를 선호할 가능성이 높다. 이를 고려했을 때 기존 금융 지점과 다른 소규모의 지역 밀착형 금융 상담센터나 직접 고객을 방문하여 자문해주는 1인 재무 컨설턴트와 같은 직업 수요가 늘어날 가능성도 있다.

이같이 미래의 기회 직업을 찾고 싶은 사람들은 고령층이 필요로 하는 상품이나 서비스에 지금부터 많은 관심을 기울일 필요가 있다. 이를 위해 선행되어야 할 것은 고령자들의 특성에 대해 그들의 입장에서 이해하는 것이다. 또한 과거의 고령자와 미래의 고령자는 자라온 환경이 다르므로 같은 고령자라 하더라도 특성이 달라질 수 있다. 따라서, 현재 중장년층들의 특성에 대한 이해를 바탕으로 새로운 고령자들이 원하게 될 트렌드를 예측할 필요가 있다. 결국 현재 중장년층을 대상으로 사업하는 곳에서 일하는 직업인들이 누구보다 먼저 고령화 시대에 대한 대비를 한다면 미래에는 더 많은 기회를 얻고 직업적 성취를 할 가능성이 높다. 지금까지 이야기한 의약품, 의료기기, 화장품, 식품, 여가, 금융, 주거 등 고령화 시대에 주목받게 될 산업과 관련된 직업에 관심을 갖도록 하자.

고령화 시대로 인해 수요가 늘거나 새로 생겨날 수 있는 직업[13]

예방의학 전문 강사, 건강 기능식품 및 특수의료 용도 식품 판매원, 노인 전문 급식·외식 서비스 사업가, 노화방지 화장품 연구원 및 개발자, 체취 방지용 화장품 연구개발 전문가, 치과용 임플란트 연구원 및 개발자, 임플란트 전문 치과의, 보청기 연구원 및 개발자, 관절치료기 연구원 및 개발자, 인공수정체 연구원 및 개발자, 암·난치질환 치료제 연구원, 생물노화기술(Bio-gerontechnology) 연구원, 치과용 CT 영업사원, 고령층 마케팅 전문가, 고령친화 주택 리모델링 전문가, 고령친화 콘텐츠 전문가, 고령층 사용편의성 전문가, 고령층 기반 교통 서비스 설계 전문가, 고령층 금융 전문가(개인연금, 퇴직연금, 자산관리), 고령층 교육 프로그램 기획 전문가 및 강사

초고령화 시대에 은퇴는 없다

                        대한민국 중년들의 보편적인 꿈 가운데 하나는 은퇴 후 대도시에서 그리 멀지 않은 교외에 전원주택을 짓고 텃밭을 일구며 가끔 찾아오는 손주와 놀아주는 것이다. 지금 이 책을 읽고 있는 당신도 비슷한 꿈을 꾸고 있다면 이제는 잠시 그 꿈을 미루는 것이 좋을 듯하다. 본격적인 고령화 시대를 살게 될 미래의 고령층은 '은퇴'란 단어와 너무 친해지지 않는 것이 좋기 때문이다.

2013년 4월 국회에서는 '고용상 연령차별 금지 및 고령자 고용촉진에 관한 법률'이 통과되었다. 일명 '정년연장법'으로 통하는 이 법은 2016년부터 단계적으로 시행에 들어간다. 언제나 그렇듯이 정년연장법도 찬반 논란이 있다. 하지만 인구학적 관점으로 볼 때 국가적으로 고령화 사회에 연착륙할 수 있는 제도적 준비를 시작해나가야 한다는 것에 이의를 다는 사람은 없을 것이다. 따라서 다가올 고령화 사회의 주인공이 될 현재의 중장년층도 과거와 다른 미래의 패러다임을 가져야 한다. 미래에는 대부분의 장년층에게 일하는 것이 선택이 아닌 필수가 될 것이고, 고령층에게 '은퇴'는 필수가 아닌 선택이 될 것이다.

장년·고령층도 계속 직업을 유지해야 할 수밖에 없는 이유는 많다. 첫째, 생산가능인구의 급격한 감소에 따른 국가적 문제를 해결하기 위해서라도 장년층 이상의 지속적인 사회활동이 필요하다. 둘째, 늘어나는 기대수명과 충분하지 못한 연금제도 때문에 안정된 노후생활을 하기 위해서는 은퇴 시기를 늦추는 것이 좋다. 셋째, 3장에서 언급했던 디지털 기술과 자동화 기술은 자신만의 강점을 지니고 있는 고령층에게 정신적·육체적 활동 범위를 넓힐 수 있는 또 다른 기회를 제공할 수 있다.

이렇게 장년·고령층의 적극적인 사회생활 참여로 인해 미래의 직업세계도 또 다른 모습을 보일 것이다. 이제 20년 후 초고령화 시대의 단상을 보여주는 가상 시나리오 두 편을 보도록 하자.

나는 과거에 속칭 'X세대'로 불리던 1973년생으로 최첨단 인공지능 폰으로 유명한 Y사에서 마케팅 직무를 책임지고 있다. 원래는 3년 전에 정년퇴직하고 개인사업을 할 계획이었으나 '선택적 정년연장제도'가 생겨나면서 회사의 요청에 따라 5년 기한으로 연장근무를 하고 있다. 정년을 연장하게 된 결정적인 이유는 때마침 3년 전부터 노령층 인구가 전 연령층을 통틀어 가장 많은 비율을 차지하게 되었기 때문이다.

노령층 인구는 올해 안에 1500만 명을 돌파할 예정이라 많은 기업이 노령층 마케팅 전략에 모든 촉각을 곤두세우고 있다. 회사에서 노령층 마케팅 강화를 위해 새로 T/F^Task Force^팀을 만들었는데 내가 팀장으로 선임되었다. 우리 팀의 평균연령은 딱 50세이다. 내 밑에 파트장이 올해 환갑이고 그 밑에 50대 중후반인 팀원이 각각 1명씩 있으며, 40대 중반과 30대 후반인 팀원도 1명씩 있다. 우리 팀 막내 사원은 33세로 다른 팀보다 2~3살 어린 편이라 부러움을 받고 있다. 막내 팀원이 없었다면 우리 팀의 평균연령은 53세로 훌쩍 뛰어버린다. 수년 전에 초고령 사회에 진입한 대한민국에서 더 이상 '연공서열'이나 '군대식' 조직 문화란 생각할 수 없다. 갈수록 공채로 들어오는 신입사원의 숫자는 줄어드는 반면 정년연장제도로 60세가 훌쩍 넘는 팀장급 인력이 늘고 임금 피크제까지 정착되자 회사에서는 오히려 연장자들이 먼저 나이 따지는 것을 싫어한다.

우리 팀의 핵심 미션은 고령층을 타깃으로 한 최신 AI폰을 기획하는 일이다. 나 자신이 타깃 고객인 셈이다.

두 번째 가상 시나리오다.

이제 내년이면 고희古稀라 불리는 70세가 된다. 요즘에는 환갑이니 고희니 하는 호칭을 거의 쓰지 않는다. 평균수명이 80세를 훌쩍 넘다보니 70대에도 건강한 노년을 보내는 사람들이 부쩍 많아지고 있다. 65세에 회사를 그만둔 후 몇 년 제과점을 경영하다가 건강이 좋지 않아 쉬고 있었는데 최근에 다시 제과점을 운영하고 있다. 나의 마음을 바꾸게 한 것은 최근에 개발된 3D 프린팅 방식의 제과·제빵 기계이다.

과거에는 이직이 잦았던 제빵사와 아르바이트생을 관리하는 일이 적지 않게 스트레스였다. 그런데 최신 베이커리 자동화 시스템을 도입하면 매장에는 직원 1~2명만 고용하면 끝이다. 매장을 방문하기 1~2시간 전에 인공지능폰으로 손님이 미리 주문과 결제를 하면 매장 내 설치된 베이커리 머신이 제과·제빵 작업을 한다. 손님이 매장에 도착하기 5분 전에 기계가 자동으로 포장까지 해주기 때문에 손님이 오면 주문자 확인만 하면 끝이다. 베이커리 머신이 고장 나지 않는 한 매장에서는 청소 외에는 거의 할 일이 없다. 뭐, 사실 청소도 이제 업소용 자동 청소 로봇이 물걸레질까지 해주는 데다 최신 공기청정기가 미세 먼지뿐 아니라 일반 잔 먼지까지 수시로 흡입해주기 때문에 매장 청결 문제는 걱정할 것 없다. 가끔 운동 삼아 손 걸레질만 해주면 될 뿐이다.

최근 건강검진 결과에서 나의 기대수명이 92세로 나왔다. 최소한 10년은 더 사업을 해서 노후 자금을 마련한 후 슬슬 해외 크루즈 여행이나 떠나볼까 생각 중이다.

고령화 사회가 되면서 직업 종사자 비율의 많은 부분을 장년·고령층이 차지할 것이다. 단적인 예로 지금은 패스트푸드점에 가면 대부분의 종사자가 청소년·청년층이지만 20~30년 뒤에는 대부분이 장년·고령층으로 바뀔 가능성도 높다. 물론 패스트푸드를 선호하는 젊은이들이 줄다 보면 아예 패스트푸드 사업 자체가 쇠퇴할 수도 있다.

　장년·고령층이 주로 하게 될 직업은 수십 년간의 경험과 지적 능력을 바탕으로 디지털 기술을 최대한 활용하여 고부가가치를 만들어낼 수 있는 전문직과 저임금 특성의 진입장벽이 낮은 직업으로 양극화될 가능성이 높다. 미래의 장·노년층은 이미 청년 시절에 디지털 기술을 직접 이용하면서 사회생활을 했기 때문에 오히려 나이가 들수록 신체적으로 부족한 부분은 디지털 기술이나 로봇 기술의 도움을 받아 자신의 강점을 오랫동안 활용할 수 있게 될 것이기 때문이다.

　따라서 최첨단기술에 의해 대체되기 어려운 영역의 직업을 하는 사람이라면 고령자가 되어도 개인의 역량을 발휘할 수 있는 폭이 넓어지고, 그러한 전문성을 발휘할 수 있는 나이도 최대한 연장될 수 있을 것이다. 세계적인 물리학자 스티븐 호킹 박사를 보라. 천재 물리학자인 그는 불과 20대의 나이에 루게릭병(근위축성 측삭경화증)에 걸렸다. 발은 물론 손조차 제대로 움직이기 어렵지만 그는 유일하게 움직일 수 있는 2개의 손가락으로 컴퓨터를 작동시켜 강의나 연구 활동을 수행하고 있다. 신체적 핸디캡이 뚜렷하지만 지적 능력 하나만으로 평범한 사람보다 많은 업적을 쌓아오게 된 것이다. 물론 지금은 그와 같이 극소수의 사람에게만 해당하는 일이지만 미래의 기술은 평범한 사람들도 신체적 핸디캡을 다양한 방식으로 극복하게 해줄 것이다.

다음은 미래에 장·노년층이 주로 구직 기회를 얻게 될 것으로 보이는 직업군이다. 앞으로 10~20년 후의 진로에 대해 확신이 부족한 중년들은 아래 직업군에서 제2의 인생을 위해 자신에게 잘 맞을 수 있는 직업을 찾아보도록 하자.

산업군
소매업, 음식점업, 보건업 및 사회복지 서비스업, 공공행정, 금융 및 보험업, 방송·미디어, 예술, 여가 관련 서비스업, 과학 및 기술 서비스업

직업군
사회복지 관련 종사자, 의료·복지 관련 종사자, 보건의료 관련 종사자, 음식 서비스 관련 종사자, 가사 및 육아 도우미, 청소원 및 환경미화원, 여가 및 스포츠 관련 종사자, 판매 관련 단순 종사원, 기타 서비스 관련 단순 종사원, 안전관리 및 검사원, 원예 및 조경 종사자, 이미용·예식 및 의료보조 서비스 종사자, 작가, 화가·사진가 및 공연 예술가, 문화·예술 관련 종사자, 디자이너, 연구·교육 및 법률 관련 관리자, 기타 교육 전문가, 생명 및 자연과학 관련 전문가, 금융 및 보험 전문가, 행정 전문가, 법률 전문가, 인문 및 사회과학 전문가, 약사, 고객 서비스 관리자, 의회의원·고위 공무원 및 공공단체 임원, 정보통신 관련 관리자, 기업 고위임원

21세기 대한민국, 바이오·헬스 산업이 주도한다

20세기 후반 대한민국의 성장, 특히 수출을 주도한 산업은 철강, 조선, 자동차, 반도체·전자 등이었다. 하지만 최근 들어 중국과 본격적인 경쟁 관계를 맞게 된 철강, 조선 산업은 점차 위기의 시그널을 보이고 있다. 미래를 책임질 신수종 사업을 고민하는 것은 일개 기업이나 국가나 마찬가지다. 그렇다면 대한민국의 미래를 위해 국가나 기업은 주로 어떤 분야에 사활을 걸려고 할까?

2000년대 들어 국가적으로 주목하며 투자하고 있는 신기술 분야 가운데 하나가 바이오산업이다. 바이오산업은 생물공학적인 기법을 통해 다양한 제품을 만들거나 제조 공정에 활용하는 분야로 국내 바이오산업은 시장 규모와 생산 규모가 지속적으로 성장하고 있는 반면 수입 비중은 점차 감소하고 있는 매우 긍정적인 상황이다. 고령인구의

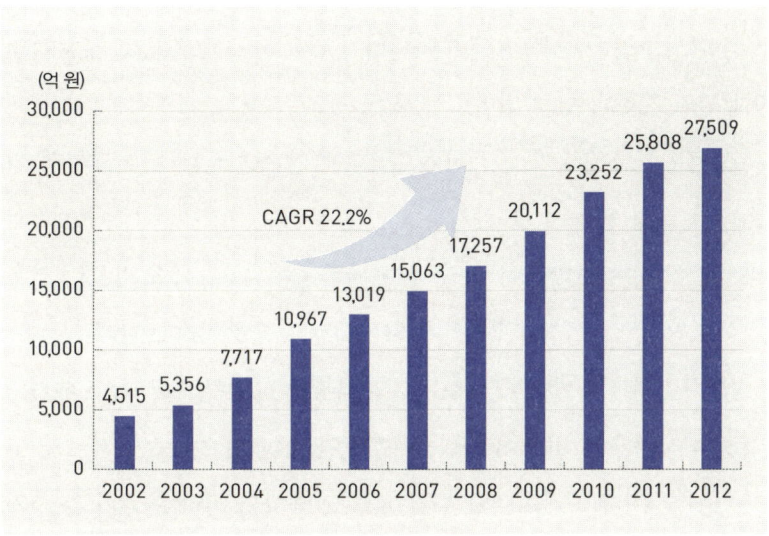

● 그림 4-4. 생명공학 분야 연도별 정부 투자현황

(억 원)

CAGR 22.2%

연도	금액
2002	4,515
2003	5,356
2004	7,717
2005	10,967
2006	13,019
2007	15,063
2008	17,257
2009	20,112
2010	23,252
2011	25,808
2012	27,509

▶ 참고자료: NTIS 과학기술 통계 서비스(생명공학정책연구센터 재가공)

지속적인 증가를 감안하면 바이오산업의 장기 전망은 더 밝아진다. 최근 바이오산업의 전체 생산 추이를 보면 연평균 증가율 8~9퍼센트 수준으로 타 업종 대비 우수한 성장률을 보이고 있다.[14]

실례로 대한민국을 대표하는 글로벌 기업 삼성그룹은 2011년 그룹의 미래를 선도할 신사업으로 '삼성바이오로직스'라는 신규 회사를 설립하였다. 이 회사는 바이오 의약품 제조를 주목적으로 설립되었으며 현재 글로벌 제약사의 바이오 의약품을 위탁 생산하고 있다. 아직은 큰 수익을 내지 못하고 있지만 장기적인 투자가 절대적으로 필요한 바이오 의약품 산업 특성상 장차 주목받는 기업이 될 가능성은 높다고 할 수 있다.

바이오산업을 더욱 정확히 이해하기 위해 세부 분야별로 구분하면 9개 영역으로 나눌 수 있다.

산업통산자원부와 한국바이오협회에 따르면 국내 바이오산업 가운데서 가장 큰 비중을 차지하고 있는 분야는 바이오 식품(40.2%)과 바이오 의약(36.9%)이며, 수출을 제외한 순수 내수시장 비율의 경우 바이오 의약 비중이 절반을 넘는 50.5퍼센트 수준이라고 한다.[15]

또한 미래부가 발표한 보도자료에 따르면 코스닥 내 바이오 벤처기업들의 시가총액 비중이 지난 10년 동안 3.8배가 증가하였다. 그리고 2014년 기준 벤처캐피털의 투자 규모도 바이오 의약 분야가 2539억 규모로 IT 분야를 훨씬 넘어서는 주목을 받고 있는 상황이다.[16]

여기에 정부도 다양한 루트를 통해 바이오·헬스 산업 중흥을 위한 대대적인 자금 지원을 계획하고 있다. 따라서 바이오·헬스 산업은 현재 우리나라를 끌고 가고 있는 자동차, 전자·반도체 산업과 같이 미래의 우리나라를 떠받칠 수종산업 가운데 하나가 될 가능성이 높은 분야이다.

2000년대 초 대한민국을 들썩이게 했던 사건이 있었다. 세계적으로 주목을 받고 있던 과학자의 연구에서 일어난 '논문 조작' 사건이었다. 이때 온 국민이 주목했던 것이 바로 '줄기세포'를 이용한 복제 연구 분야이다. 일부 과학자의 도덕성 문제와 배아줄기세포 복제 연구의 생명윤리 문제 등 사회적 파장과 논란을 일으키며 국민들에게 한동안

● 표 4-2. 바이오산업의 분류 및 개념

분류	설명	주요 제조물
바이오 의약	생명공학 기술을 이용하여 각종 질병을 진단, 예방, 치료하는 데 사용하는 의약품을 제조 (의료기기 및 진단기기 제외)	항생제, 항암제, 백신 등
바이오 화학	생물체의 분리정제 기술 또는 생명공학 기술을 이용하여 화합물이나 기존 화학제품 대체제 제조	바이오 고분자, 산업용 효소, 바이오 화장품, 바이오 농약 등
바이오 식품	생물체의 분리정제 기술 또는 생명공학 기술을 이용하여 각종 음식료품 및 동물 사료, 동식물성 유지 등을 제조	건강 기능식품, 아미노산, 발효식품, 사료 첨가제 등
바이오 환경	생명공학 기술을 이용하여 환경 정화, 환경 복원, 환경오염 저감 목적의 물질이나 시스템을 제조, 또는 이를 이용한 오염 진단 및 기타 관련 서비스	오·폐수 처리용 미생물제제 등
바이오 전자	나노 및 전자 기술과 생물체 정보 또는 생명공학기술을 이용하여 의료 및 분석 목적의 부품소재를 제조	DNA칩, 단백질칩, 세포칩, 바이오센서 등
바이오 공정 및 기기	생명공학 기술을 연구개발이나 생산과정에 이용하기 위해 기기, 장비 및 플랜트를 제작하거나 설계 서비스를 제공하는 산업	생체 의료기기 및 진단기, 바이오 공정 및 분석기기 등
바이오 에너지 및 자원	생명공학 기술을 연구개발 또는 생산과정에 이용하여 에너지를 획득하는 산업활동과 새로운 기능을 위한 생물체를 발굴, 제작, 재배·사육하는 산업	바이오 연료, 유전자 변형 동식물, 인공종자 등
바이오 검정, 정보 서비스 및 연구개발	생명공학 기술을 이용하여 연구개발을 대행하거나 분석, 평가, 컨설팅 및 정보를 제공하는 산업	바이오 정보 서비스, 유전자 관련 분석 서비스 등

▶ 출처: 산업통산자원부·한국바이오협회 「2013년 기준 국내 바이오산업 실태조사」(2015)

잊힌 분야가 되었지만 여전히 줄기세포를 활용한 의료기술 연구는 진행 중이다.

줄기세포 치료제나 유전자 치료제와 같은 바이오 의약 분야는 아직 우위를 점하고 있는 기업이 없으므로 향후 연구 성과와 시장선점 전략에 따라 큰 기회를 잡을 수도 있는 분야로 논의되고 있다. 현재 세계적으로 상용화된 줄기세포 건수 5건 가운데 4건이 우리나라 제품이며, 줄기세포 치료제에 대한 상업적 임상연구 건수도 세계 2위 수준이라고 한다.[17] 국내에서 허가된 줄기세포 치료제가 연평균 수백 건의 처방 사례를 만들고 있다고 하니 이제 줄기세포 기술을 이용한 의료 산업은 본격적인 막이 오른 것이나 다름없다.

바이오산업이 장기적인 안목을 가지고 뛰어들어야 하는 분야인 것처럼 바이오 관련 직업에 투신하고자 하는 사람들도 단기적인 결과만 보고 미래를 결정하지 않도록 주의할 필요가 있다.

바이오 의약 관련 주목할 만한 직업
항체의약품 연구원, 줄기세포 치료제 연구원, 유전자 치료제 관련 직업, 임상통계 전문가, 임상 전문가, 천연물 분석연구원, 동물실험 연구원, 의과학 전공 연구 전문 의사 등

바이오 의약 관련 전공
생명과학, 생명공학, 유전공학, 생물학, 미생물학, 생화학, 약학, 의학, 수의학 등

헬스케어 산업과 직업의 변화

의학 기술이 발달하고 부를 축적
할수록 건강과 수명에 대한 인간의 관심과 욕구도 커질 수밖에 없다.
게다가 우리는 머지않아 초고령화 시대를 맞이하게 된다. 사실 단순히
'오래 사는 것'이 아니라 '건강하면서 오래 살 수 있는 삶'이 중요하다.
정부 차원에서도 고령화 사회에 따른 의료비 증가에 대한 대비책 가
운데 하나로 예방적 차원의 건강관리 서비스에 관심을 기울이고 있다.
더불어 IT 기술이 발달함에 따라 개인 스스로 건강관리에 신경 쓸 수
있는 다양한 의료기기와 서비스가 가능해질 것으로 보인다. 따라서
헬스케어 산업은 바이오 의약산업과 더불어 미래에 각광받는 분야가
될 가능성이 높다.

미국의 헬스케어 관련 현황을 보면 2012년까지 신규 일자리 170만

개 가운데 헬스케어 관련 분야 일자리가 약 18퍼센트에 해당하는 30만 개 이상이었다고 한다. 미국 내 헬스케어 분야 일자리 고용 증가율은 연평균 3퍼센트 이상이 될 것으로 전망되며 2020년에는 헬스케어 분야에서만 약 560만 개의 신규 일자리가 창출될 것으로 전망되고 있다고 한다.[18]

한국보건산업진흥원의 자료에 따르면 우리나라의 제약산업 인력수요 전망은 2023년경에는 15만 6000명 수준으로 예상된다.[19] 이 가운데 의약품 관련 R&D 기획, 임상시험, 시판 허가, 기술 사업화 등과 관련된 인력에 대한 수요가 더욱 많아질 것으로 보인다.[20] 의료기기 산업의 인력수요는 2023년에 14만 1000명 수준으로 증가할 것으로 예상된다.[21] 의료기기 분야의 경우 연구개발, 해외 인증 인허가, 국내·해외 영업 등과 관련된 인력수요가 크게 늘어날 것으로 보인다.[22] 화장품 산업의 인력수요 전망은 2023년경에는 11만 5000명 수준으로 증가할 것으로 예상된다.[23] 그 가운데 기초연구 및 제품 개발, 영업·마케팅 등과 관련된 인력수요가 특히 많아질 것으로 보인다.[24]

원격진료를 포함한 U-헬스 분야는 미래 관점에서 가장 주목해야 할 새로운 헬스케어 분야라고 할 수 있다. 고령화 사회에 따른 국가와 개인의 의료비 부담을 줄일 수 있는 가장 효과적인 방법은 예방적 차원의 건강관리다. 더구나 출산율 저하와 가족 문화의 변화로 노령층이 직계가족과 같이 살지 않는 경우가 늘어날 것으로 보이기 때문에 U-헬스 산업은 미래 의료 서비스의 보편적인 선택이 될 것으로 보인다.

U-헬스 산업은 기존의 의료 기술에 IT 기술이 접목된 형태의 산업이다. 초고속통신, 사물인터넷, 디지털 영상 기술, 웨어러블 기기, 빅데이터 등 다양한 IT 기술이 의료장비, 의료 서비스와 융합되어 당뇨병, 고혈압과 같은 만성 질환자의 건강관리 및 원격진료 등이 가능해진다. 더불어 국가적인 차원에서 일반 국민의 상시적인 개인 건강관리 시스템이 구축되면 생애주기 건강관리 서비스가 가능해지고 더는 병원에 가서 과거 의료기록이나 검사정보를 복사해 오는 일도 없어지게 될 것이다.

U-헬스 산업의 활성화로 인한 직업적인 영향은 다양할 것이다. 먼저 원격진료에 필요한 다양한 가정용 소형 의료진단기기 사업을 하는 회사들의 채용이 늘어날 것으로 보인다. 원격진료 서비스 측면에서는 의사보다 초기 단계에서 기본 상담을 진행하는 원격진료 전담 간호사 및 사후 방문 간호사가 생겨날 것으로 보인다. 그 밖에 U-헬스 산업과 관련된 IT 기술 직업은 5장에서 더욱 상세하게 이야기할 것이다.

지금까지 주로 인구변화가 가져오게 될 직업의 변화에 대해 살펴보았다. 인구변화는 단순히 수치상의 변화로 여겨질 수 있지만 사회 전반에 미칠 파급효과는 엄청나다고 할 수 있다. 인구변화에 대해 관심이 많은 독자는 경제학이나 인구학 전문가의 책을 추가로 읽어보길 권한다. 또한 이미 초고령 사회에 진입한 일본에서 벌어지고 있는 현상에 대해 관심을 가져보도록 하자.

05
기회의 직업들 II.
최첨단기술과 직업 이동

FIND JOBS

인류 문명은 도구, 즉 기술의 사용과 함께 시작되었다.

양을 치는 소년이었던 다윗이 비늘 갑옷으로 무장한 전사 골리앗을 이길 수 있었던 것도 '기술'을 이용했기 때문이다. 인간에게 주어진 가장 큰 축복 가운데 하나인 음악도 악보와 악기 그리고 녹음이라는 도구와 기술이 있었기 때문에 인류의 큰 문화유산이 될 수 있었다. 그만큼 기술은 시대와 영역을 떠나서 인간의 삶에 큰 영향을 주는 요소라고 할 수 있다. 우리는 이미 여러 장에 걸쳐서 첨단기술에 대한 이야기를 했다. 5장에서는 최첨단기술 가운데 특히 IT 기술을 중심으로 미래에 기회가 될 수 있는 분야와 직업에 대해 살펴볼 것이다. 미래에는 개인의 직업과 생활 모두에 기술이 미치는 영향이 커질 것이기 때문에 더 이상 기술은 이공계 출신들만이 관심을 가져야 할 분야가 아니다. 기술을 거부하기보다는 기술을 이해하고 기술을 이용할 수 있는 방법을 모색하는 사람이 미래의 기회를 잡을 것이다.

[IT 융합기술을 주목하라]

1980년대만 하더라도 개인용 컴퓨터는 흔하게 볼 수 있는 제품이 아니었다. 그러다 보니 컴퓨터 관련 서적이나 기사를 보면 컴퓨터의 역사에 관한 이야기로 시작되는 경우가 많았다. 세계 최초의 컴퓨터에 대한 설명이 나올 때면 커다란 방을 모두 채우고 있는 30톤짜리 거대한 기계 사진을 볼 수 있었는데 그 기계가 바로 에니악ENIAC: Electronic Numerical Integrator and Computer 이란 컴퓨터였다. 에니악은 1946년에 미국 펜실베이니아대학의 주도 하에 만들어졌다.

하지만 놀랍게도 필자가 자랄 때 세계 최초 컴퓨터로 배웠던 에니악은 최초의 컴퓨터가 아니었다. 미국에서 법정공방까지 간 끝에 세계 최초의 컴퓨터로 인정받게 된 컴퓨터는 1939년 아이오아 주립대학의 존 아타나소프와 클리포드 베리에 의해 발표된 '아타나소프-베리 컴퓨터Atanasoff-Berry Computer'라고 한다.*

세계 최초 컴퓨터라는 타이틀은 넘겨줬지만 실제 활용성 측면에서 아타나소프-베리 컴퓨터를 앞섰던 에니악은 미국 국방부에서 탄도 계산이나 일기 예측 등에 적극 활용되었다. 하지만 거대한 크기와 전력 소모량, 비용 문제로 개인이 사용하는 것은 거의 불가능했다. 최초의 컴퓨터가 모습을 드러내고 30~40년 후에 이르러 애플에서 만든 애플 II와 IBM에서 만든 PC가 출시되면서 본격적인 개인용 컴퓨터 시대가 시작되었다. 그 후로 다양한 컴퓨터와 응용 프로그램이 나오면서 IT 산업의 중흥도 본격적으로 시작되었다.

'IT'란 정보기술을 뜻하는 'Information Technology'의 약어로 컴퓨터의 발명과 더불어 시작되었다고 볼 수 있다. 초기에는 컴퓨터와 직접 관련된 하드웨어나 소프트웨어를 활용하는 비즈니스를 뜻하는 개념으로 쓰였지만 20세기 말부터 인터넷이나 이동통신과 같은 네트워크 기술의 영향도 커지면서 정보통신기술, 즉 ICTInformation & Communications Technology란 개념으로 확장되었다. IT 산업은 가장 주목받는 산업 가운데 하나이기 때문에 요즘은 세계적으로 유명한 CEO들도 IT 분야 출신인 경우가 많다. 애플의 창업자였던 스티브 잡스, 마이크로소프트의 창업자 빌 게이츠, 구글 신화의 주인공 래리 페이지, 아마존을 설립한 제프 베조스, 페이스북의 창시자 마크 저커버그가 대

---

* 아타나소프-베리 컴퓨터는 1939년에 시험 모델이 제작되고 1942년에 완성품이 발표되었다고 한다.

표적인 예이다.

　최근 들어 정보통신기술은 컴퓨터뿐 아니라 스마트폰, 가전제품, 자동차 등 다양한 하드웨어와 융합되고 있기 때문에 기술 영역의 구분이 모호해지고 있다. 자동차 산업을 예로 들면 전통적으로 제조업의 특성이 강해 기계공학 전공자들을 많이 채용했는데 최근 몇 년 전부터 자동차 기업에서는 전자, 컴퓨터 관련 전문가들도 적극 채용하고 있는 추세이다. 먼 미래에는 삼성전자와 현대자동차 그리고 구글이 서로 경쟁사가 될지도 모른다. 우리는 3장에서 첨단기술이 여러 직업에 위협 요소가 될 수도 있다는 이야기를 했다. 역설적이지만 IT 관련 산업에는 수많은 기회의 직업도 기다리고 있다. 지금부터 본격적으로 IT 분야의 기회를 살펴보자.

[모든 것을 연결하는 사물인터넷]

2030년 가을 주말 아침 한 가정의 모습이다.

오늘은 결혼한 지 100일이자 신랑 친구들을 집으로 초대한 날이다. 평소보다 1시간이나 일찍 잠에서 깼다. 나의 눈을 뜨게 한 것은 알람 시계가 아니요 스마트폰도 아닌 스마트 베개다. 한 달 전에 스마트폰에 입력해놓은 스케줄을 사물인터넷 기능이 탑재된 베개가 직접 확인하여 가벼운 진동과 함께 잠에서 깨워줬다. 간신히 눈을 비비며 거실로 나가보니 로봇 청소기가 막 먼지 청소를 끝내고 물걸레 모드로 넘어가고 있다. 평소에는 저녁에만 한 번 하던 걸레질을 아침부터 한다. 로봇 청소기도 오늘이 손님 맞이하는 날인 것을 스마트폰으로 전달받았나 보다. 사실 사물인터넷이라는 게 이렇게 집안일을 편하게 해주는 기술인 줄 예전에는 몰랐다. 화장실에 가서 세안을 하는데 보일러가 며칠 전부터 쌀쌀해진 것을 아는지 물이 좀 더 따뜻해졌다. 본격적으로 요리 준비를 시작한다. 오늘 메인 요리는 닭볶음탕과 잡채이다. 냉장고를 열어보니 어젯밤까지 꽁꽁 얼어 있던 냉동 닭이 적당하게 해동되어 있다. 스마트 냉장고는 스마트 베개보다 훨씬 유용하다. 스마트폰에 미리 입력해놓은 식단에 따라 그날 요리에 쓰일 재료들을 적당한 온도로 맞춰 준비해놓는다. 초등학생 때 부모님께서 쓰시던 냉장고와는 천지 차이다. 스마트 냉장고 안에는 여러 개의 서랍이 빼곡히 들어 있다. 냉장고 문을 통째로 열 수도 있지만, 냉장고 문 앞에 있는 패널에 손을 대면 냉장고 안에 있는 식품 목록과 사진을 한눈에 보여준다. 꺼내고 싶은 식품을 선택하면 잠시 후 작은 문이 열리면서 원하는 품목만 꺼낼 수 있도록 준비해준다. 멀티 수납 방식 냉장고는 전기도 절약해줄 뿐 아니라 냉장고 냄새까지 막아주기 때문에 요즘 대세라고 할 수 있다. 웃긴 건 이런 획기적인 기능이 자그마치 15년 전에 어떤 직업 전문가라는 사람이 미래 직업에 대한 책을 쓰면서 떠올린 아이디어였다는 것이다. 믿거나 말거나 말이다.

사물인터넷Internet of Things은 우리 주변의 여러 가지 사물들이 직접 인터넷에 연결되도록 만드는 기술을 뜻한다.* 사물인터넷은 반도체 기술의 발달로 마이크로프로세서 기능과 통신 기능이 탑재된 초소형 칩을 다양한 사물에 탑재하는 방식으로 구현된다. 그렇게 되면 앞서 미래 시나리오에 나온 베개, 청소기, 냉장고뿐 아니라 TV, 자동차, 세탁기, 에어컨, 의료기기, 웨어러블 기기 등 우리가 사용하는 대부분의 제품이 인터넷을 통해 상호 통신을 하며 데이터를 전송할 수 있게 되는 것이다.

제품이 스스로 데이터를 전송할 수 있다는 것은 제품의 활용도를 크게 증가시킬 수 있는 획기적인 기술이다. 예를 들어 2015년의 밥솥과 냉장고는 전혀 다른 기능을 수행하는 제품이다. 그런데 상호 간에 데이터를 주고받게 되면 마치 하나의 제품과 같이 작동하며 더 높은 지능과 서비스를 구현할 수 있다. 전기밥솥이 밥을 시작하면 냉장고에 데이터를 전송하여 오늘 식단에 있는 반찬들을 먹기 좋은 온도로 미리 조절시켜 주는 기능이 가능해진다. 반대로 냉장고에서 식빵을 꺼내는 순간 토스터가 예열을 준비하는 것도 가능해진다.

이같이 사물인터넷 기술은 우리가 수십 년 전부터 과학전시관에서나 구경하던 스마트홈(홈오토메이션)을 현실로 구현해줄 핵심 기술이 될 것이다. 또한 빅데이터 기술이나 인공지능 기술과 결합되면 SF 영화에나 나올 법한 미래 가상도시의 모습을 실현하는 데도 큰 기여를 할

---

* 요즘에는 IoE(Internet of Everything)라는 유사 개념도 있다. 사물인터넷보다 확장된 개념에 속한다.

것으로 보인다.

그렇다면 사물인터넷과 관련하여 어떤 직업에 관심을 가져야 할까?

첫째는 네트워크 기술이다. 사물인터넷을 구현하기 위해 각각의 제품들은 고유 주소IP를 할당받고 통신을 해야 한다. 와이파이, 블루투스 등 근거리 통신 기술, TCP/IP와 같은 네트워크 프로토콜 등에 능숙한 소프트웨어 개발자와 하드웨어 개발자가 필요하다.

둘째는 센서 기술이다. 냄새탐지 센서, 소리탐지 센서, 음성인식 센서, 진동인식 센서, 온도감지 센서, 빛감지 센서 등 다양한 센서가 필요해진다. 일부 센서 기술은 지금도 존재하지만 훨씬 정교해져야 하므로 지속적인 연구개발이 필요하다. 센서 기술은 기본적으로 물리학, 화학과 같은 자연과학과 전자, 전기, 컴퓨터 공학과 같은 공학 기술 인력을 필요로 한다.

셋째는 상품 기획이다. 앞서 이야기했듯이 사물인터넷 기술은 가정과 사무실, 매장 그리고 도시를 편리하게 해줄 수 있는 다양한 플랫폼을 제공해준다. 그렇기에 이 기술을 활용하여 다양한 서비스와 상품 기획을 할 수 있는 전문가를 필요로 할 것이다. 먼저 스마트 TV, 스마트 냉장고 등 사물인터넷 기능을 탑재한 지능형 전자제품을 기획하는 스마트 제품 기획자가 있다. 그다음으로 대중교통, 종합 경기장, 도서관, 박물관 등 일반 시민이 이용하는 다양한 공공시설과 인프라에 지능형 서비스를 기획하고 추진하는 도시 기획 전문가에 대한 중요성도 높아질 것이다.

따라서 현재 관련 기술이나 기획 직무에 종사하는 경력자들은 사물인터넷에 대한 기술적인 이해도를 높이고, 사물인터넷 기술을 바탕으로 한 응용 서비스에 대한 통찰력을 키워나가며 관련 분야나 기업에 대해 지속적인 관심을 두기 바란다.

사물인터넷 관련 주목할 직업
초소형 네트워크 칩 개발 전문가, 소형 디지털센서 개발 전문가, 반도체 개발 전문가, 스마트홈 관련 상품 기획 전문가, 스마트 매장 기획 전문가, 유비쿼터스 도시 기획 전문가, 유비쿼터스 도시 관련 공공제품 기획 전문가, 유비쿼터스 도시 전문 컨설턴트

[정보화 시대에서 빅데이터 시대로]

인류가 오늘날까지 커다란 발전을 이룰 수 있었던 이유 가운데 하나는 지식과 정보를 쉽게 기록할 수 있는 종이가 있었기 때문일 것이다. 종이는 서기 105년경 중국에서 발명되었는데 그 후로 자그마치 1900년이 지나버린 지금 더 이상 종이가 없어도 훨씬 더 많은 지식과 정보를 저장할 수 있는 도구가 생겼다. 바로 컴퓨터이다. 20세기 후반 개인용 컴퓨터가 보급되면서 본격적인 정보화 시대가 펼쳐졌다. 정보화 시대의 가장 큰 특징은 수많은 정보가 디지털 자료로 저장된다는 것이다. 디지털 시대의 정보 축적 속도는 아날로그 시대와 비교할 수가 없다. 그 이유는 먼저 디지털화된 정보는 인쇄물 정보보다 영구적인 보관이 쉽다는 점이다. 다음으로 보관하는 정보가 많아져도 기술의 발달로 동일 부피에 저장 가능한 용량이 계속 증가하기 때문에 정보가 늘어나는 것에 비해 보관 장소도 동일한 크기로 증가하지 않는다는 것이다. 더구나 디지털 자료는 아무리 방대해도 쉽게 검색할 수 있다.

20세기의 정보화 시대에는 주로 텍스트 기반의 자료가 주류를 이루었다. 하지만 21세기에는 텍스트 기반의 자료뿐 아니라 음성, 이미지, 영상을 담은 멀티미디어 자료를 비롯해 다양한 메타 정보 등 이질적인 형태의 자료를 모두 디지털화하게 되었다. 이런 빅데이터의 규모가 얼마나 크냐 하면 최근 수년 동안 전 세계에서 축적된 디지털 정보량이 그 전까지 만들어진 디지털 정보를 모두 합친 것보다 많다고 한다. 빅데이터 개념이 기존 관념을 뛰어넘는 방대한 정보를 기반으로 한다는 것은 앞서 이야기한 사물인터넷 기술과도 관련이 많다. 우리가 아는 기존의 정보는 어떤 식으로든 사람이 직접 입력한 정보가 대부분이다. 하지만 사물인터넷이 보편화될 때는 우리 주변에 수많은 정보가 자동으로 데이터베이스에 축적될 수 있다. 예를 들어 각 가정마다 디지털 온도계를 구비하여 쓴다고 가정해보자. 디지털 온도계에 사물인터넷 기능이 적용되어 있다면 이제 그 온도계는 더 이상 우리 가족을 위한 온도계만이 아니라 기상청에도 활용될 수 있는 미시 측정장비로도 활용될 수 있는 것이다. 사물인터넷 기능의 TV가 나온다면 이제는 모든 시청자를 대상으로 한 시청률 집계가 가능해질 수도 있다. 이것이 바로 21세기에 주목받을 수밖에 없는 빅데이터 기술이다.

물론 빅데이터 기술은 단순히 대용량의 정보를 저장하는 것을 뜻하지 않는다. 아무리 집에 많은 책이 있어도 제대로 활용을 하지 못한다면 그림의 떡과 같을 것이다. 빅데이터의 핵심은 방대한 기초 데이터를 적절하게 가공하고 분석하여 사용자가 원하는 가치 있는 정보로 만들어주는 기법에 있다. 예를 들어 우리에게 수십 년 동안의 기상관측 자료가 있다고 하자. 고성능 컴퓨터에 아무리 많은 기상 자료를 넣는다고 해서 항상 그에 비례하여 일기예보의 정확도가 높아지는 것은 아니다. 수많은 기상 데이터에서 무의미한 정보를 제거한 후 유의미한 정보들은 어떻게 분류하고 어떤 식으로 연결하는지에 따라 예보의 정확도가 높아지는 정도가 달라진다는 것이다. 이같이 빅데이터 기술은 폭발적으로 늘어나는 정보를 어떻게 활용할 것인지에 대한 해답을 제공하는 기술이라고 할 수 있다.

빅데이터 기술은 유통, 스포츠, 금융, 공공기관, 마케팅 등 다양한 분야에서 이미 활용되고 있다. 예를 들어 대형 유통매장에서 수년 이상 축적된 데이터를 통해 시간별, 요일별, 계절별 고객 소비 특성을 파악하는 데 빅데이터 기술을 활용할 수 있다. 통계의 스포츠로 불리는 야구의 경우, 투수나 타자 그리고 각 팀들의 다양한 경기 패턴을 분석하여 팀 운영과 경기 전략에 활용하기도 한다. 공공기관의 경우 납세자들의 패턴을 분석하여 성실 납세자와 탈세 위험도가 높은 납세자를 예측하여 탈세자를 조기 적발하는 데 활용할 수도 있고, 금융기관의 경우 불법 금융거래의 위험을 미리 포착하여 사전에 차단하는 솔루션을 개발하는 데 빅데이터 기술을 활용하기도 한다.

2015년 5월 30일자 조선일보에 소개된 빅데이터 활용 사례를 살펴보자.

비행기 엔진 제조업체인 영국의 롤스로이스는 단순히 제품을 만드는 데 그치지 않고 자사 제품에서 얻은 데이터를 분석, 획기적 애프터서비스를 구축했다. 그들이 새로 도입한 시스템은 자사 제품이 고장을 일으키기 전에 미리 문제를 감지해서 교체해준다고 한다. 바로 여기 활용되는 것이 빅데이터 기술이다. 영국 더비에 있는 운용 본부에서 전 세계에 산재한 3700여 제트엔진 성능을 지속적으로 모니터링하는데, 수십 년 동안 모인 데이터를 기반으로 어떤 엔진이 고장 날지를 미리 예측할 수 있게 된 것이다.[1]

향후 빅데이터 기술이 적극 활용될 것으로 기대되는 분야 가운데 하나는 의료 분야이다. 방대한 의학 지식과 임상 사례가 빅데이터 기술을 통해 가공된다면 많은 전문의가 더욱 정확한 진단과 치료를 하는 데 큰 도움이 될 것으로 기대된다. 의료 정보에 대한 빅데이터가 인공지능 기술과 접목된다면 미래에는 예방의학이나 가정의학 분야에도 큰 영향을 끼칠 수 있다. 초기 단계의 간단한 진료는 병원 진료실 앞에서 오랜 시간 기다리는 것보다 빅데이터 의료 정보 시스템을 이용하는 편이 나을지도 모른다.

또한 빅데이터 기술은 우리가 좀 더 객관적이고 사실적인 정보를 바탕으로 의사결정하는 것을 도와줄 수 있다. 구체적 근거 없이 직관에만 의존하는 판단을 하거나 충분하지 못한 경험을 쉽게 일반화하는 오류를 줄일 수 있기 때문에 기업의 CEO들이 중요한 의사결정을 할 때도 빅데이터 기반의 의사결정 시스템이 속속 개발될 것이다.

이같이 빅데이터 기술은 다양한 활용성을 가지고 있기 때문에 우리는 '빅데이터 전문가'라는 직업을 생각할 때 단순히 기존의 프로그래머나 데이터베이스 기술자를 떠올려서는 안 된다. 앞서 이야기한 것처럼 빅데이터 기술은 컴퓨터 기술을 바탕으로 하지만 그 가치는 데이터의 가공과 활용법이 큰 비중을 차지한다. 따라서 컴퓨터 관련 전공과 별도로 수학, 통계학, 사회학, 심리학, 경제학, 경영학 등 다양한 학문을 기반으로 한 분석력, 설계 능력, 추론 능력, 통찰력, 창의력이 요구된다.

이런 맥락에서 최근 빅데이터 관련 직업으로 '데이터 과학자'라는 개념까지 생겼다. 이는 진정한 빅데이터 전문가는 단순히 기술자가 아니라 고도의 전문성을 갖춘 과학자에 가까운 직업이 될 것임을 암시한다. 다음은 한국정보화진흥원에서 발간한 보고서에 소개된 내용으로 세계적인 빅데이터 전문가들이 제시한 '데이터 과학자의 역량'이다.[2] 이들이 공통으로 강조하는 사항들을 보면 '과학이론과 데이터에 대한 이해도', '창의성과 문제해결 능력', '커뮤니케이션 스킬' 이렇게 세 가지로 요약할 수 있다.

또한 빅데이터 관련 기술은 IT나 의료 분야 외에도 마케팅, 영업, 행정, 보안 등 다양한 직무 영역에서 활용될 수 있기 때문에 미래에는 수

전문가	제시 역량
DJ 패틸 (DJ Patil, 데이터 과학자)	• 기술적 숙련도: 과학 분야에 대한 전문지식 • 호기심: 문제해결을 위해 구체적인 가설을 만드는 능력 • 스토리텔링: 이야기를 전달하고 효과적으로 대화하기 위해 데이터를 활용하는 능력 • 영리함: 창의적인 방식으로 문제에 접근하는 능력
가트너 (Gartner, IT 리서치 전문기업)	• 데이터 관리: 데이터에 대한 이해 • 분석 모델링: 분석론에 대한 지식 • 비즈니스 분석 • 소프트 스킬: 커뮤니케이션 스킬, 협력, 리더십, 창의력, 규율, 열정
존 라우저 (John Rauser, 아마존 수석 엔지니어)	• 수학과 공학 능력: 데이터 분석 및 이를 위한 솔루션을 만들기 위해 필요 • 인문학적 소양: 비판적 시각, 글쓰기 능력 및 커뮤니케이션 능력 • 호기심과 행복: 통찰력 및 일에 대한 만족을 위해 필요

▶ 출처: 한국정보화진흥원 「새로운 미래를 여는 빅데이터 시대」(2013)

많은 '직업 노하우'들이 보편화된 지식의 영역이 될 수도 있다. 따라서 미래에는 빅데이터를 활용하는 기술이 마치 오피스 소프트웨어를 사용하는 것처럼 기본적인 사무 기술이 될지도 모른다. 그러니 연구개발 관련 직업 종사자가 아니더라도 빅데이터의 활용에 대한 관심을 게을리하지 않도록 하자.

빅데이터 관련 주목할 직업

데이터 과학자(수학, 사회과학, 경영경제학 등에 기반한 분석 전문가), 데이터 마이닝 전문가, 자연어처리 기술 전문가, 음성인식 기술 전문가, 멀티미디어 검색 전문가, 현실 마이닝 전문가 (사람이 사용하는 정보기기의 데이터를 이용해 사람들의 행동 특성을 예측하는 기술), 대용량 데이터 처리 소프트웨어 전문가, 비관계형 데이터베이스 전문가, 대용량 저장매체(하드웨어) 개발자

인간을 따라잡는 인공지능

인터넷과 컴퓨터조차 생소하던 시절에는 어린이를 위한 TV 프로를 보면 자주 나오는 캐릭터가 있었다. '만물박사'라는 캐릭터였다. 우리의 만물박사님은 아무리 어렵거나 특이한 질문도 척척 답변해주곤 했다. 만물박사는 방귀에 불이 붙지 않는 이유도 알려주었고, 친구와 다툰 후에 어떻게 화해하면 되는지도 알려주었다. 그 시절에 만물박사는 인간의 끊임없는 지적 호기심에 대한 이상형이었을 것이다.

21세기에는 이런 만물박사를 실제로 보게 될 가능성이 높아지고 있다. 아마도 인공지능 기술이 20세기의 만물박사 캐릭터를 대신해줄 것으로 보인다. 인공지능이란 한마디로 인간의 뇌에 가장 가까운 기능을 할 수 있는 기계를 뜻한다. 현실적으로는 컴퓨터에서 확장된 개념으로 접근하는 것이 가장 쉽지만 먼 미래의 인공지능은 컴퓨터와는 전혀 다른 개념의 무엇이 될 수도 있다.

사실 우리가 상상하는 수준의 인간에 가까운 인공지능이 개발되려면 아직도 많은 시간이 필요하다. 어차피 직업의 관점에서 이야기할 것이라면 지나치게 과장된 인공지능을 상상할 필요는 없다. 중요한 것은 시간이 흐를수록 과거에는 생각할 수 없던 수준의 인공지능 기술이 구현되고 있다는 것이다. 고도로 지능화된 컴퓨터 관련 기술은 날로 발전하고 있다.

현재 인공지능의 개념에 가장 가까운 사례를 살펴보면 미국 IBM에서 개발한 슈퍼컴퓨터 '왓슨Waston'을 이야기할 수 있다. 왓슨은 2011년 2월에 「제퍼디Jeopardy!」라는 미국의 유명 TV 퀴즈쇼에 출연하여 역대 최강의 승자들과 대결하였다. 그중 한 명은 74번 연속 우승을 했던 켄 제닝스Ken Jennings이고, 또 한 명은 역대 최고의 상금을 획득한 브래드 러터Brad Rutter였다. 최종 결과는 왓슨의 압도적인 승리였다. 왓슨은 두 명의 실력자들보다 2배 이상의 승률로 퀴즈의 정답을 맞추었다. 인류 최초로 인공지능 컴퓨터와 퀴즈 대결을 펼친 켄 제닝스는 인간이 아닌 기계와의 대결에서 패했다는 것에 대해 상당히 미묘한 감정을 느꼈다고 한다.

유명 퀴즈쇼 우승자들을 물리칠 정도로 정교하고 똑똑한 왓슨은 어떻게 만들어졌을까? 왓슨은 90개의 IBM 서버로 이루어져 있는데 세부적으로 2880개의 프로세서와 16테라바이트TB의 메모리로 구성되어 있다고 한다.[3] 왓슨이 1초에 처리할 수 있는 데이터 양은 일반 서적 100만 권 분량에 해당하는 500기가바이트[GB]이며, 왓슨이 퀴즈를 풀기 위해 참고한 정보는 각종 사전을 포함한 총 2억 페이지 분량이었다고 하니 가히 만물박사급 슈퍼컴퓨터라고 할 수 있다.[4]

소프트웨어적인 부분을 살펴보면 먼저 자연어 기반의 질문을 이해하고 답할 수 있도록 기본 설계되었고 예측하기 어려운 질문에 답을 하기 위한 최적의 알고리즘이 적용되었다. 왓슨은 다양한 질문에 대해 여러 방향으로 가설을 세우고 그에 따른 자료를 수집한다. 수집된 자료를 바탕으로 모의 답변을 만든 후 다시 검증하는 과정을 반복하여 최종 답변을 선정하도록 개발되었다. 물론 왓슨이 개발 초기부터 뛰어난 성과를 낸 것은 아니다. 수년 동안의 테스트를 거치면서 정답을 내는 속도와 정답의 정확성을 계속 조정하여 가장 최적의 상태가 되도록 여러 번의 조정 작업을 거쳤다고 한다.

왓슨의 역할은 유명 퀴즈쇼에서 우승한 것으로 끝난 것이 아니다. 이제 왓슨과 같은 수준의 인공지능형 컴퓨터는 점차 늘어날 것이고, 다양한 분야에서 사람들의 의사결정을 도와주게 될 것이다. 인공지능 분야의 가장 큰 매력은 아직도 발전 가능성이 무궁무진하다는 것이다. 인공지능 관련 전문가는 10~20년 뒤가 아닌 먼 미래에 더 주목을 받는 직업이 될 수도 있다. 인공지능 기술 관련해서는 다음과 같은 직업에 관심을 두어보자.

자연어처리는 인공지능에 필수적인 기술이다. 사람들이 일상적으로 사용하는 말과 글을 이해하고 표현할 수 있는 기술을 뜻한다. 현재는 주로 검색엔진이나 음성인식 관련 기술에서 사용된다.

패턴인식이란 문자, 음성, 그 밖에 다양한 사물의 형태를 인지하는 기술을 뜻한다. 사람으로 치면 시각과 청각, 촉각의 기능에 해당한다. 미래에는 미각과 촉각을 인지하는 기술로 확장될 것이다. 사람과의 빠르고 편리한 커뮤니케이션을 위해 자연어처리와 패턴인식 기능은 매우 중요하다고 볼 수 있다. 이런 인지 기술이 발달하면 미래에는 키보드와 마우스를 보기 어려워질 수도 있다. 기계학습이란 컴퓨터가 스스로 학습할 수 있도록 만드는 기술을 뜻한다. 사전에 정의되지 않은 정보를 습득했을 때 컴퓨터 스스로 정보를 구분하고 활용하는 기법으로 고도의 인공지능이 구현되기 위해 필수적으로 발달되어야 할 기술이라고 할 수 있다.

양자컴퓨터란 물리 이론인 양자역학을 근거로 제시된 새로운 방식의 컴퓨터를 뜻한다. 기존의 반도체 원리가 아닌 양자 특성을 이용한 설계 방식으로 아직 초보적 수준의 단계이지만 양자컴퓨터가 상용화되면 기존의 슈퍼컴퓨터와는 비교할 수 없을 정도로 초고속의 연산이 가능해진다. 인공지능의 하드웨어적인 발달에 가장 큰 영향을 미칠 수 있는 기술이다.

인공신경망은 인간의 뇌 특성인 신경망 구조를 응용하여 컴퓨터에서 활용하는 알고리즘 체계를 뜻한다. 자연어처리나 패턴인식 등 인공지능 관련 기술에 다양하게 응용되고 있다.

컴퓨터 비전computer vision은 컴퓨터가 시각적인 인지 능력을 갖도록 만드는 기술이다. 패턴인식이나 영상처리 기술과도 관련이 있으며, 로봇 분야에서도 반드시 필요한 기술이다.

시맨틱 웹은 웹상에 있는 각종 정보와 자료들의 관계와 의미를 사람뿐 아니라 컴퓨터도 쉽게 이해할 수 있도록 만들어주는 표준 체계를 뜻한다. 인공지능을 더 발전시키기 위해 사람들이 주고받는 정보를 기계도 쉽게 이해할 수 있도록 만들 필요가 있다. 인터넷의 방대한 정보는 미래의 인공지능에도 큰 자산이 될 수 있기 때문에 새로운 웹 표준화 기술도 가치가 높다고 할 수 있다.

아직 사람들에게 개념조차 생소하지만 먼 미래에 충분히 발달된 인공지능이 개발될 경우 더욱 혁신적인 직업도 생겨날 수 있다. 인공지능이 사람과의 직접적인 대화를 통해 추상적이고 비정형적인 지식을 학습할 수 있게 될 경우, 이런 인공지능의 지식과 추론 능력을 향상시켜주는 다양한 트레이너들이 생겨날 수 있다. 필자는 이런 직업을 '인공지능 트레이너'라고 부를 것을 제안한다. 인공지능 트레이너들은 철학, 논리, 직관, 감정, 경험적 사고 등 다양한 주제에 대해 인공지능과 반복적인 대화를 통해 인공지능 자신이 업그레이드될 수 있도록 도와주는 선생님 역할을 수행할 것이다. 인공지능 트레이너는 무엇보다 논리적인 커뮤니케이션이 가능해야 하고, 인공지능이 인터넷이나 기존의 데이터베이스에서 찾을 수 없는 특별한 경험이나 통찰을 가지고 있어야 할 것이다.

인공지능 기술은 다양한 분야의 전문가들이 필요하므로 직업적 고정관념을 갖지 말고 특정 영역의 전문성을 쌓아가며 최종 진로로 인공지능 전문가를 지향해도 된다.

인공지능 관련 주목할 직업
자연어처리 전문가, 패턴인식 전문가, 기계학습 전문가, 양자컴퓨터 전문가, 인공신경망 전문가, 컴퓨터 비전 전문가, 시맨틱 웹 전문가, 로보틱스 전문가, 비메모리 반도체 개발 전문가

산업의 패러다임을 변화시키는 3D 프린팅 기술

동화 『신데렐라』에서 착한 요정이 신데렐라를 위해 마법으로 멋진 드레스와 마차, 마부를 만들어주는 장면이 나온다. 이 동화가 2050년쯤에 처음 만들어진다면 어떻게 바뀔 수 있을까? 요정 대신 돈이 많고 마음씨 좋은 할아버지가 최고급 3D 프린터를 들고 나타나서 3D 프린팅 드레스, 3D 프린팅 마차, 3D 프린팅 구두를 만들어주는 상황으로 묘사되지는 않을까?

최근에 갑자기 전 세계적인 주목을 받게 된 아이템이 바로 3D 프린터이다. 3D 프린터는 3차원의 형태를 만들어낼 수 있는 기계를 뜻한다. 사실 3D 프린팅 기술 자체가 최근에 나온 것은 아니다. 3D 프린터는 1980년대 개발된 기술이나 특허권이 적용되고 고가의 기계들이 대부분이라 지난 수십 년 동안 주로 산업용으로 사용되었다. 최근에 일부 특허권이 만료되고 여러 기업에서 다양한 가격대의 제품을 출시하면서 일반인들에게까지 주목을 받게 된 것이다. 물론 아직 기술적인 제약이 있는 상태인데 3D 프린터의 가능성에 대해 지나치게 과장된 이야기를 하는 사람도 있는 것이 사실이다. 어쨌든 많은 국가에서 3D 프린터를 주목하는 이유는 3D 프린팅 기술 자체라기보다 3D 프린터의 응용 범위가 무궁무진하기 때문이다.

흔히 3D 프린터가 가장 큰 변화를 끌고 올 분야는 제조업이라고 이야기한다. 현재까지의 제조업은 금형·사출 기술과 같은 고가의 제작 시스템을 이용한 대량생산 방식의 비즈니스에 적합하게 되어 있다. 이와 달리 3D 프린터는 맞춤형 소량생산이 가능하게 해준다. 물론 아직 작동 속도나 내구성 측면의 단점도 있어 상용화된 제품을 모두 대체할 수 있는 수준은 아니다. 하지만 저렴한 비용으로 맞춤형 제품을 만들 수 있다는 점만으로도 상당히 매력적인 기술이며, 더욱 개선된 3D 프린터가 나온다면 그 파급효과는 점차 커질 것으로 보인다.

그렇다면 3D 프린팅 기술이 우선적으로 적용될 수 있는 세부 분야를 살펴보자. 3D 프린터가 확실한 기여를 하게 될 분야 중 하나는 시제품 제작이다. 기존에는 새로운 제품에 대한 아이디어가 있어도 설계 이후 시제품을 만들기 위해서는 많은 시간과 비용이 들었다. 3D 프린터는 설계가 완성되면 저렴한 비용으로 짧은 시간 안에 시제품을 만들어볼 수 있기 때문에 제품을 개발하는 사람들에게 아주 유용하다. 최근 유명 자동차 회사에서는 3D 프린터를 활용해 시제품을 만들었는데 그 비용을 1/10로 줄일 수 있었다고 한다. 이러한 부분은 개인에게는 더욱 큰 효용성을 제공해줄 수 있다. 3D 프린터 덕분에 적은 비용으로 다양한 시제품을 직접 만들어볼 수 있기 때문에 아이디어의 현실화와 창업 가능성을 높일 수 있게 된 것이다.

특정 마니아층을 위한 피규어*나 생활용품과 같은 소형 아이디어 상품도 3D 프린터를 적극 활용할 수 있는 분야 가운데 하나이다. 고객에 따라 맞춤형 상품을 제공할 수 있고, 제작자가 직접 온라인 쇼핑을 통해 제품을 공급할 수 있기 때문에 가격 측면에서도 유리한 비즈니스를 할 수 있다. 중요한 것은 3D 프린터의 성능이 향상될수록 맞춤 제작이 가능한 제품군도 넓어질 것이라는 점이다.

의료 분야에서도 3D 프린터는 이미 활용되고 있다. 병원에서 외과적 수술을 해야 하는 환자의 신체 부위를 3D 프린터를 활용하여 모형을 만든다. 그리고 그 모형을 이용하여 수술 전에 가상 수술 시뮬레이션을 시행하거나 수술 후 상태를 미리 확인해보는 데 사용하고 있다. 해외에서는 샴쌍둥이 수술에 유사한 방식을 사용하여 수술 시간을 대폭 줄인 사례도 있었고, 우리나라도 일부 병원에서 외과 수술에 비슷한 방식으로 3D 프린터를 활용하는 사례를 볼 수 있다. 치과나 정형외과도 향후 3D 프린터가 범용적으로 활용될 가능성이 높은 분야 가운데 하나이다.

* 관절을 움직일 수 있는 다양한 형상의 인형 또는 모형

최근에는 3D 프린팅 방식을 이용한 건축물 제작이나 요리기구 등 그 응용 범위가 여러 업종으로까지 확대되는 추세이다. 그렇다면 3D 프린팅 기술을 통해 조명받을 가능성이 높은 후보 직업으로는 무엇이 있을까?

첫째, 제조 기반의 소자본 창업의 기회가 늘어날 것이다. 앞서 언급한 것과 같이 3D 프린팅 기술을 통해 큰 자본을 들이지 않고도 소규모 맞춤형 제조 시스템을 갖출 수 있게 될 것이다. 따라서 다양한 아이디어를 직접 상품화하고 유통까지 하는 형태의 자영업 종사자가 늘어날 가능성이 많다. 다만 3D 프린터의 성능이 개선되고 일반 가정 보급률이 높아지는 순간부터는 3D 프린터를 사용해 단순한 제품을 제조하는 사람은 위기를 맞게 될 가능성도 있다. 다른 사람이 무료로 공유한 설계 파일과 3D 프린터만 있으면 마치 DIY를 하듯이 직접 원하는 제품을 만들어 사용할 수도 있기 때문이다. 따라서 3D 프린터를 활용한 소자본 창업은 아이디어와 디자인 경쟁력이 큰 비중을 차지하게 될 것으로 보인다. 물론 이런 3D 프린터로 제작할 수 있는 설계 파일만을 전문으로 판매하는 직업이 탄생할 가능성도 있다.

둘째, 3D 프린팅 관련 교육 콘텐츠 분야 종사자가 늘어날 가능성이다. 다양한 조리도구가 개발되면서 요리를 배우려는 사람들이 늘어난 것처럼 3D 프린터를 활용하기 위해 기본적인 설계 기술 및 활용법을 배우려는 사람들이 늘어날 것이다. 이는 곧 3D 프린터 관련 강사, 저술가와 같은 직업인이 늘어날 가능성이 높다는 이야기나 마찬가지다.

셋째, 3D 프린터의 보급이 확대된다면 자연스럽게 3D 프린터를 제작하는 회사에 직업적인 수요가 늘어날 것이다. 기획, 개발, 영업 등 다양한 직무에서 3D 프린터 전문인력이 생겨날 것이다.

넷째, 3D 프린터에는 레이저 프린터에 토너와 드럼이 필요하듯이 별도의 재료가 필요하다. 더구나 3D 프린터는 단순한 인쇄기기가 아니라 다양한 제품을 만들어주는 기계이기 때문에 다양한 소재로 만들어진 원료가 필요하다. 이런 원료는 소모품이기 때문에 오히려 3D 프린터 기기 시장과 별도로 큰 소모품 시장을 창출할 가능성도 있다. 따라서 3D 프린터에 사용할 수 있는 다양한 소재나 원료를 개발하는 전문가가 주목받는 직업이 될 수 있다.

이같이 3D 프린팅 기술은 단순히 기술 분야로 직업과 연관시키지 말고 도구로의 활용 가능성에도 초점을 맞춰 미래 직업과 연관 지을 필요가 있다.

3D 프린터 관련 주목할 직업
3D 프린터 소자본 창업자, 3D 프린터 디자인·설계 전문가, 3D 프린터 전문강사, 3D 프린터 창업 컨설턴트, 3D 프린터 영업사원, 3D 프린터 전용 상품 기획자, 3D 프린터 개발 전문가, 3D 프린터용 설계 S/W 개발자, 3D 프린터 A/S 기술자, 3D 프린터용 소재 개발자, 3D 스캐너 개발자

창과 방패의 싸움, 정보보호 산업

말이나 행동이 서로 어긋나 앞뒤가 맞지 않는 상황을 뜻하는 '모순矛盾'이라는 단어에는 재미있는 유래가 있다. 초나라 시절 장터에 무기를 팔러 나온 장사꾼이 한 명 있었다. 먼저 그는 창을 팔기 위해 사람들 앞에서 외쳤다. "이 창은 세상에 있는 그 어떤 방패도 다 뚫을 수 있습니다." 그리고 다시 한 손에 방패를 들며 다시 외쳤다. "이 방패는 세상에 있는 그 어떤 창도 다 막을 수 있습니다." 잠시 후 한 구경꾼이 장사꾼에게 말했다. "그러면 당신의 창으로 당신이 들고 있는 방패를 찌르면 어떻게 되는 것이오?" 그러자 장사꾼은 겸연쩍은 표정을 지으며 아무 말도 하지 못했다.

21세기에는 모순과 같은 스토리가 창과 방패를 파는 장터가 아닌 정보보안 영역에서 일어나게 될지도 모른다. '어떤 해커도 막을 수 있는 철통 같은 보안 시스템'이 등장하나 시간이 흐른 뒤에는 더욱 강화된 보안 시스템이 출현하는 것 자체가 모순이 아닐까? 만약 정말 어느 시점에 완벽한 보안 시스템이 나온다면 더는 업그레이드를 할 필요가 없어야 하는 것 아닌가? 정보보안에서 '완벽함'을 주장하는 것만큼 위험한 것은 없다. '완벽에 가까운' 시스템임을 인정할 때 혹시라도 해커의 침입을 차단할 수 있는 대비를 할 수 있을 것이다.

정보보호 관련 분야는 IT 분야 중에서도 미래를 예측하기 어려운 분야 가운데 하나이다. 정보보호 기술은 다른 기술을 앞서 먼저 개발되는 능동적 기술이 아니기 때문이다. 하드웨어나 소프트웨어, 네트워크 기술, 국가정책, 사회 트렌드, 신종 해킹 사례 등 외부 환경의 변화가 먼저 일어난 후 그것에 발맞추어 새로운 정보보안 체계가 개발될 수밖에 없기 때문이다. 더욱 날카롭고 단단한 창이 만들어져야 그것을 대응할 수 있는 새로운 방패를 만들게 되는 이치와 비슷하다. 게다가 정보보호의 중요성과 가치를 항상 인식하기는 어렵다. 어리석게도 유명한 기관의 서버가 공격을 당하거나 다수의 사람들이 정보를 유출 당하는 등 실제로 문제가 발생하고 나서야 그 중요성을 깨닫게 되는 경우가 많기 때문이다.

이런 이유로 정보보호 산업은 사실상 IT 분야의 주류가 될 수 없는 태생적 한계가 있다. 하지만 자동차 에어백이 엔진보다 주목받는 부품이 아니라고 해서 중요하지 않다고 말하는 사람은 아무도 없다. 정보보호 분야도 주류 기술이 되지 못할지언정 그 가치를 낮다고 이야기할 수 있는 사람은 없을 것이다. 기술이 발달할수록 정보보호 산업의 가치도 동반 성장할 가능성은 높다. 따라서 단순히 직업적인 수요가 급격하게 늘어나지는 않더라도 미래의 정보보호 관련 직업에 대해 관심을 두어보는 것도 의미가 있을 것이다.

미래의 정보보호 산업에 영향을 줄 만한 요소들을 살펴보자. 이 책에서 언급한 IT 신기술들은 대부분 정보보호 영역과 관련이 있다. 사물인터넷은 기본적으로 네트워크 기반의 기술이기 때문에 정보보호 관점에서도 상당히 중요하다. 가정에 있는 다양한 사물인터넷 기기들이 해킹을 당하기라도 한다면 개인정보는 물론 물리적으로 심각한 피해를 입을 수도 있기 때문이다. 무인 자동차의 출현도 정보보호 기술의 가치를 높여줄 만한 영향요소라고 할 수 있다. 특허청 보도자료에 따르면 자동차 네트워크 보안 관련 특허 출원 건수가 2010년 62건에서 2014년 125건으로 3년 사이에 2배나 증가했다고 한다. 특허 출원 내용을 분석해보면 현대자동차를 포함한 전통적인 자동차 기업이 30퍼센트, 통신 기술 관련 기업이 40퍼센트, 그 밖에 연구소, 대학 및 개인이 30퍼센트 내외 출원 비중을 차지하고 있다고 한다.[5]

3D 프린터 분야도 넓은 의미에서 정보보호 분야에 영향을 줄 수 있는 요소이다. 최근에 미국의 모 기업이 3D 프린터를 이용해 실제 작동하는 권총을 만들 수 있는 설계 파일을 인터넷상에 공개해 여러 사람을 놀라게 한 적이 있다. 머지않은 미래에는 디지털 설계 파일만 있으면 누구라도 불법 무기를 만들 수 있고, 또한 3D 스캐너를 사용하면

마치 음반이나 동영상을 불법 복제하듯이 실제 제품을 무단 복제하는 상황이 벌어질 수 있다는 것이다. 따라서 3D 프린터용 디지털 설계 파일에는 강력한 저작권 보호 기술과 보안 기술이 적용될 가능성이 크다.

미래에 구축될 유비쿼터스 도시U-City나 홈 오토메이션 주택에는 본격적으로 최첨단 경비 시스템이 적용될 것이다. 안면인식, 홍채인식과 같은 최신 바이오 인식 시스템은 기업뿐 아니라 일반 가정에도 보급될 것이다. 미래의 영상보안 시스템은 단순히 범죄 장면을 녹화하는 것이 아니라 인공지능화된 모니터링 프로그램이 사람들의 움직임을 분석해 사고나 범죄 가능성을 예측하여 사전에 경고해주는 최첨단 범죄 예방 솔루션으로 탄생할 것이다.

정보보호 산업은 주로 컴퓨터 기술과 관련된 영역으로 볼 수 있다. 정보보안 전문가가 되기 위해서는 뛰어난 프로그래밍 실력을 갖추어야 한다. 기본적으로 TCP/IP 네트워크, C/C++ 프로그래밍, OS 커널,

● 표 5-2. 정보보호 산업 범위

기본 영역	세부 영역
정보보안 분야	해킹·침입 탐지, 개인정보 유출 방지, 컴퓨터 포렌식 등
물리보안 분야	영상 감시, 바이오 인식, 무인 경비 시스템 등
융합보안 분야	타 산업군에 보안 기술이 적용되는 분야(무인 자동차, 의료, 건설, 국방, 로봇 등)

▶ 출처: 지식정보보안산업협회 「국내 정보보호 산업 실태조사」(2014.12)

● 표 5-3. 10대 세계 일류 정보보호 제품 후보 대상

분야	제품명				
기반 분야	차세대 암호 S/W	보안 전용 OS 임베디드 칩	모바일 보안 S/W	스마트 보안 S/W	안티 바이러스 S/W
응용 분야	바이오 인식	디지털 포렌식	사회기반 보안	자동해킹 탐지	차세대 영상 감시

▶ 출처: 지식정보보안산업협회 「국내 정보보호산업 실태조사」(2014.12)

전산 시스템 전반적인 구조에 대한 이해 등 다양한 컴퓨터 이론에 능숙해야 한다. 정보보안 분야의 경우 일반적으로 보안 관제, 보안 컨설팅, 보안 SI, 보안 솔루션 및 백신 연구개발 등과 같은 범주로 직업이 나누어지기 때문에 자신의 세부적인 흥미와 컴퓨터 관련 적성을 고려하여 직업을 결정하는 것이 좋다.

[차세대 플랫폼 개발 전쟁이 시작된 자동차 산업]

포드에 의해 최초의 대량생산 방식으로 제작된 자동차가 나온 지 100여 년이 지났다. 지난 100여 년 동안 자동차는 다양한 기술이 개발되며 끊임없이 진화하였다. 그런데 지금은 자동차 역사 속에서도 가장 커다란 변화가 일어나기 시작하고 있는 시기다. 21세기 최첨단 자동차 기술은 크게 두 가지로 나눌 수 있다. 하나는 친환경 자동차 기술이며, 다른 하나는 스마트카 기술이다.

21세기에 들어서면서 에너지 관련 산업이 재조명을 받기 시작했다. 여러 가지 이유가 있겠지만 무엇보다 현재 주 에너지원으로 사용하는 석유, 석탄과 같은 화석 에너지 자원은 언젠가는 고갈된다는 점, 그리고 온실가스 감소 정책과 같이 지구환경을 살리기 위한 목적의 일환으로 친환경 에너지원을 활용하고자 하는 의지가 커지고 있다는 점이 가장 크다고 할 수 있다. 이런 배경을 통해 친환경 자동차가 탄생하게 되었다.

친환경 자동차는 지구환경을 보호하기 위해 탄소 배출을 줄이는 데 일조한다는 점과 에너지 효율성과 연료비 절감 측면의 장점을 바탕으로 전 세계적인 주목을 받고 있는 상황이다. 이미 주요 자동차 제조사들은 친환경 자동차 개발에 막대한 연구비를 투자하며 다양한 플랫폼의 차세대 친환경 자동차를 상용화하고 있다. 친환경 자동차 시장은 아직 초기라 조금씩 커져가고 있지만 어느 날 갑자기 등장한 스마트폰이 순식간에 구형 핸드폰을 대체한 것처럼 향후 10~20년 안에 급속한 성장을 이룰 것으로 예상되는 분야이다.

한국수출입은행의 보고서에 따르면 2015년 전 세계에서 생산된 자동차 대수는 약 9690만 대 수준이 될 것으로 예상되며, 이 가운데 친환경 자동차는 4% 정도의 점유율을 차지할 것으로 전망되었다.[6] 2020년에는 친환경 자동차 판매 대수가 약 1600만 대에 달할 전망으로 5년 사이에 무려 4배 가까이 증가할 것으로 예측되고 있다.[7] 미국은 '그린 뉴딜' 정책을 통해 전기차 개발 프로젝트에 24억 달러(약 3조 원)를 지원하고, 2015년까지 전기차 100만 대 보급을 추진하고 있다고 한다.[8] 또한 중국은 전기차 개발과 보급에 약 1000억 위안(약 17조 원)을 지원할 계획이며, 2020년까지 전기차 500만 대 보급을 목표하고 있다고 한다.[9]

친환경 자동차 산업은 단순히 자동차 제조업체들 간의 이슈가 아니

● 표 5-4. 친환경 자동차 종류

종류	주요 특징
하이브리드차	• 내연기관과 전기모터를 복합적으로 사용하여 동력을 만들어 내는 방식 • 기존 방식보다 연비와 탄소 배출량이 낮고 현재 친환경 자동차 가운데 가장 보급이 많이 되고 있지만 과도기적 기술에 가까워 향후 전기자동차나 연료전지 자동차가 본격적으로 상용화되면 자연스럽게 사라질 가능성이 높음
순수 전기차	• 내연기관 자동차와 전혀 다른 개념으로 배터리와 전기모터만으로 동력을 만들어내는 방식 • 주행 시 배출되는 오염물질과 이산화탄소가 없음
(수소)연료 전지차	• 수소를 연료로 하여 스택(Stack)에서 만들어진 전기로 모터를 구동하는 방식 • 이산화탄소 배출량이 매우 낮음 • 현재에는 개발속도가 가장 느리지만 미래에 가장 각광받을 가능성이 높은 기술로 예측됨

▶ 출처: 한국수출입은행 「세계 친환경 자동차 산업 동향」(2015)

라 국가적인 차원에서도 미래에 큰 가치를 창출할 것으로 기대되는 신성장 산업으로 인식되고 있다. 그렇기에 향후 직업 세계에서도 친환경 자동차 관련 분야에서 다양한 전문가들이 생겨날 것으로 보인다. 장기적으로는 전기차나 연료전지차 분야가 가장 유망할 것으로 보이나 아직 인프라 구축이 미비하므로 하이브리드차와 같이 과도기적인 기

친환경 자동차 관련 주목할 직업

자동차 전용 전기모터 개발 전문가, 대용량 이차전지 개발 전문가, 급속 전기충전 기술 전문가, 직류·교류 변환장치 개발 전문가, BMS(배터리 관리 시스템) 개발 전문가, 연료전지(Stack) 개발 전문가, 전기충전소 설계 전문가 등

술이 활용되고 있다.

친환경 자동차가 100년 넘게 이어진 내연기관 기반의 차 개념을 바꿔줄 기술이라면, 스마트카는 자동차의 가장 원초적 개념인 이동수단이라는 개념을 바꿔줄 기술이라고 할 수 있다. 스마트 자동차를 대표하는 세부 기술이 바로 자율주행 기능이다. 우리는 자율주행 기술의 파급효과를 단순히 운전자가 편해지는 정도 개념으로 받아들여서는 안 된다. 자율주행 기술이 적용된 자동차가 상용화되면 교통, 여행, 출퇴근, 보험 등 다양한 문화와 산업에 큰 파급효과를 가져올 수 있다. 예를 들어 자율주행 기능은 운전자의 부주의로 인한 법규 위반이나 교통사고를 막아줄 수 있는 기술로 응용될 수 있다. 머지않은 미래에는 고속도로에서 규정 속도를 위반하거나 교차로에서 신호 위반을 하는 차량을 볼 수 없는 시대가 올지도 모른다. 최근 개장한 국내 최초의 돔 야구장인 고척 스카이돔은 협소한 주차장으로 개장 전부터 많은 지적을 받았는데 미래에는 이런 대도시의 주차난도 추억거리가 될 수 있다. 자율주행 차량을 원격지 공용주차장으로 보냈다가 필요한 시기에 다시 부르면 되기 때문이다.

스마트카의 핵심은 다양한 IT 기술과 자동차 제조 기술의 융합이다. 동력장치를 탑재한 기계 개념의 자동차에 다양한 전자회로와 소프트웨어, 통신 기능이 탑재되어 탑승자와 상호 반응하며 주행, 안전, 엔터테인먼트, 차량 관리 등을 해준다. 마치 바퀴가 달린 로봇과 같은 개념으로 바뀌어가는 것이다. 앞으로는 마이크로소프트나 안랩과 같은 소프트웨어 기업, SK텔레콤 같은 이동통신사, 그리고 LG전자와 같은 전자 제조업체가 주요 자동차 제조업체의 협력업체가 될 가능성도 크다. 이러한 스마트카 기술은 자동차 산업이 발달한 여러 나라에서 신성장 산업으로 주목받고 있다. 현재 세계 스마트카 시장은 2013년 230조 원 규모에서 2018년까지 매년 7퍼센트대의 성장을 할 것으로 전망되고 있다.[10]

우리나라는 아직까지 세계 스마트카 시장에서 앞서 나가지 못하고 있지만 우리나라에서 자동차 관련 산업이 차지하는 비중과 스마트카가 타 산업에 미치는 파급효과가 클 것으로 예상되기 때문에 정부와 관련 기업의 지속적인 R&D 투자가 있을 것으로 보인다.

이같이 자동차 분야에서는 '친환경'과 '스마트'라는 키워드를 바탕으로 구기술과 신기술의 급속한 합종연횡이 일어나고 있다. 따라서 기존 경력자 가운데 신기술에 대한 이해와 습득이 빠른 인력과 자동차 업계 내에서는 찾기 어려운 융합기술을 연구한 인력이 주목받게 될 것이다.

스마트카 관련 주목할 만한 직업
영상 센서 개발 전문가, 초음파 센서 개발 전문가, GPS 칩 개발 전문가, 자율운행 알고리즘 전문가, 자율주행 소프트웨어 UI/UX 전문가, 운전자 감시 시스템 개발 전문가, 거리 제어 및 충돌 예방 시스템 개발 전문가, 주행 제어 시스템 개발 전문가, 텔레매틱스 개발 전문가, 증강현실 개발 전문가, 임베디드 시스템 개발 전문가, 자율주행 관련 전자회로 설계 전문가 등

새롭게 주목받는 2차전지

　　지구상의 어떤 생물도 먹이를 공급받지 않고 살아갈 수 없듯이, 모든 기계가 작동하기 위해서는 에너지가 필요하다. 풍차나 물레방아와 같은 순수 자연에서 에너지를 얻는 장치를 제외하면 실제 우리가 산업 현장이나 생활에서 쓰는 대다수 제품은 전기에너지를 사용하여 작동된다. 이런 전기에너지를 저장하는 데 사용되는 것이 흔히 배터리라고 부르는 전지다. 배터리는 특성에 따라 크게 두 가지 종류로 나뉘는데, 1차전지는 한 번 사용하고 나면 충전이 불가능한 1회성 배터리이고 2차전지는 충전을 통해 재사용이 가능한 배터리다.

　　2차전지 산업은 20세기까지만 해도 일본이 가장 앞선 분야였다. 후발주자였던 우리나라는 2000년대에 들어서 적극적인 R&D와 대

규모 생산라인 도입으로 본격적인 경쟁에 뛰어들었는데 현재는 세계 2차전지 시장의 상위권을 우리나라 기업들이 다투고 있는 상황이다.

노트북, 휴대폰, 디지털카메라 등 일부 소형 디지털 기기용 배터리로 사용되며 한동안 큰 조명을 받지 못했던 2차전지 산업이 최근 들어 다시 각광받고 있다. 이러한 배경에는 IT 산업, 자동차 산업, 에너지 산업 등 다양한 산업의 변화가 직접 관련되어 있다. 먼저, 스마트폰의 출현이다. 구형 핸드폰보다 훨씬 큰 액정화면과 고성능 CPU를 탑재하고 있는 스마트폰 특성상 고성능 배터리 기술이 더욱 중요하게 되었다. 또한 차세대 자동차 플랫폼으로 주목받고 있는 하이브리드 자동차나 전기 자동차에는 고성능 대용량의 2차전지가 필수적으로 탑재되어야 한다. 2차전지는 이제 산업용으로도 수요가 크게 늘어날 것으로 보인다. 풍력발전, 태양광발전 등 신재생 에너지 산업에서도 발전된 전기를 저장할 배터리가 필요하다. 선진국에서는 중장비와 같은 산업용 기기에 환경 규제도 더욱 엄격해지고 있다. 이 때문에 산업용 기기 시장에서도 납축전지를 대체할 리튬이온 전지가 개발되고 있는 상황이다.

우리가 알아야 할 것은 2차전지의 활약이 여기에서 그치지 않는다는 것이다. 최근 주목받고 있는 사물인터넷이나 웨어러블 기기와 같은 최첨단 IT 제품, 그리고 로봇 청소기나 지능형 서비스 로봇에도 대부분 충전 가능한 배터리가 탑재될 것이다. 그렇기에 IT 기술과 로봇 기술, 그리고 친환경 에너지 산업이 날로 발달할수록 2차전지에 대한 수요는 증가할 가능성이 높다.

한국수출입은행 해외경제연구소의 보고서에 따르면 2014년 세계 리튬 2차전지 시장은 전년 대비 15퍼센트 이상 증가한 23조 원에 달할 것으로 전망되었고, 2020년 즈음에는 약 64조 원 규모로 성장할 것으로 예측되고 있다.[11] 특히 전기차 1대에 사용되는 리튬 2차전지 용량은 노트북 1000대, 스마트폰 5000대에 해당하는 수준이라고 하는데, 친환경 자동차에 탑재되는 2차전지 시장은 연평균 20퍼센트 수준의 폭발적인 성장을 할 것으로 전망되고 있다.[12]

2차전지는 용량, 출력, 안정성, 수명 등이 중요한 성능요소이며 양극제, 음극제, 전해질, 분리막 이렇게 4가지의 단위 소재 기술과 종합적인 제조 기술을 요구한다. 우리나라는 2차전지 제조 기술은 세계 1위 수준이지만, 단위 소재 기술에서는 원천기술이 취약한 상황으로 향후 2차전지의 핵심 소재 개발을 위해 많은 R&D 인력이 필요할 것으로 보인다.[13] 따라서 관련 전공인 화학공학, 재료공학, 기계공학 등을 전공한 인력들은 2차전지 분야에 지속적인 관심을 가질 필요가 있다.

[진짜 로봇의 시대가 온다]

2015년 여름 일명 메르스(중동호흡기증후군) 사태로 대한민국이 발칵 뒤집혀 있을 때 해외에서 뜻밖의 낭보가 하나 전해졌다. 미국 국방부 산하 방위고등연구계획국 DARPA에서 주최한 '로봇경진대회'에서 한국과학기술원KAIST 팀이 만든 'DRC 휴보II'라는 이름의 로봇이 우승을 한 것이다. 이 대회는 2011년에 발생한 일본 후쿠시마 원자력발전소 사고를 계기로 실제 사람이 투입되기 어려운 재난사고에 활용될 수 있는 로봇을 개발하기 위한 일환으로 개최되었다. 자그마치 200만 달러(약 22억)라는 우승 상금이 걸려 있고, 세계에서 내로라하는 로봇 기술을 가진 팀들이 참가한 대회였기에 팀 KAIST의 우승은 더욱 놀랍고 값진 성과였다고 할 수 있다.

아직도 스스로 움직이는 로봇이라고 하면 애니메이션에서나 볼 수 있는 머나먼 미래의 기술이라고 생각하는 사람들이 많다. 그도 그럴 것이 사람과 흡사한 기능을 수행할 수 있는 로봇에 대한 기대는 이미 수십 년 전부터 있었지만 로봇 기술의 발달 속도는 인간의 상상력을 따라가기에는 한참 모자랐기 때문이다. 하지만 이번 DARPA 로봇경진 대회에서 볼 수 있듯이 최근 로봇 기술은 차원이 많이 달라졌다. 지능형 로봇에 필요한 다양한 기술의 발전으로 상당히 다양한 기능을 수행할 수 있는 로봇이 개발되고 있다. 그러면 실제로 최신 로봇 기술은 어떻게 활용되고 있을까?

휴머노이드 로봇 기술로는 세계 최고 수준인 혼다의 대표 로봇 아시모Asimo는 시속 9킬로미터 속도로 달리기를 할 수 있으며, 한 발로 껑충 뛰기, 두 손으로 병 뚜껑을 열기, 다가오는 사람 피해 걷기, 음료수 서빙하기 등 상당히 정교한 일을 여러 가지 수행할 수 있다.

일본 소프트뱅크의 인공지능 로봇 '페퍼'는 일반 매장에 배치되어 고객에게 상품을 소개하고 질문에 로봇 스스로 답변한다. 페퍼의 가장 돋보이는 특징은 다양한 센서를 활용하여 인간의 감정을 구분할 수 있다는 것이다. 또한 클라우드 기반의 온라인 데이터베이스를 통한 자가학습 시스템을 갖추어 각각의 로봇들이 축적한 정보를 공유할 수 있는 인공지능 시스템을 갖추고 있다고 한다. 2015년부터 페퍼는 일반인에게 대당 200만 원 수준으로 판매되고 있다고 한다.

일본의 나가사키 현에서 2015년 개장한 한 호텔은 입·퇴실을 비롯한 수하물 운송에 로봇을 활용하기 시작했는데 그로 인한 경비절감으로 숙박비를 상당히 저렴하게 받고 있다고 한다. 온라인 도서 유통 기업으로 유명한 미국의 아마존은 2012년 물류창고의 선반을 직접 이동시켜 주는 로봇 시스템을 도입했는데 현재까지 약 1만 5000대의 물류 로봇을 투입하여 원가절감과 효율성 향상을 동시에 달성하였다.

한국로봇융합연구원에서 발간한 보고서에 따르면, 2013년 세계 로봇 시장은 147.9억 달러(약 17조 5000억 원) 규모이며 2007년 이후 연평균 10퍼센트 이상 지속적으로 성장하는 추세라고 한다.[14] 현재까지 세계 로봇 시장의 주류는 제조용 로봇으로 60퍼센트 이상의 비중을 차지하고, 개인 서비스용 로봇은 10퍼센트를 가까스로 넘기고 있는 수준이나 지능형 로봇 기술이 발달하면서 서비스 로봇 시장의 성장률은 제조용 로봇 시장을 훨씬 앞지르고 있다.[15] 로봇 선진국인 미국, 일본, 유럽, 중국은 미래 산업의 핵심 분야 가운데 하나로 로봇 산업을 선정하고 다양한 로드맵과 지원 계획을 발표하고 있다.

그렇다면 우리나라의 로봇 산업은 어떤 상황일까? 한국로봇산업진흥원에서 발간한 자료에 따르면, 국내 로봇 산업의 생산 규모는 2013년 기준 2조 2000억 원 수준이며 그 가운데 제조업용 로봇 분야가 76퍼센트의 큰 비중을 차지하고 있다.[16] 국내 로봇 산업 종사자는 2013년 기준 1만 1478명으로 생산직 약 33퍼센트, 연구개발직 약 27퍼센트, 사무직 약 24퍼센트, 영업직 약 14퍼센트 비율이다.[17]

우리나라는 개인 서비스용 로봇의 비중이 매우 낮은 편이나 향후 초고령 사회가 되면 부족한 노동을 대체할 산업용 로봇을 비롯하여

● 표 5-5. 대표적인 로봇 활용 분야

분류	세부 분야	예시
제조	자동차, 전기·전자, 금속, 화학·플라스틱, 식품, 농업 등	조립 로봇, 가공 로봇, 검사 로봇, 협업 로봇
전문 서비스	군사용, 필드, 의료, 물류, 건설 및 해체, 조사 및 관리, 재난구조, 수중 시스템, 농림수산업, 빌딩 서비스, 전문청소, 홍보 등	착유 로봇, 수술 로봇, 도로 건설용 로봇, 무인 트랙터
개인 서비스	가사용, 교육 및 연구, 헬스케어, 개인 수송, 장애 보조, 보안 등	청소 로봇, 학습 로봇

▶ 참고자료: 한국로봇융합연구원 「국내외 로봇 동향」(2014.12)

의료, 가정용 서비스 로봇의 수요도 높아질 것으로 보인다. 이미 정부도 2000년대 초반부터 꾸준히 로봇 산업 발전을 위해 다양한 지원책을 내놓고 있으며 2014년에 다시 13대 미래 성장동력으로 지능형 로봇 분야를 선정하였다. 바닥을 돌아다니는 로봇 청소기가 있는 집을 보는 것이 어렵지 않아진 것처럼 10~20년 뒤에는 우리나라에서도 실생활에서 다양한 기능을 수행하는 로봇이 늘어날 가능성이 높다고 할 수 있다.

사실 로봇 기술은 3장에서 인간의 노동을 대체할 대표적인 기술로 언급되었다. 아이러니하게도 인간의 일을 대체해줄 로봇을 만드는 일과 관련된 직업은 반대로 기회의 직업이 될 가능성도 높다고 할 수 있다. 왜냐하면 로봇이 로봇을 만드는 것은 우리가 상상할 수 있는 미래 가운데서도 아주 먼 미래에나 가능한 일이기 때문이다. 그만큼 로봇은 매우 정교하고 다양한 기술이 복합적으로 요구되는 제품이라 할 수 있다.

　로봇 산업과 관련된 직업을 알아보기 위해서는 먼저 로봇 제조 기술에 대해 이해할 필요가 있다. 일반적인 로봇은 구동부, 센서부, 지능부로 구분할 수 있다. 구동부는 관절, 손, 다리 등 로봇이 실제로 움직이고 힘을 가할 수 있도록 만들어주는 부분을 뜻하며, 주로 액추에이터라고 불리는 구동부품들의 조합을 통해 구성된다. 센서부는 인간의 오감과 같은 역할을 해주는 부품이다. 주변 환경을 인식하기 위한 시각 센서, 자신의 위치를 파악하기 위한 센서, 균형을 유지하기 위한 센서, 소리를 인식하기 위한 센서 등 로봇의 사용 목적에 따라 다양한 센서가 사용된다. 지능부는 사람의 뇌와 같은 역할을 수행하는 부위로 센서를 통해 입력된 정보를 분석하고 원하는 행동을 하기 위해 구동부를 어떻게 움직일지 계산하는 등 로봇의 모든 인지, 판단, 행동을 결정한다. 이러한 지능부는 사전에 개발된 프로그램을 반도체 칩 안에 통합적으로 탑재하여 이용하는 경우가 많기 때문에 SOC^{System On Chip}로 불리기도 한다.

　끊임없는 성장을 추구해야 하는 기업 특성상 모든 기술 영역은 타 분야를 흡수하여 자신이 주역이 되려고 한다. 지금은 별개의 영역으로 구분되고 있지만 자동차, 로봇, 항공우주 분야와 같이 최첨단기술을 종합적으로 적용하는 산업은 시간이 흐를수록 경계가 모호해질 가능성이 높다. 미래의 자동차는 점차 로봇 기능을 탑재하고 심지어 간단한 비행 기능까지 가능한 콘셉트로 변신할지 모른다. 반면 로봇도 직접 사람을 태우고 근거리를 이동시켜 주는 역할까지 수행하게 될지 모른다. 정말 먼 미래에 만화에서나 보던 하늘을 나는 로봇이 개발된다면 결국 개인 비행기의 역할까지 수행하게 될지 모른다. 따라서 시간이 흐를수록 자동차, 로봇, 항공우주 분야에서 업종 간에 다양한 인력의 이동이 일어날 가능성도 높아질 것이다.

이같이 로봇은 소재, 기계, 반도체, 소프트웨어 등 다양한 분야의 기술이 복합적으로 사용되고 응용 분야도 무궁무진하다. 앞서 사물인터넷, 빅데이터, 인공지능, 2차전지 등에서 소개되었던 직업도 결국 로봇 분야와 관련된 직업이라고 볼 수 있다. 그렇기에 미래에 로봇 관련 직업을 선택하고자 한다면 더욱 폭넓은 시야를 갖고 자신의 흥미와 적성에 가장 잘 맞는 세부 분야를 선택하는 것이 좋다.

로봇 기술 관련 주목할 만한 직업

로봇용 구동부품 개발 전문가, 로봇용 제어부품 개발 전문가, 로봇용 구조부품 개발 전문가, 로봇용 센서 개발 전문가, 로봇용 S/W 개발 전문가, 산업용 로봇 개발 전문가, 의료용 로봇 개발 전문가, 간호 및 간병 전문 로봇 개발 전문가, 고령층을 위한 서비스 로봇 개발 전문가, 물류 전담 로봇 개발 전문가, 가사용 로봇 개발 전문가, 지능형 로봇 트레이너 등

[통일이 된다면]

2045년 8월 15일. 광복 100주
년을 맞아 3일간의 임시공휴일이 선포되고 대한민국의 모든 건물과
차량에는 태극기가 달렸다. 이번 광복절만큼은 100주년이라고 하니
TV로나마 기념행사를 보기로 했다. 늘 그랬듯이 국민의례가 끝나고
어린이 합창단이 「우리의 소원」을 부르고 있을 무렵이었다. 갑자기
행사장에 있던 국무총리가 자리에서 급히 일어나는 장면이 보인다.
설마 이 와중에 화장실을 가는 건 아니겠지…. 그런데 합창단의 노래
가 끝나자마자 갑자기 예정에 없던 대통령의 긴급 발표가 있다는 자
막이 나온다. 도대체 무슨 일이지? 이미 임시공휴일을 3일로 선포했
는데 혹시 하루 더 연장한다는 깜짝 발표일까? 현장에 참석한 사람
들도 웅성거리기 시작하고 TV를 보고 있는 나도 갑자기 긴장된다.

드디어 대통령이 단상에 올라왔다. 오늘따라 대통령의 표정은 웃음을 참는 것 같기도 하고, 울음을 참는 것 같기도 하고 참 이상야릇하다. "국민 여러분… 오늘… 이렇게 기쁜 광복 100주년에… 더 기쁜 소식을 전할 수 있게 되어 정말로 감격스럽습니다…. 오늘은… 오늘은… 대한민국 역사에 가장 뜻깊은 날이 될 것 같습니다…. 드디어 우리는 하나 된 조국을 다시 찾게 되었습니다!" 뭐라고? 하나 된 조국? 그렇다면… 통일?

「우리의 소원」이라는 노래는 '꿈에도 소원은 통일'이라고 했지만 이제 더 이상 통일은 '꿈'으로 남아 있어서는 안 된다. 비록 그날이 언제일지 확신할 수는 없지만 다가올 미래에는 그 어느 때보다 통일의 가능성이 높아질 것으로 전문가들도 이야기한다. 그렇다면 우리 모두가 바라는 통일이 오면 대한민국의 직업 세계는 어떤 변화를 가져올까?

워낙 폐쇄적인 분위기의 국가인 북한의 최근 동향을 제대로 알기는 힘들지만 남북한 통일의 가장 큰 혜택이라면 무엇보다 '안보'와 '경제'라는 두 가지 관점으로 생각할 수 있다. 먼저, 안보라는 측면에서 통일 후 한국은 실질적으로 대외 전쟁 발발 가능성이 낮아지기 때문에 군병력 감축이라는 상황을 예상해볼 수 있다.[18] 군 복무자가 줄어들면 상대적으로 구직자가 늘어나게 될 수도 있기 때문에 단기적으로 고용 시장에 변수가 될 수 있다. 늘어난 경제활동인구가 자연스럽게 북한 지역의 개발에 참여하게 되면 청년들의 고용 문제는 큰 문제가 되지 않을 것이다. 반대로 통일 후 북한 지역의 실질적인 개발이 늦어지면 단기적으로 남한 내 실업률이 높아질 가능성도 있다.

경제적 측면에서 통일이 가져다줄 혜택은 무궁무진하다. 무엇보다 통일한국의 전체 인구가 늘어나기 때문에 경제활동인구와 소비인구가 동시에 늘어나는 효과가 생길 것이다. 2025년 이후 인구 감소와 초고령 사회로 대두되었던 많은 사회적 난제들이 새로운 탈출구를 찾을 수 있게 될 것이다. 사실 통일이 되면 정치, 경제, 사회, 문화적으로 단계적인 통합이 이루어질 것이기 때문에 직업의 세계에도 한 번에 급격한 변화가 있기보다는 단계적인 변화가 일어날 것으로 보인다. 그 가운데서 산업적인 환경의 변화와 그에 따른 직업의 영향을 살펴보자.

통일이 되면 무엇보다 먼저 낙후된 북한 지역에 다양한 인프라를 구축하는 프로젝트가 시작될 가능성이 높다. 주택과 상업용 건물, 도로와 철도, 교량, 전기 및 통신시설 등이 건설되면서 관련 분야에서 많은 고용이 창출될 것이다.[19] 물론 북한 지역의 개발에는 현지에 거주하는 북한 주민들도 주 노동인력으로 편입될 것이기 때문에 남한에서는 신입이나 초급 기술자보다는 고급 기술자나 관리자급 인력에 대한 수요가 늘어날 가능성이 높다.

그다음은 자원 개발 분야를 생각해볼 수 있다. 이미 북한은 풍부한 자원들이 다량 매장되어 있는 것으로 알려져 있다. 북한자원연구소와 한국광물자원공사, 그리고 대외경제정책연구원의 자료에 따르면 북한 천연자원의 잠재가치는 남한의 20배 이상이 될 것으로 예상된다.[20] 북한에는 금, 철광석, 아연, 마그네사이트뿐 아니라 최근 전 세계적으로 이슈가 되고 있는 희토류도 매장되어 있는 것으로 알려져 있다.[21] 따라서 천연자원을 탐사, 발굴, 시추하기 위한 다양한 전문가들이 필요하게 될 것이다.

통일 후 사회 인프라가 구축되면서 북한 지역에 다양한 상업시설이 들어서게 되면 유통, 서비스 등 소비재 관련 업종에서도 고용창출이 일어날 것이다. 초기 북한 주민들의 소득수준을 감안할 때 고가의 브랜드 상품군보다는 중저가의 실용적인 상품과 서비스를 제공하는 기업들에 먼저 기회가 올 것으로 보인다. 남한의 비싼 임대료와 과다 경쟁으로 인해 큰 수익을 내지 못하던 자영업자들 가운데서도 북한에서 재창업을 하는 현상이 생길 수 있다. 또한 전 세계인들에게 미지의 나라였던 북한 지역이 개방되면서 관광·여행 관련 산업에서도 호재가 될 것이다.

그 밖에도 북한 주민들의 문화적 이질감을 해소하기 위한 다양한 교육 프로그램과 문화 콘텐츠가 늘어나는 등 사회 전반적으로 새로운 사업의 기회가 늘어날 것이다. 반면 상대적으로 교육수준이 낮고 문화적 이질감이 높은 북한 주민들 입장에서는 초기 통일한국의 고용시장에서 양질의 일자리 진입장벽으로 인해 고용시장 양극화 문제를 제기할 수도 있다. 따라서 고용과 직업 관점에서 북한 주민들에 대한 배려와 취업교육은 상당히 중요한 문제라고 할 수 있다.

통일의 시기를 예측한다는 것은 미래 기술의 변화를 예측하는 것보

● 표 5-6. 통일한국의 12대 유망산업

분야	관련 산업
인프라	건설, 전력 및 에너지, 통신, 자원개발, 교통·물류
생산재, 중간재	기계, 소재, 환경·바이오
소비재 및 서비스	가전, 자동차, 항공우주, 관광

▶ 출처: 현대경제연구원 동북아─통일연구실 TF「2050 통일한국의 경제적 미래」(2014)

다 어려울 수도 있기 때문에 관련된 직업을 미리 준비한다는 것도 거의 불가능하다. 통일이 되어도 실제로 남과 북이 합쳐지기까지는 상당한 시간이 걸릴 것이다. 따라서 통일이 선포되는 날부터 기회를 찾기 시작해도 그렇게 늦지는 않을 것이다.

[못다 한 미래 이야기]

21세기 초를 대표하는 키워드라면
'소셜네트워크서비스SNS'와 '스마트폰 앱'을 들 수 있다. 라인, 카카오
톡, 페이스북과 같은 온라인 네트워크를 통해 개인과 개인이 시간, 장
소, 비용에 구애받지 않고 실시간으로 커뮤니케이션을 할 수 있다는
것은 이메일조차 없던 시절과 비교하면 엄청난 혜택이라고 할 수 있다.
또한 스마트폰의 다양한 기능을 활용하여 더욱 개인화된 서비스를 제
공하는 앱이 많은 사람의 주목을 받고 있다. 미국이나 유럽에서는 이
를 활용하여 차량 공유 서비스, 숙박 공유 서비스 등 과거에는 생각할
수 없던 다양한 서비스가 제공되고 있다.

새로운 기술과 새로운 문화가 나타나면 창업의 기회도 생겨난다. 다
가올 미래는 그 어느 때보다 다양하고 빠른 변화가 예상되기 때문에

창업을 꿈꾸는 사람들에게도 큰 기회가 될 수 있다. 다양한 IT 기술과 자동화된 인프라를 활용하여 커다란 자본을 들이지 않고 소규모 형태의 개인화된 창업이 활성화될 가능성이 높다. 창업도 하나의 직업을 선택하는 것이다. 혹시 모를 자동화 기술에 의해 자신의 직업이 사라질 걱정을 하는 것보다 그 기술을 이용하여 자신이 직접 고용주가 되는 편이 나을 수도 있다. 따라서 미래를 대비하고 싶은 사람은 자신의 강점을 활용한 창업에도 관심을 기울일 필요가 있다. 물론 창업도 하나의 직업을 선택하는 것이기에 자신의 흥미와 적성을 충분히 고려한 후 결정을 하는 것이 좋다. 창업의 기회가 늘어나고 창업의 장점이 커진다는 것이 누구나 창업을 하면 성공할 수 있다는 것을 의미하는 건 아니기 때문이다.

우리는 지금까지 인구변화와 최첨단 IT 기술을 중심으로 미래 직업의 변화에 대해 알아보았다. 이 책에서 언급하지 못한 분야 가운데서도 주목할 만한 직업은 많다. 미래에는 문화·예술, 교육, 정치, 행정 등 여러 분야에서도 변화가 일어나면서 새로운 형태의 직업이 생겨날 것이다. 예를 들어 2000년대 들어서 아이돌 가수가 가요계의 주류 트렌드를 이어가고 있지만 고령인구가 급속하게 증가하는 미래에는 복고풍 가수가 가요계의 대세가 될지도 모른다. 디지털 기술의 발전으로 음악과 미술 분야에서도 다양한 방식으로 창작을 시도하는 예술가들이 나타날 것이다. 이미 미국에서는 컴퓨터 프로그램이 스스로 작곡을 하거나 미술 작품을 만드는 시도가 일어나고 있다. 물론 이들이 쉽게 주류에 편입되지는 않겠지만 예술에 대한 정의조차 다시 내려야 하는 현상이 일어날 가능성도 배제할 수는 없다.

교육 분야의 경우 동영상과 컴퓨터 프로그램을 활용한 맞춤형 사이버 교육이 큰 이슈가 될 것으로 보인다. 세상의 많은 부분이 디지털화되고 있기 때문에 교육 현장에서도 디지털 기술을 활용하려는 시도가 늘어나고 있다. 교재나 교구의 디지털화가 이루어지고 인공지능 기술이 접목되면 사실상 지식 전달 위주의 교과과정에서만큼은 가르치는 사람이 필요한가에 대한 큰 의문이 생길 수 있다. (필자 개인적으로는 아날로그 방식의 교육을 지지하고 있다. 6장에서 이야기하겠지만 디지털 기술을 이해하기 위해 아날로그에 대한 이해가 선행되어야 하기 때문이다. 21세기에도 여전히 초등학생들에게 아날로그 시계판을 그려가며 시간을 가르치는 이유를 생각해보라.)

국가 행정이나 공무원이란 직업에서도 미래에는 변화 물결이 다가올 가능성이 높다. 공공기관 특성상 중앙정부나 지방자치단체에서 최첨단기술을 도입하는 시기는 가장 나중일 가능성이 높다. 하지만 이미 전자정부·전자행정 등 관공서에서도 IT 기술을 도입하여 업무 효율화 및 조직 슬림화를 위한 노력을 하고 있다. 특히 향후 인구학적 변화에 대한 대비가 제대로 이루어지지 않으면 생산가능인구가 급격히 줄어들고 일본과 같은 장기적인 경기침체가 시작될 수 있다. 그런 이유로 정부와 지자체의 실질적 세수가 줄어든다면 공공기관은 '조직 슬림화'와 '고용 안정'이라는 동시에 만족시키기 어려운 사이에서 큰 고민에 빠지게 될 수 있다.

기술 분야에서도 우리가 주목할 분야는 많다. 10억 분의 1 수준의 미세 기술을 활용하는 나노nano 기술 분야, 지구온난화를 막기 위한 환경과 대체 에너지 분야, 해양자원 개발과 해양 인프라 분야, 우주항공 분야 등 아직도 커다란 발전이 이루어질 영역이 많다. 그리고 아직도 진행 중인 세계화FTA나 국가나 대륙 간의 경제협약도 산업과 직업의 세계에 적지 않은 영향을 줄 것이다.

이처럼 독자 여러분 스스로 미래에 대해 적극적인 관심을 가지고 여러 분야를 살펴본다면 이 책에서 언급하지 못한 또 다른 기회의 직업들도 많이 발굴해낼 수 있을 것이다. 흥미를 갖는 만큼 알게 되고, 아는 만큼 보인다는 것을 잊지 말자.

06
미래를 위한
준비

FIND JOBS

이제 직업의 세계로 떠났던 여정을 마무리해야 할 시간
이다.

　지금까지 우리는 직업의 세계가 얼마나 다양한지 알게 되었고, 또
직업에 대해 우리가 가지고 있는 편견이 생각보다 많다는 것도 깨달았
다. 가깝거나 먼 미래에 위기에 처하게 될 가능성이 높은 직업을 살펴
보았고, 반대로 기회를 얻게 될 가능성이 높은 직업에 대해서도 알아
보았다. 하지만 지금까지 주로 언급한 것들은 대부분 외부 환경에 대
한 이야기였다. 미래를 제대로 대비하기 위해서는 외부 환경에만 관심
을 가져서는 안 된다. 사실 우리는 그 어느 때보다 많은 정보를 쉽게 얻
을 수 있는 시대에 살고 있다. 하지만 정보를 수집하는 데 치우친 나머

지 오히려 자기 성찰을 등한시해서 '우물 안의 개구리'와 같은 편협한 사고를 하는 사람도 많아지고 있다. 자기 자신의 특성은 모른 채 바깥 세상이 변하는 것만 안다 한들 현명한 판단을 할 수 없다. 따라서 미래에 대한 준비의 시작과 끝은 자신에게 초점이 맞추어져야 한다. 이제 당신에게 남은 것은 자기 성찰과 자기 주도적 결정이다. 나는 어떤 사람인가? 나의 미래를 위해 과연 어떤 선택을 할 것인가? 그 선택은 어떻게 하는 것이 좋을까?

미래가 요구하는 인재상

시간이 흐르면 직업도 변하듯이 사회와 기업이 요구하는 인재상도 변하게 될 것이다. 최근 많이 언급되는 '창조'와 '도전'이란 키워드는 배제하고 조금 다른 시각에서 미래의 인재상을 생각해보자.

먼저 '기술과 사람, 기술과 문화를 연결시킬 수 있는 능력'이다. 요즘 많이 회자되고 있는 '인문학적 사고'도 이와 비슷한 개념으로 볼 수 있다. 기술의 발전 속도가 빠르고, 다양한 기술이 융합된 제품이 나오면서 기획, 디자인, 사용편의성과 같은 요소가 예전보다 훨씬 중요해지고 있다. 이를 위해 기술은 디지털이지만 최종적인 사용자 입장에서 오히려 아날로그적인 시각의 접근이 중요해졌다. 왜냐하면 인간의 사고와 행동 특성의 본질은 '아날로그'이기 때문이다. 디지털 기술은 아날로그 제품을 대체할지는 몰라도 아날로그적인 인간의 사고와 행동을 최대한 모사하기 위해 만들어진 것이기 때문에 이런 역설적인 상황이 펼쳐지고 있는 것이다. 감성을 바탕으로 한 아날로그적 사고는 마치 예술가처럼 자신만의 감정을 우선시하는 것을 뜻하지 않는다. 감성에 대한 이해를 바탕으로 분석적인 사고를 통해 아날로그와 디지털의 경계를 자연스럽게 이어줄 수 있는 대단히 균형 잡힌 시각이 필요하다.

이러한 현상은 기술의 발전 속도가 빨라질수록 더 확대될 수밖에 없다. 고객의 제품 적응 속도를 앞지르는 기술의 발전 속도는 사실 큰 의미가 없다. 결국 무조건 최신 기술을 적용했다고 해서 고객이 제품을 선택해주는 것이 아니라, 고객이 얼마나 빠르게 새 기술에 익숙해지고 새 기술의 가치를 인정할 수 있는지가 제품의 성공 여부를 좌우할 것이기 때문이다.

그다음으로 '폭넓은 사고'이다. 산업혁명 이후 확산된 분업화는 많은 직업의 세분화를 촉발했다. 그 뒤로 한 가지 영역에만 깊이 있게 파고들 수 있는 능력을 가진 사람들이 주목받는 경향이 커졌다. 하지만 미래의 핵심 키워드 가운데 하나는 '융합'이다. 이종 기술을 연결시키고 다양한 상품과 서비스를 상용화할 기회가 늘어날 것이기 때문에 한 가지만 집중적으로 파고드는 능력만큼 여러 가지를 동시에 연결시키는 '폭넓은 사고'도 중요해질 것이다. 폭넓은 사고를 하기 위해서는 세부적으로 호기심, 민감성, 유연성이 필요하다. 누가 시키지 않더라도 다양한 사물과 현상을 탐구하고자 하는 자발적인 동기와 끊임없는 궁금증을 가지고 있어야 한다. 그다음 남들이 보기에 똑같아 보이는 현상의 미묘한 차이를 구분할 수 있는 민감성, 그리고 하나의 현상을 보더라도 다양한 관점에서 바라볼 수 있는 유연성이 있어야 제대로 된 '폭넓은 사고'를 할 수 있게 되는 것이다.

다음으로 '비판적 사고'이다. 기술이 발달할수록 인간의 정신과 육체 모두 '편리함'이란 미명 아래 기계에 대한 의존율이 높아지고 스스로 자신의 기능을 퇴보시키는 삶을 살게 될 가능성도 높아질 것이다. 사실 우리는 그런 삶을 이미 목격하고 있다. 내비게이션과 스마트폰이 출현하고 나서 우리는 기억을 하기 위해 머리를 쓰는 일이 급속히 줄어들고 있다. 만약 지금 서울시청에서 인천시청까지 자가운전으로 가라는 임무를 준다면 대부분 너무나 쉬운 과제라고 생각할 것이다. 아마 여러 사람이 이 임무에 도전하더라도 주행 시간의 차이가 얼마 되지 않을 것이다. 하지만 내비게이션 없이 운전해야 한다는 조건이 포함된다면 어떻게 될까? 너무나 쉽게 느껴졌던 과제인데 많은 사람이 과제를 달성하는 시간에 큰 차이를 보일 것이다. 내비게이션이라는 기계 덕분에 자가운전으로 모르는 길을 찾아가는 일을 누구나 동일한 난이도로 수행할 수 있을 것이라고 착각하고 있는 것이다.

앞에서 든 예와 같이 미래에는 오히려 자신의 능력과 특성을 객관적으로 바라보기 어려워질 가능성이 높다. 그렇기에 객관적이고 비판적인 사고를 하는 사람들이 그대로 받아들이기만 하는 수용적 사고를 하는 사람들보다 지적 우위를 점하고 (처음에는 느려 보일지라도) 더욱 높은 성장을 하게 될 가능성이 높다. 그리고 이것은 직업의 세계에서도 똑같이 적용될 것이다. 당신이 세계 최고의 로봇 제조업체 사장이라고 치자. 로봇이 해주는 대로 만족하려고 하는 사람과 로봇을 끊임없이 부족하다고 생각하는 사람 가운데 누구를 채용하겠는가?

끝으로 다시 윤리의식을 중시하는 시대가 온다. 기술이 발달할수록 한 사람이 조직과 사회에 미칠 수 있는 영향력도 커진다. 그러다 보면 1명의 천재가 1만 명을 먹여 살릴 수도 있지만, 1명의 부도덕한 천재가 10만 명에게 피해를 줄 수도 있는 것이다. 우리는 이미 대기업의 핵심기술을 유출시킨 임직원 사례라든지, 1명의 해커가 국가 기반시설에 침입하려다가 적발되는 사례 등을 목격하고 있다.

그래서 미래에 기술이 발달하고 변화의 속도가 빨라질수록 단순히 능력만 뛰어난 인재가 아니라 사회적 책임감과 도덕성에 문제가 없는 인재를 찾게 될 가능성도 높아질 것이다. 더구나 인공지능과 빅데이터 기술이 접목되면 개인의 인성이나 행동 특성을 더욱 정확하게 판단해주는 검사도구나 평가방식이 개발될 것이다. 그렇게 되면 평가를 받을 때만 도덕성에 문제없는 척하는 사람보다 내면적으로 도덕성과 자기 통제력이 뛰어난 사람들이 더욱 주목받는 시대가 올 수 있다.

[직업의 속성을 이해하라]

　　　　　　　　　　3장에서 개별 직업의 어떤 특성 때문에 위기가 닥칠 수 있다고 이야기한 것을 기억하는가? 자신의 진로를 결정할 때 특정 직업 타이틀에 집중하지 말고 그 직업의 구체적인 속성을 이해하는 것은 최적의 직업을 찾거나 성공적인 커리어를 만들어가기 위해 매우 중요하다. 예를 들어 추리소설을 매우 좋아해서 추리소설 전문 출판사 편집자로 일하던 A라는 사람이 어느 날 갑자기 직업을 바꿀 수밖에 없는 상황이 되었다고 치자. 그런 경우 대부분 '출판'이나 '편집자'라는 직업 타이틀에 얽매여 자신이 출판 업종이나 편집이라는 직업을 떠나서 무엇을 할 수 있을지 도무지 감을 못 잡는 경우가 많다. 자신이 정작 어떤 세부적인 요소 때문에 추리소설을 좋아하고 편집자라는 직업을 선택하게 되었는지 모르기 때문이다.

책을 매우 좋아하는 사람들은 정적인 환경을 선호하는 경향이 많다. 가만히 앉아서 몇 시간 동안 책을 보는 독서라는 활동 자체가 상당히 정적인 일이기 때문이다. 물론 의지가 있다면 실외 활동을 선호하는 사람도 책을 읽을 수 있긴 하다(여기서 의미하는 선호 경향이란 자발적인 선호를 뜻한다). 또한 끊임없는 사건이 발생하고 그 사건을 풀어내는 해결사가 등장하는 추리소설은 주로 논리적이고 분석적인 사고를 좋아하는 사람들이 선호하는 장르이다. 즉 추리소설을 즐겨 읽는 사람은 기쁨이나 슬픔과 같은 감성보다는 인과관계를 따지고 오답과 정답을 구분하기를 좋아하는 이성적 사고를 선호하는 경향이 많다고 볼 수 있다. 그리고 출판사 편집자는 기획 단계에서는 주로 통찰력을 사용하고 마무리 단계에서는 오감을 활용하여 꼼꼼함을 발휘해야 한다.

이런 직업의 세부 속성을 파악하면 또 다른 직업으로 실마리를 찾아갈 수 있다. A씨의 경우 유사한 속성의 직업으로 온라인 콘텐츠 기획이나 상담사와 같은 진로를 고려해볼 수 있다. (물론 실제 직업을 바꾸기 위해서는 개인의 경력에 따라 제약이 따르거나 별도의 추가적인 교육이나 자격 과정이 필요한 경우가 많다.) 상담사는 대면 상담을 주 업무로 하기에 정적인 환경에서 오랜 시간 내담자와 대화를 해야 하는 직업이다. 또한 라포르^{rapport} 형성을 위해 내담자에게 공감과 정서적인 교류를 해야 하기도 하지만 그것은 부분적인 역할일 뿐이다. 실제로 상담사는 내담자의 고민을 해결하기 위한 도움을 주는 것이 주 역할이기 때문에 상당히 분석적이고 논리적인 사고를 할 수 있어야 한다. 또한 상담사는 편집자와 비슷하게 숲과 나무를 적절히 볼 수 있어야 한다. 다만 그 순서가 반대인 경우가 많다. 상담 초기에는 오감을 활용하여 내담자의 상황을 꼼꼼히 파악하고 상담 중반부터 후반까지 통찰력을 발휘하여 내담자가 결론을 도출할 수 있도록 도와주는 역할을 한다.

이같이 미래 직업의 변화 물결에서 살아남기 위해서는 특정 직업 타이틀에만 연연하지 말고 자신의 흥미, 적성에 잘 맞을 수 있는 일들은 어떤 속성의 업무인지 파악하는 습관을 들이는 것이 좋다. 그 특징을 잘 기억한다면 혹시 직업을 바꾸게 되더라도 더욱 많은 기회를 찾을 수 있을 것이다.

최적의 직업을 찾는 사람이 최후의 승자가 된다

미래 어떤 직업이 정말 유망하다는 확신을 가질 수 있다고 하더라도 실제로 그 직업 종사자가 될 수 있을 지는 장담할 수 없을 것이다. 대부분의 직업, 특히 상대적으로 좋다고 평가되는 직업일수록 진입장벽이 높기 때문이다. 혹시 운이 좋아 유망한 직업을 선택하게 되었다고 하더라도 자신의 흥미와 적성에 맞지 않는 일인 경우, 제대로 된 성취를 못 하고 동일한 직업 종사자 가운데서 제대로 인정받지 못하는 직업인이 될 수도 있다. 그렇다면 우리는 각자 어떤 선택을 해야 할까?

능력적이든 환경적이든 평범에 가까운 사람일수록 직업에 대한 선택권이 줄어들 수밖에 없다. 남들이 다 부러워하는 직업을 갖지 못한다고 하더라도 실망하지 말자. 여러분 각자 자신이 할 수 있는 최선의 선택을 하는 것만으로도 더욱 나은 미래를 만들어갈 수 있기 때문이다. 사실 사람들은 자신이 할 수 있는 선택 가운데서도 최선의 결정을 하지 못하고 사는 경우가 많다.

여러분 각자 할 수 있는 최선의 선택이란 자신만의 최적의 직업을 찾는 것이다. 최적의 직업을 찾기 위해서는 여러 가지 노력을 해야 한다. 무엇보다 먼저 자신의 흥미와 적성 그리고 성격 특성을 알아야 한다. 지피지기면 백전불태라는 말도 있지 않은가? 직업 때문에 고민이 많은 사람 가운데 자신의 흥미나 적성에 대해 깊이 생각해보지 않은 경우가 많다. 자신만의 흥미, 적성, 성격 특성을 알게 되었다면 그것에 잘 맞는 직업에는 무엇이 있을지 직업 탐구활동을 한다. 직업 탐구활동을 할 때는 특정 직업의 좋은 면만 보지 않도록 직업의 장단점을 세심하게 알아보는 것이 좋다. 그다음 후보 직업이 자신의 직업 가치관에 크게 위배되는 부분이 없는지, 직업의 장·단기 비전은 어떤지, 실제 취업 가능성은 문제가 없는지 확인하면 최종적으로 최적의 직업이 될 후보군이 정해질 것이다.

최적의 직업을 결정하는 요소 가운데서도 특히 내가 가장 잘할 수 있는 일, 즉 적성에 맞는 일인지 여부를 확인하는 것이 가장 중요하다. 소위 사회적으로 성공한 사람들은 진로에 관한 조언을 할 때 좋아하는 일을 하라는 식의 이야기를 자주 한다. 그렇다면 직업이 맞지 않아 고민하는 사람들은 좋아하지 않는 일을 선택한 사람들일까? 그렇지 않다. 대부분의 사람은 자신이 좋아하거나 좋아하게 될 것이라 기대하는 직업을 선택한다. 하지만 업무를 수행하면서 자신이 그 일을 잘할 수 없다는 것을 깨닫게 될 때 큰 고민에 부딪히게 되는 경우가 많다. 왜 냐하면 직업은 취미로 즐기는 일이 아니기 때문이다. 취미로 아카펠라 그룹 활동을 한다거나 사회인 야구를 한다면 남보다 잘하지 못해도 적당히 참여하는 것만으로 즐길 수 있다. 하지만 직업으로 수행하는 일이 될 때는 최소 기준 이상의 성과를 내야 하고, 남들보다 잘해야 소득을 늘리고 승진의 기회도 얻을 수 있다. 어떤 조직에서 자신의 업무를 가장 좋아하는가를 기준으로 직원을 평가하겠는가? 업종과 직무를 막론하고 누가 가장 업무를 잘하고 가시적인 성과를 내었는지가 기준이 될 수밖에 없다.

사실 성공한 사람들이 막연히 '좋아하는 일을 하라'는 식의 조언을

● 그림 6-1. 최적의 직업 찾기

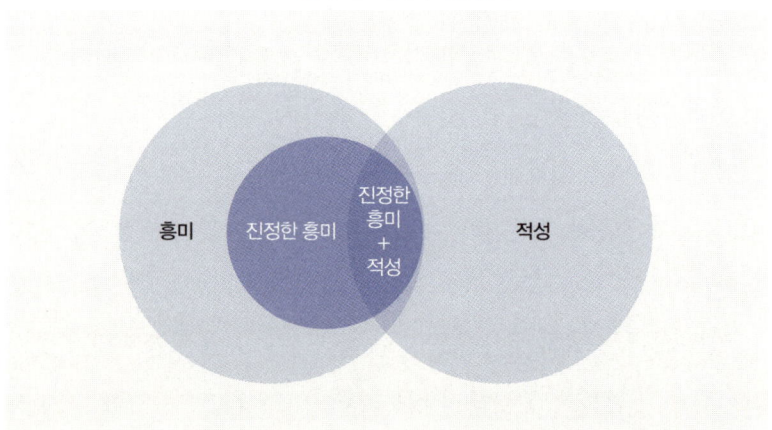

하는 이유는 자신이 좋아하면서 잘할 수 있는 일을 직업으로 선택하는 행운이 있었다는 것을 간과하기 때문이다. 진짜 좋아하는 일 가운데는 자연스럽게 잘할 수 있는 일과 일치하는 경우도 있다.

그렇다면 최적의 직업을 선택하는 사람에게는 어떤 차이가 생길까? 먼 미래에 내가 하던 일을 로봇이 할 수 있게 되었다고 치자. 내가 수행하던 직업은 큰 위기를 맞게 될 것이다. 하지만 어느 날 갑자기 나와 같은 직업 종사자가 일시에 사라지지는 않을 것이다. 내가 수행하던 업무를 대체할 로봇이 하나씩 늘어날 때마다 여러 회사에서 여러 명씩 회사를 그만두게 될 것이다. 특정 직업의 종사자가 순차적으로 줄어든다고 가정할 때, 해당 업무를 가장 잘 수행했던 직원이 가장 먼저 해고될 가능성은 높지 않다. 어떤 직업이 사라지기 시작할 때 그 순서는 그 직업을 잘 수행하지 못한 사람부터일 가능성이 높은 것이다. 설령 내 의지와 관계없이 나의 직업이 사라지게 되더라도 나의 일자리를 상대적으로 더 오래 유지할 수 있다면 그사이에 대비할 수 있는 시간을 벌게 될 것이다. 더 중요한 것은 특정 직업을 정말로 뛰어나게 수행하는 사람이라면 자신이 그 직업을 수행하면서 얻은 경험과 검증된 적성을 바탕으로 또 다른 직업을 찾을 가능성도 높일 수 있다는 것이다.

회계사 자격을 취득한 후 단순히 기능적으로 회계사 업무를 수행하지 않고 회계사 업무를 수행하면서 경험하게 된 여러 가지 불편함을 개선하고 회계 기준의 불합리함을 분석해낼 수 있던 회계사가 있다고 치자. 그 회계사가 자동화 시스템에 의해 회계사란 직업을 잃을 수는 있겠지만 그는 그동안의 경험을 통해 오히려 회계 시스템을 개발해주는 회사에 컨설턴트로 입사하거나 스스로 창업하는 기회를 찾을 수도 있을 것이다. 따라서 여러분이 해야 할 일은 단순히 미래에 주목받을 직업을 찾는 것이 아니라 나에게 가장 최적의 직업이 될 수 있는 일을 찾는 것이다.

[나는 지금 어디에 있는가?]

　　지금까지 이 책을 읽고 나서 미래를 대비하고자 하는 마음이 생겼다면 우선 해야 할 일이 있다. 자신의 현재 위치를 파악하는 것이다. 자신의 상황을 파악하기 위해 스스로에게 많은 질문을 하는 것이 좋다. 크게 산업(업종)과 직업(직무)이라는 2개의 축을 그려놓고 그 위에 자신의 위치는 어디에 있을지 고민해보자.

　　먼저 내 직업이 속한 산업이나 업종의 전망은 어떠한지 생각해보자. 한 가지 주의할 것은 너무 단기적인 전망에 좌지우지되지 말라는 것이다. 대부분의 사업은 항상 주기가 있다. 획기적인 상품이 출시되거나 새로운 시장이 출현하면 매출과 이익이 급성장하지만 시장이 포화되면 매출과 이익이 줄어들기 시작한다. 하지만 중장기적으로 경쟁력이 있는 회사는 이러한 시기를 대비하고 있다가 다시 새로운 상품이나 시장의 변화가 생길 때 또다시 성장세를 만들곤 한다. 2차전지 산업을 예로 들어보자. 1990년대 말부터 본격적으로 휴대폰이 대중화되고 노트북, 디지털카메라와 같은 소형 전자기기 생산이 늘어나면서 2차전지에 대한 수요가 급증했다. 그로부터 수년이 지나면서 2차전지 시장에는 별다른 호재가 없고 개별 기업들도 주목할 만한 실적을 올리지 못했다. 하지만 2008년 스마트폰이라는 킬러앱*이 탄생하고 게다가 본격적으로 전기차, 하이브리드차들이 양산되면서 새로운 시장이 생겨나기 시작했다.

물론 또 다시 수년 후에 2차전지 산업이 정체되는 시기가 올 수는 있지만 더 장기적으로 볼 때 2차전지 산업이 사양산업이 될 가능성은 거의 없다. 미래에 IT 기술과 로봇 기술이 확산될수록 충전 가능한 배터리의 수요는 무궁무진해질 것이기 때문이다.

반대로 장기적으로 비관적인 전망이 예상되는 산업을 생각해보자. 이미 많은 지식과 정보, 심지어 영상 콘텐츠까지 디지털화가 되어가고 있다. Mp3 파일과 스트리밍 음원 서비스에 의해 음반 산업은 이미 그 존재를 확인하기 어려울 정도로 급속히 사라져가고 있다. 과거 세계적인 음반 회사들이 디지털 음원의 미래를 얼마나 안일하게 전망했는지 안다면 실소를 금치 못할 것이다. 디지털카메라를 처음 만들고도

* 'killer application'의 줄임말로 시장을 단숨에 잠식할 정도로 혁신적인 상품이나 서비스를 뜻한다.

디지털카메라 시장의 미래를 제대로 예측하지 못해 결국 파산한 코닥의 사례는 더욱 충격적이다. 인쇄업의 경우도 비슷하다 스마트폰의 출시로 그나마 가끔 독서를 하던 사람들조차도 책을 찾지 않게 되고 있다. 지하철이나 버스를 기다리며 한번 주위를 보라. 설령 책을 지니고 있을지언정 책은 가방 안에 고이 담겨 있고 대부분 사람들의 손에는 스마트폰이 있다. 미미하나 전자책을 보는 사람도 계속 늘어나고 있다. 또한 배달앱의 성공으로 인해 이제 배달음식점의 홍보용 전단지도 계속 줄어들 것이다. 머지 않아 인쇄업자들에게 반짝 시즌이었던 선거철조차도 선관위 공식 앱이 출시되어 스마트폰으로 후보자들의 이력을 확인하는 날이 올지도 모른다. 이처럼 자신이 일하는 업종의 미래를 전망할 때는 단기적인 전망과 중·장기적인 전망을 구분하여 지나친 비관도, 지나친 낙관도 하지 말고 최대한 냉정한 판단을 하도록 하자.

일단 내가 종사하는 업종의 미래 전망이 나쁘지 않다면 긍정적인 상황이다. 그러나 전체 산업 전망이 좋다고 그 산업과 관련된 기업 모두 성장하는 것은 아니다. 따라서 자신의 회사가 최소한 산업의 성장과 더불어 같이 크고 있는지, 아니면 산업은 성장하고 있지만 계속 경쟁사에 비해 매출이나 수익이 줄어들고 있는지도 냉정하게 판단해보는 것이 좋다. 물론 회사의 경우도 단기, 중·장기 전망이 다를 수 있기 때문에 여러 가지 요소를 복합적으로 고려해서 결론을 내리는 것이 좋다. 2장에서 보여준 것처럼 내가 다니는 회사의 매출, 영업이익, 직원 수 대비 영업이익 등 숫자상으로 회사의 경쟁력이 어떻게 변화하고 있는지 틈틈이 확인하자. 게다가 내가 다니는 회사가 아닌가? 숫자가 항상 모든 것을 말해주는 것은 아니다. 회사의 전략을 수립하거나 재무 상태를 잘 아는 직원과도 대화를 해보라.

거시적인 부분에 대해 어느 정도 파악이 되었다면 이제 실제로 내가 수행하는 일과 직무 관점에서 분석을 해보자. 내가 하고 있는 일은 과연 얼마나 전문성과 난이도를 가지고 있는가? 내 일은 진입장벽이 높은가? 당신 업무의 전문성과 난이도는 미래 고용 안정성과 연봉에 큰 영향을 미칠 것이다. 만약 당신이 현재 편하다는 이유만으로 자신의 직업에 만족도가 높다면 당신의 미래는 오히려 암울해질 수도 있다는 것을 잊지 말자.

또한 내 직업이 경쟁력이 있더라도 나 자신이 경쟁력을 갖지 못한다면 위기가 닥쳐올 수 있다. 사실 직업이 사라질 걱정을 하는 것보다 현재 자신이 종사하는 직업을 제대로 수행하고 있는지 살펴보는 편이 미래를 위해 훨씬 더 나을 수도 있다. 그러므로 나와 동일한 직업을 수행하는 사람 가운데서 나의 경쟁력은 어느 정도 위치에 있는지 확인해 보자. 만약 나의 역량이 평균에도 미치지 못하는 수준이라면 더 많은 노력을 하든지 더 잘할 수 있는 다른 직업을 찾아보는 것이 나을 수도 있다. 또한 현재 하고 있는 일이 흥미와 적성에 잘 맞는 일인지도 확인 해보자.

다음으로 돌아봐야 할 것은 자신의 성향과 기질이다. 객관적인 시각을 가지고 있는지, 스스로 발전하고자 하는 의지가 있는지, 너무 눈

앞에 닥친 일만 하며 살고 있는 것은 아닌지 등 다양한 관점에서 자신을 성찰해보자. 앞서 모든 고민을 했다 하더라도 스스로 객관적인 시각을 갖추지 못한다면 여러분의 판단이 맞을 가능성은 낮아진다. 그리고 마지막으로 이 책을 통해 배운 지식을 토대로 자신의 직업이 IT 기술이나 로봇 기술과 같은 첨단기술에 의해 대체될 가능성이 얼마나 될지 생각해보자.

[미래를 위한 또 다른 준비]

사실 미래는 그 누구도 정확히 예측할 수 없다. 이 명제는 누구나 인정하는데도 긍정론자들이 그리는 미래는 항상 현재보다 좋아진 모습이다. 반면 부정론자들이 그린 미래는 항상 현재보다 암울한 경우가 많다. 누구도 확신할 수 없는 미래를 현명하게 대처하는 방법은 지나친 긍정도, 지나친 부정도 아닌 균형 잡힌 시각을 갖추는 것이다. 미래에 대한 적절한 긍정을 통해 더욱 의욕적이고 적극적인 행동을 하게 된다거나, 미래에 대한 적절한 부정을 통해 더욱 객관적이고 철저한 대비를 하게 된다면 모두 바람직한 결과를 가져다줄 것이다. 하지만 미래에 대한 지나친 긍정이나 지나친 부정은 사람을 나태하고 수동적으로 만든다는 공통점만 있을 뿐 아무 도움이 되지 않는다.

또한 직업의 변화는 개인의 노력으로만 대처할 수 있는 것은 아니다. 다양한 환경적인 요소와 개별적인 요소가 복잡하게 연결되어 직업의 속성이 바뀌기 때문이다. 따라서 개인만큼이나 사회도 미래 직업의 변화에 관심을 기울이고 대비해야 한다. 특히 누구보다 미래가 중요한 아이들을 위해 학교의 교육 시스템과 부모들의 가치관에 변화가 필요한 시점이다. 예를 들어 IT 기술의 영향이 커지는 사회가 올 것이라 해서 무조건 아이들에게 컴퓨터를 빨리 가르치는 것이 미래를 잘 대비하는 것으로 생각하는 건 바람직하지 못하다. 아이러니한 이야기지만 현재에도 컴퓨터 관련 학과를 졸업하고도 전공 적성과 직업 가치관이 맞지 않아 프로그래머라는 직업을 포기하는 학생들이 있다. 지금 아이들에게 더 필요한 것은 단순히 컴퓨터에 빨리 익숙해지는 것보다 미래에 필요한 창의력과 논리력을 키울 수 있는 아날로그식 교육일지도 모른다.

도서관에서조차 책보다 합리적인 대화와 논쟁을 통해 자신의 한계를 깨달으며 또 다른 발전의 기회를 모색하고, 고기를 잡아주는 것보다는 고기 낚는 법을 알려주는 유대인의 교육철학이 그 어느 때보다 주목받을 수 있는 시대가 다가온다는 것을 알아야 한다. 또한 직업의 세계가 상당히 복잡한 만큼 교육부 외에도 국가적으로 다양한 부처가 힘을 합해 구체적으로 미래의 세계를 분석하고 예측하여 아이들이 자신의 타고난 흥미와 적성을 살리면서 미래의 직업을 준비할 수 있는 솔루션을 개발해야 한다. 더불어 직업이 국민 개인의 행복에 미치는 영향이 커진 만큼 성인 사회에서 직업의 중요성에 대한 인식 개선과 실제 직업 세계에 대한 다양한 관점의 분석과 연구가 진행되어야 한다.

과학기술이 인류와 직업 세계에 미치는 영향이 나날이 커지고 있는 것도 사실이다. 인류가 고도로 발전된 기술의 폐해에 빠지지 않기 위해서는 어느 순간부터 물질적 성장이 아닌 인간의 정신적 성장의 중요성을 깨달아야 한다. 기술을 직접 개발하는 과학기술인과 과학기술을 이용하는 기업인 모두 '돈을 벌기 위해 기술을 연구하는 것이 아닌 인류 공익과 휴머니즘을 위해 기술의 발전을 추구한다'는 자세를 갖지 않는다면 우리의 미래는 예상보다 더 암울해질 수도 있다는 것을 잊지 말아야 한다. 모든 사람의 미래는 현재 무엇을 고민하고, 무엇을 선택하고, 어떻게 행동하느냐에 달려 있다.

'직업의 미래'에 대한 책을 쓰기로 결정하고 나서 모든 에너지를 집중하기 위해 일과 관련 없는 사적 모임과 활동은 전부 중단했다. 지난 수개월 동안 필자의 머릿속에는 '직업'과 '미래' 이 두 단어밖에 없었던 것 같다. '재미가 없다'거나 '틀린 견해'라는 지적은 받더라도 책을 '성의 없이 썼다'거나 '비약이 심하다'는 말만큼은 듣기 싫었다. 그래서 문장 하나, 단어 하나까지 고민을 하며 써 내려갔다. 하지만 정성을 아무리 들여도 부족한 곳은 보이기 마련이다. 굴러다니는 돌에 있는 티는 안 보여도 옥에 티는 잘 보이는 법이다. 독자 여러분의 너그러운 아량을 부탁한다.

원고를 쓰기 시작하며 정말 신기한 현상이 일어났다. 다가올 미래에 직업들이 사라진다는 소재의 이야기가 끊이지 않고 방송과 신문에 나오기 시작한 것이다. 곧 출간될 나의 책이 대박을 터뜨릴 징조인가 하고 생각하니 한편으로 기분 좋은 일이기도 했다. 그러나 그런 프로그램과 기사를 볼 때마다 공통적으로 아쉬운 점이 있었다. 한 직업의 생사에 대해 너무 가볍게 이야기한다는 것이었다. 물론 미디어 특성상 구체적이고 심층적인 설명을 하기는 어려웠을 것이다. 그래도 생계를 위해 오늘도 여념 없이 일과 씨름하는 사람들에게 어느 날 갑자기 "당신의 직업이 곧 사라질 것이다"라고 이야기하는 것은 큰 충격이 될 수 있다. 세상이 바쁘게 돌아가다 보니 너도나도 과정은 생략하고 결과만 떠들어대는 경우가 많다. 그래서 그 어느 장보다 3장 '위기의 직업들' 편을 쓸 때 장고에 장고를 거듭했다. 위기의 직업에 언급된 분야 종사자들은 언짢을 수 있겠지만 오히려 미래를 대비한다는 측면에서 이 책에 언급된 것에 대해 다행으로 생각해주었으면 한다. 위기는 '괜찮다'고 생각할 때 찾아온다. 필자가 위기의 근거로 제시한 요소를 스스로 반박할 수 있다면 그만큼 걱정을 덜 해도 될 것이다. 반대로 실제 종사자 처지에서도 위기론이 공감된다면 서서히 대비하는 것이 좋다. 사실 그 어떤 직업도 미래를 대비하지 않는 사람에게는 위기의 직업이 될 수 있다.

그렇다. 직업의 변화는 누구에게나 심각하고 중요한 문제다. 재미를 위해서라면 상상력을 최대한 동원하여 더욱 극적인 미래를 그려나갈 수도 있었다. 하지만 필자는 공상과학 소설가가 아니다. 무엇보다 독자들이 균형 잡힌 시각으로 직업의 세계를 바라볼 수 있게 도와주고 싶었다. 그래서 불확실한 미래에만 초점을 맞추지 않고 가볍게 넘어가는 장이 될 뻔했던 2장에도 적지 않은 비중을 두었다. 현재를 직시하지도 못하면서 미래를 대비한다는 것은 어불성설이다.

시간과 분량의 압박으로 못다 한 이야기도 많았다. 사실 직업에 관해 이야기할 거리는 무궁무진하다. 그만큼 직업의 세계가 넓고, 각자 최적의 직업을 찾기 위해 고민해야 할 부분이 많다. 아쉽게도 우리나라에는 아직 직업 전문가가 많지 않다. 일부 학문적 연구만 있을 뿐이다. 이번 출간을 계기로 직업의 세계에 대해 다양한 관점의 책을 써볼 작정이다.

2015년도 얼마 남지 않았다. 올해만큼은 한 해를 마무리하며 흡족한 미소를 지을 수 있을 것 같다. 이 책을 읽은 모든 분에게 밝은 미래의 창이 활짝 열리기를 빈다.

1장 당신의 직업, 안녕하십니까?

1 이내찬(2012), 「OECD 국가의 삶의 질의 구조에 관한 연구」, p.30, 『보건사회연구』 32(2), 005－040

2 Michael DeGusta (2012.05.09), 'Are Smart Phones Spreading Faster than Any Technology in Human History?', MIT Technology Review, http://www.technologyreview.com/news/427787/are-smart-phones-spreading-faster-than-any-technology-in-human-history/

3 김종년(2011), 「21세기 한국기업 10년: 2000년 vs. 2010년」, 삼성경제연구소, 『SERI 경영노트』 제120호

4 임금자·최진우·임선미·서경화·박윤형(2011), 「2011년 의원의 경영실태조사 분석」, 대한의사협회 의료정책연구소·순천향대학교 의과대학 예방의학교실

2장 직업의 세계, 그것이 알고 싶다

1 통계청 「경제활동인구조사－연령별 경제활동인구 총괄」(2014년 4월 기준 조회 자료)

2~11 「제6차 한국표준직업분류 개정」 통계청 고시 제2007-3호(2007) 및 한국고용정보원 「2012 한국직업사전」

12, 13 통계청 「지역별 고용조사－전국 직업/성별 취업자」(2014년 전반기 기준 조회 자료)

14 통계청 「경제활동인구조사－산업별 취업자」(2015년 3월 기준 조회 자료)

15 통계청 「전국사업체조사－9차 개정 시도·산업·사업체 구분별 사업체 수」(2013년 기준 조회 자료)

16 통계청 「경제활동인구조사－산업별 취업자」(2015년 3월 기준 조회 자료)

17 통계청 「전국사업체조사－9차 개정 시도·산업·사업체 구분별 사업체 수」(2013년 기준 조회 자료)

18 통계청 「도소매업 조사-시도/산업·종사자 규모별 현황」(2013년 기준 조회 자료)

19 통계청 「경제활동인구조사-산업별 취업자」(2015년 3월 기준 조회 자료)

20 통계청 「전국사업체조사-9차 개정 시도·산업·사업체 구분별 사업체 수」(2013년 기준 조회 자료)

21 통계청 「도소매업 조사-시도/산업·종사자 규모별 현황」(2013년 기준 조회 자료)

22 각종 협회 자료를 참고하여 의사, 변리사, 변호사, 관세사, 회계사, 세무사, 법무사, 감평사, 도선사, 노무사 자격등록 회원 수를 취합한 수치임(등록자 기준으로 실제 취업자 및 사업자 수와는 차이가 있음)

23 국세청 「2014 국세통계연보」 중 '4-2-4 근로소득 연말정산 신고현황 IV(과세대상근로소득)' 자료 참고하여 가공함

24 고용노동부 「사업체노동력조사」(2014년 상용임금총액 기준)

25 보건복지부 「보건복지통계연보」(2004~2013). 면허 소지자 기준으로 실제 종사자 숫자와는 차이가 있음

26 대한변호사협회 「한국변호사백서 2010」(1984~1994년 수치), 법무부 「법무연감」 2005년판(1995~2003년 수치)과 2014년판(2004~2013년 수치)을 각각 참고함

27, 28 금융감독원 전자공시시스템(dart.fss.or.kr). 기업별 사업보고서에 재무 정보, 직원 수, 1인 평균 급여액 정보가 공개되어 있음

29 재벌닷컴(www.chaebul.com)에서 조사한 '상장사 업종별 직원 평균 연봉' 자료 참고

30 산업통산자원부 ISTANS(산업통계분석시스템) 「산업별 수출 비중」(2013년 기준). www.istans.or.kr

31 금융감독원 전자공시시스템 기업별 사업보고서 참고

32 금융감독원 전자공시시스템 기업별 사업보고서 참고. 직원 수 50명 미만 기업 및 자료가 부정확한 일부 회사는 제외하였음

33 고용노동부 임금근로시간 정보시스템(www.wage.go.kr) '임금정보'에서 직업, 근속연수 기준으로 조회한 자료 취합. 학력 구분 없이 각 직업별 평균값으로 비교하였음. 본 자료의 평균 연봉은 고용노동부 「고용형태별 근로실태조사」 임금구조 부문의 최신 자료를 바탕으로 임금상승률을 반영하여 2013년 연간임금 수준을 추정한 자료임(연간임금=정액급여+특별급여). 본 진단은 농업, 임업 및 어업, 가사 서비스업, 정부 기관을 제외한 5인 이상 규모 사업체의 전일제 상용근로자를 대상으로 추정한 자료로 개별 직업의 실제 연봉과는 차이가 있음

34 인사혁신처 「공무원보수규정 일부 개정령」(2015.1.6) 참고

35 공무원신문 2014년 5월 12일자 기사에서 인용

36 통계청 「경제활동인구조사-성/교육 정도별 취업자」(2014년 4월 기준)

37 고용노동부 「고용형태별 근로실태조사」(2014년 기준). 연간특별급여 포함하여 산정함

38, 39 류기락(2014) 「학력 및 스킬 미스매치와 노동시장 성과」, KRIVET Issue Brief 51호 (2014년 5월 15일 발행), 한국직업능력개발원. '2013년 국제성인역량조사(PIAAC)'를 바탕으로 분석한 보고서임

40 고용노동부 「고용형태별 근로실태조사」(2006~2014). 연간특별급여 포함하여 산정함

41, 42 조가원·김정진·임대철·남은정(2013), 「2012 박사인력활동조사」, 과학기술정책연구원, p.42, p.47-48, p.94

43 산업통산자원부 ISTANS(산업통계분석시스템), 「총연구개발비」(2011년 기준). www.istans.or.kr. 원출처: 교육과학기술부

44 조가원·김정진·임대철·남은정(2013), 「2012 박사인력활동조사」, 과학기술정책연구원, p.96

45, 46, 47 한국교육개발원 「취업통계분석자료집」(2004~2007); 「고등교육기관 졸업자 취업통계연보」(2008~2010); 「고등교육기관 졸업자 건강보험 및 국세 DB 연계 취업통계연보」(2011~2014)

　　* 취업자 선정 기준: ① 2000~2005년 '졸업자-(진학자+입대자)', ② 2006~2009년 '졸업자-(진학자+입대자+취업 불가능자+외국 유학)', ③ 2011~2014년 '건강보험 직장가입자 및 국세청 자료 기준(프리랜서 포함)'

　　* 2010년도는 자료 불충분으로 2009년과 2011년의 평균값으로 단순 추정하였음에 유의

48 통계청 「경제활동인구조사-연령/교육 정도별 실업자」(2000~2014)

49 한국교육개발원 「2007년 취업통계분석자료집」, p.56, p.60

50 통계청 「전국사업체조사」(2000~2013년 자료 취합)

51 전자공시시스템 사이트에 공개된 기업별 사업보고서를 바탕으로 2005년부터 2014년까지 28대 기업의 매출 및 직원 수 추이를 조사하여 분석함. 자료 불충분으로 30대 기업 중 SK이노베이션과 삼성디스플레이는 제외함

52 류기락(2014), 「학력 및 스킬 미스매치와 노동시장 성과」, KRIVET Issue Brief 51호(2014년 5월 15일 발행), 한국직업능력개발원. '2013년 국제 성인 역량조사(PIAAC)'를 바탕으로 분석한 보고서임

53 이효남(2014), '성인 재직 근로자 직업 가치관 검사', 한국고용정보원 2014년 10월 28일자 보도자료. 전국 105개 직업별 재직 근로자 3148명을 대상으로 직업 가치관 검사를 수행한 결과임

54 통계청 2014년 12월 18일자 보도자료 '한국의 사회동향 2014' 발췌 자료

3장 위기의 직업들

1, 2 한겨레신문 1999년 10월 30일자 기사 인용

3, 4 한국고용정보원 「2014~2015 직종별 직업사전」과 「2005~2011 신생 및 이색직업」 참고

5, 6, 7 에릭 브린욜프슨·앤드루 맥아피 지음, 이한음 옮김(2014), 『제2의 기계시대(The Second Machine Age)』, 청림출판, pp.168-171

8 이는 경제학자 재러드 번스타인(Jared Bernstein)이 강조하고 있는 부분이기도 하다.

9 에릭 브린욜프슨·앤드루 맥아피 지음, 이한음 옮김(2014), 『제2의 기계시대(The Second Machine Age)』, 청림출판, pp.207-208

10, 11 Handbook of Labor Economics, Volume 4b 'Skills, Tasks and Technologies: Implications for Employment and Earnings' (Daron Acemoglu, David Autor)

12, 13, 14 'The future of employment: How susceptible are jobs to computerization?', (Carl Benedikt Frey and Michael A. Osborne, 2013)

15 한국고용정보원 「2013 한국직업전망」, p.72

16 한국고용정보원 「2012 한국직업사전」, p.166

17 한국고용정보원 「2012 한국직업사전」, p.198

18, 19 김태균(2012), 「[신성장산업기술] 美, 자동차 생산라인 자동화시스템 구축 전망」, KOTRA , http://www.globalwindow.org/gw/overmarket/GWOMAL020M.html?BBS_ID=10&MENU_CD=M10103&UPPER_MENU_CD=M10102&MENU_STEP=3&ARTICLE_ID=2153620&ARTICLE_SE=20302

20 백봉현(2014), 「글로벌 로봇산업 동향과 전망」, 『로봇이슈브리프』, 2014-7호, 한국로봇산업진흥원

21 한국고용정보원 「2012 한국직업사전」 p.539

22 한국경제신문 2000년 4월 6일자 기사. http://news.naver.com/main/read.nhn?mode=LSD&mid=sec&sid1=101&oid=015&aid=0000205322

23 전자신문 2012년 1월 20일자 기사, '2025년 자동차 온라인 판매 20%까지 확대'. http://www.etnews.com/201401200394

24 김명신(2014), 「중국 자동차 유통, 이렇게 바뀐다」, KOTRA, http://www.globalwindow.org/gw/overmarket/GWOMAL020M.html?BBS_ID=10&MENU_CD=M10103&UPPER_MENU_CD=M10102&MENU_STEP=3&ARTICLE_ID=5010347&ARTICLE_SE=20302

25 한국고용정보원 「2012 한국직업사전」, p.424

26 한국고용정보원 「2012 한국직업사전」, p.392

4장 기회의 직업들 I. 인구변화와 직업 이동

1 비르지니 레송 지음, 권지현·남윤지 옮김(2013), 『2033 미래세계사』, 휴머니스트출판, p.21

2 통계청 「시도/합계 출산율」, 2013년 기준 전국 출산율 1.19 반올림함

3, 4 통계청 「연령별 추계인구」(2014)

5, 6 이윤학·김진웅·서동필·김범준(2015), 「2015 신년특별기획–100세시대 행복 리포트」, NH투자증권 100세시대 연구소

7 김기향(2012), 「고령친화산업의 현황 및 전망」, 한국보건산업진흥원

8, 9, 10 이중근 외 9명, 「2014 고령친화산업 실태조사 및 산업분석」, 한국보건산업진흥원, p.17

11 통계청(공공누리) 「2014 고령자 통계」 2014년 9월 보도자료 참고

12 이윤학·김진웅·서동필·김범준(2015), 「2015 신년특별기획 – 100세시대 행복 리포트」, NH투자증권 100세시대 연구소

13 한국보건산업진흥원에서 발간한 「고령친화산업의 현황 및 전망」(김기향, 2012) 및 「고령친화서비스 산업 개발 및 활성화 방안」(김기향 외 5명, 2014) 보고서에서 소개된 유망산업 참고

14, 15 산업통산자원부·한국바이오협회 「2013년 기준 국내 바이오산업 실태조사 보고서」(2015)

16, 17 미래창조과학부, 산업통상자원부, 보건복지부, 식품의약품안전처 연합 보도자료 '바이오 미래전략, 4개 부처 합심하여 바이오헬스 미래산업 키운다!'(2015.3)

18 손병호 외(2013), 「미래변화 이슈 심층 분석 및 대응방안 연구」, 한국과학기술기획평가원, p.28

19, 21, 23 한국보건산업진흥원 「보건산업 중장기 인력수요 전망 2013~2023」(2015.1)

20, 22, 24 한국과학기술기획평가원 「미래변화 이슈 심층 분석 및 대응방안 연구」(2013) 및 한국보건산업진흥원「보건산업 전문인력 수급전망」(2013) 참고

5장 기회의 직업들 II. 최첨단기술과 직업 이동

1 조선일보 2015년 5월 30일자 기사 '빅데이터 大家 쇤베르거: 지금까지의 비즈니스는 잊어라'. http://srchdb1.chosun.com/pdf/i_service/pdf_ReadBody.jsp?Y=2015&M=05&D=30&ID=2015053000124

2 한국정보화진흥원 「새로운 미래를 여는 빅데이터 시대」(2013)

3 http://www.csee.umbc.edu/2011/02/is-watson-the-smartest-machine-on-earth/

4 백욱인(2013), 『컴퓨터 역사』, 커뮤니케이션북스; 스티븐 베이커 지음, 이창희 옮김(2011), 『왓슨: 인간의 사고를 시작하다(Final Jeopardy: Man vs. Machine and the Quest to Know Everything)』, 세종서적

5 특허청 보도자료 '해커의 새로운 먹잇감, 네트워크 자동차'(2014.10)

6, 7, 8, 9 강정화(2015), 「세계 친환경 자동차 산업 동향」, 한국수출입은행, p.1, p.9, p.10

10 조윤정(2014), 「스마트카 시장 확대와 국내 ICT 업계의 대응과제」, KDB산업은행

11, 12, 13 강정화(2014), 「리튬 이차전지 산업 동향」, 한국수출입은행 해외경제연구소

14, 15 한국로봇융합연구원 「국내외 로봇 산업 동향」(2015.3.31. 제10호), p.4

16, 17 한국로봇산업진흥원 「2013 로봇산업실태조사」(조사기간 2014.4~6), p.27, p.29

18 성한경(2014), 「남북한 경제통합의 효과」, 대외경제정책연구원

19 현대경제연구원 동북아-통일연구실 TF 「2050 통일 한국의 경제적 미래」(2014); 성한경(2014),
「남북한 경제통합의 효과」, 대외경제정책연구원

20, 21 북한자원연구소 「북한 지하자원 매장량과 잠재가치 추산」(2015)

그림과 표 출처

그림 1-1 이내찬(2012), 「OECD 국가의 삶의 질의 구조에 관한 연구」, 『보건사회연구』, p.30

그림 1-2 전자공시시스템 사이트 기업별 사업보고서를 근거로 저자가 직접 작성

그림 2-1 『보건복지통계연보』(2004~2013) 및 통계청 추계인구 자료를 참고하여 저자가 직접 작성. 치과의사 수에는 해외 거주자 포함. 본 자료는 면허 소유자 기준으로 실제 종사자 수와 차이가 있음

그림 2-2 대한변호사협회 「한국변호사백서 2010」과 법무부 「법무연감」(2005&2014) 및 통계청 추계인구를 참고하여 저자가 직접 작성

그림 2-3, 그림 2-4 전자공시시스템 사이트 2014년 기업별 사업보고서를 근거로 식음료 업종 대표 기업을 각각 11개씩 선정하여 작성함. 단, 자회사를 배제한 개별 기업의 광고선전비를 추정하기 위해 연결재무제표가 아닌 개별 재무제표상의 매출액과 광고선전비를 기준으로 분석하였음

그림 2-5 고용노동부 「고용형태별 근로실태조사」 2014년도 자료를 참고하여 저자가 직접 작성

그림 2-6 고용노동부 「고용형태별 근로실태조사」 2006~2014년 자료를 참고하여 저자가 직접 작성

그림 2-7 한국교육개발원 「고등교육기관 졸업자 취업통계조사」 2000~2013년도 자료를 참고하여 저자가 직접 작성. 2010년도 자료는 구하지 못하여 2009년과 2011년의 산술평균값으로 대신함

그림 2-8 통계청 「경제활동 인구조사-연령/교육 정도별 실업자」 2000~2014년 자료를 참고하여 저자가 직접 작성

그림 3-1, 그림 3-2 저자 직접 작성

그림 3-3 에릭 브린욜프슨·앤드루 맥아피 지음, 이한음 옮김(2014), 『제2의 기계 시대』, 청림출판, p.170

* 위의 도서에 기재된 최초 출처: https://research.stlouisfed.org/fred2/graph/?id
=USARGDPC 및 http://www.census.gov/hhes/www/income/data/historical/
people/

그림 3-4 한국은행「국내 인터넷 서비스 이용현황」(2014)을 참고하여 저자가 직접 작성

그림 3-5 다음 논문에서 제시된 700여 개 대표 직업 가운데 컴퓨터 기술에 의해 대체될 확률이 가
장 높은 직업 100개를 한국표준직업분류 기준을 적용하여 그 분포를 분석함. 'The future
of employment: How susceptible are jobs to computerization?', (Carl Benedikt
Frey and Michael A. Osborne, 2013)

그림 4-1, 그림 4-2, 그림 4-3 통계청「연령별 추계인구」자료를 참고하여 저자가 직접 작성

그림 4-4 NTIS 과학기술통계서비스(생명공학정책연구센터 재가공)

그림 6-1 저자 직접 작성

표 1-1 삼성경제연구소「21세기 한국기업 10년」(2011)

표 2-1 통계청「경제활동인구조사」(2014.4) 및 한국고용정보원「2012 한국직업사전」을 병합하여 작성

표 2-2 통계청「지역별 고용조사-전국 직업/성별 취업자」(2014년 전반기 기준)

표 2-3 전자공시시스템 기업별 사업보고서 기재 자료를 바탕으로 저자가 직접 작성

표 2-4 재벌닷컴 홈페이지 참고

표 2-5 전자공시시스템 기업별 사업보고서 참고

표 2-6 고용노동부·한국고용정보원 임금근로시간 정보시스템을 참고하여 저자가 직접 작성

표 2-7 한국교육개발원·교육인적자원부「2007년 취업통계 분석자료집」

표 2-8 한국고용정보원 발표 자료(2014), 105개 직업 총 3148명 성인 근로자 대상 조사 자료

표 3-1 'The future of employment: How susceptible are jobs to computerization?',
(Carl Benedikt Frey and Michael A. Osborne, 2013). 원문 자료의 총 702개 직업 가운데
50개만 발췌하였음

표 4-1 전자공시시스템 기업별 사업보고서 참고하여 저자가 직접 작성

표 4-2 한국바이오협회「2013 국내 바이오산업 실태조사 보고서」(2013)

표 5-1 한국정보화진흥원「새로운 미래를 여는 빅데이터 시대」(2013), p.437 부분 발췌

표 5-2 지식정보보안산업협회「국내 정보보호 산업 실태조사」(2014.12)

표 5-3 지식정보보안산업협회「국내 정보보호 산업 실태조사」(2014.12)

표 5-4 저자 직접 작성

표 5-5 한국로봇융합연구원「국내외 로봇 동향」(2014.12) 참고

표 5-6 현대경제연구원 동북아-통일연구실 TF「2050 통일 한국의 경제적 미래」(2014)

직업의이동

1판 1쇄 발행 | 2015년 11월 18일
1판 4쇄 발행 | 2016년 12월 16일

지은이 신상진
펴낸이 김기옥

프로젝트 디렉터 기획1팀 모민원, 정경미
커뮤니케이션 플래너 박진모
경영지원 고광현, 김형식, 임민진, 김주현

디자인 제이알컴
인쇄 · 제본 (주)상지사 P&B

펴낸곳 한스미디어(한즈미디어(주))
주소 121-839 서울특별시 마포구 양화로 11길 13(서교동, 강원빌딩 5층)
전화 02-707-0337 | 팩스 02-707-0198 | 홈페이지 www.hansmedia.com
출판신고번호 제 313-2003-227호 | 신고일자 2003년 6월 25일

ISBN 978-89-5975-919-4 13320